SCHWARZ
WEISSHEITEN

Vom Umgang mit fremden Menschen

SCHWARZ WEISSHEITEN

Vom Umgang mit fremden Menschen

Sonderausstellung

Landesmuseum für Natur und Mensch Oldenburg
vom 28. September 2001 bis 27. Januar 2002

2001
Isensee Verlag - Oldenburg

Schriftenreihe des Landesmuseums für Natur und Mensch, Oldenburg, Heft 19
Herausgeber: Mamoun Fansa

Gedruckt mit Mitteln des Landes Niedersachsen,
der Niedersächsischen Lotto-Stiftung, Hannover
und der Energieversorgung Weser-Ems AG, Oldenburg

Ausstellungskonzeption: Martina Johannsen,
unter Mitwirkung von Mamoun Fansa und Günter Memmesheimer

Ausstellungsdesign: Günter Memmesheimer
Ausstellungstexte: Martina Johannsen, Karin Baumann

Redaktion: Martina Johannsen, Frank Both
Redaktionsassistenz: Matthias Paßlick
Titelbild: „Case with 60 miniature heads for the study of phrenology and physiognomy",
1831, Inv.Nr.: A 642804, Foto: Science & Society Picture Library, London
Layout: Marion Martens, Martina Johannsen
Satz: Ute Eckstein
Bildbearbeitung: Marion Martens, Uwe Winter
Umschlaggestaltung: Günter Memmesheimer, Uwe Winter
Grafik: Marion Martens, Günter Memmesheimer, Uwe Winter
Technik: Brigitte Hemmer, Wolfgang Knust, Heiko Nienstermann,
Henry Schmitt, Rüdiger Fuhrmann, Harald Johanning
Konservatorische Betreuung: Stefanie Kappelhoff
Foto: Wolfgang Knust
Computertechnik/EDV: Jörg Schwanke

Für den Inhalt der Beiträge sind die Autoren verantwortlich

Die Deutsche Bibliothek - CIP-Einheitsaufnahme

Schwarzweissheiten : vom Umgang mit fremden Menschen ; Sonderausstellung,
Landesmuseum für Natur und Mensch, Oldenburg, vom 28. September 2001 bis 27. Januar 2002 /
[Red.: Martina Johannsen ; Frank Both]. - Oldenburg : Isensee, 2001
   (Schriftenreihe des Landesmuseums für Natur und Mensch Oldenburg ; H. 19)
   ISBN 3-89598-808-1

Kindermissionswerk, Aachen

Seurmondt-Ludwig-Museum, Aachen

Deutsche Barock-Galerie, Augsburg

Ostfriesische Landschaft, Landschaftsbibliothek Aurich

Staatsarchiv, Aurich

Rollett-Museum, Baden bei Wien, Österreich

Museum der Kulturen, Basel, Schweiz

Deutsches Historisches Museum, Berlin

Universitätsklinikum Charité, Institut für Anatomie, Berlin

Universitätsklinikum Charité, Institut für Anthropologie, Berlin

Preußischer Kulturbesitz, Bildarchiv, Berlin

Staatliche Museen zu Berlin, Preußischer Kulturbesitz, Ethnologisches Museum

Staatliche Museen zu Berlin, Preußischer Kulturbesitz, Gemäldegalerie

Staatliche Museen zu Berlin, Preußischer Kulturbesitz, Kunstbibliothek

Staatliche Museen zu Berlin, Preußischer Kulturbesitz, Skulpturensammlung

Braunschweigisches Landesmuseum für Geschichte und Volkstum, Jüdische Abteilung, Braunschweig

Herzog Anton Ulrich-Museum, Braunschweig

Überseemuseum, Bremen

Deutsches Schiffahrtsmuseum, Bremerhaven

Museum Bünde, Deutsches Tabak- und Zigarrenmuseum in Bünde

Kreismuseum Wewelsburg, Büren

Jüdisches Museum, Dorsten

Deutsches Hygiene-Museum, Dresden

Deutsches Plakat Museum, Essen

Flensburger Schiffahrtsmuseum, Flensburg

Historisches Museum, Frankfurt

Städtische Galerie Liebieghaus, Frankfurt

Sammlung von Josef Späth, Friedberg (Bayern)

Historische Anthropologie und Humanökologie, Institut für Zoologie und Anthropologie, Georg-August-Universität Göttingen, wissenschaftshistorischer Sonderbestand

Niedersächsische Staats- und Universitätsbibliothek, Göttingen

Völkerkundliche Sammlung der Universität Göttingen

Zoologisches Museum der Universität Göttingen

Museum für Hamburgische Geschichte, Hamburg

Privatsammlung Peter Weiss, Hamburg

Tabakhistorische Sammlung Reemtsma, Hamburg

Handels- und Seefahrtsmuseum Kronborg, Helsingör, Dänemark

Römer- und Pelizäus-Museum, Hildesheim

Schloßmuseum, Jever

Bundesarchiv, Koblenz

Museum für Ostasiatische Kunst, Köln

Institut für Anatomie der Universität Leipzig

Institut für Ethnologie der Universität Leipzig

Science & Society Picture Library, Science Museum, London, Großbritannien

Museum für das Fürstentum, Lüneburg

Kulturhistorisches Museum, Magdeburg

Deutsches Spiele-Archiv, Marburg

Rheinisches Freilichtmuseum und Landesmuseum für Volkskunde, Mechernich - Kommern

Archiv des Erzbistums München Freising, München

Münchner Stadtmuseum (Schausteller- und Puppentheatersammlung), München

Germanisches Nationalmuseum, Nürnberg

Landesmuseum für Kunst und Kulturgeschichte, Oldenburg

Landesbibliothek, Oldenburg

Stadtarchiv, Oldenburg

Stadtmuseum, Oldenburg

Universitätsbibliothek, Oldenburg

Kulturgeschichtliches Museum, Osnabrück

Jüdisches Museum, Rendsburg

Mittelalterliches Kriminalmuseum, Rothenburg ob der Tauber

Landesarchiv Schleswig-Holstein, Schleswig

Monika Firla, Stuttgart

Hauptstaatsarchiv, Stuttgart

Linden-Museum, Staatliches Museum für Völkerkunde, Stuttgart

Württembergische Landesbibliothek, Stuttgart

Ofen- und Keramikmuseum, Velten

Jüdisches Museum, Wien, Österreich

Museum für Völkerkunde, Wien, Österreich

Naturhistorisches Museum, Wien, Österreich

Privatsammlung, Wiesbaden

Herzog-August-Bibliothek, Wolfenbüttel

Völkerkundliches Museum der Vereinten Evangelischen Mission, Wuppertal

Dr. Carl-Haeberlin-Friesen-Museum, Wyk auf Föhr

Nordwestdeutsches Schulmuseum Friesland, Bohlenbergerfeld, Zetel

Museum für Gestaltung, Zürich, Schweiz

Kolonialismus und Menschenbild

Wurzeln des wissenschaftlichen Rassismus

Von konstruierten Rassen bis zur Praxis der Rassenhygiene

Fremdenfeindlichkeit und Rassismus sind bedrückende Alltagswirklichkeiten. Erschreckenderweise nicht einmal ungewöhnlich, xenophobische Tatbestände gehören zu einer uns umgebenden Medienwelt.

In den letzten zehn Jahren ist die Anzahl von fremdenfeindlichen Gewalttaten an Ausländern und Asylbewerbern stark gestiegen. Es ist gemeinhin bekannt, welche sozialen und ökonomischen Ursachen zu einer Zuwanderung von fremden Menschen nach Deutschland führen können, indes wenig beleuchtet ist, weshalb die Folgen dieser Beweggründe – also die Anwesenheit Fremder – zu xenophobischen Verhaltensweisen führen. Somit stellt sich die Frage nach sozialen, philosophischen und kulturellen Wurzeln des Fremdenhasses. Die Thematisierung dieses Aspekts ist Leitfaden der Ausstellung und der Begleitschrift. Die Hoffnung der Macher ist dabei, einen Beitrag zur Aufklärung zu leisten, für Toleranz zu werben und Fremdenfeindlichkeit als konstruierten Habitus zu entlarven.

Die aktuelle Beschäftigung mit der Zuwanderung zeigt, dass eine Auseinandersetzung mit den Fremden und ihren Kulturen eine unabdingbare Vorraussetzung ist, um ein Klima möglichen Zusammenlebens zu schaffen.

Die Ausstellung ist an alle Altersgruppen adressiert. Insbesondere sind jedoch Jugendliche gefragt, die zukünftig in einer multikulturell orientierten Gesellschaft leben, überleben und zusammenleben müssen.

Die Ausstellung „Schwarzweißheiten" im Museum für Natur und Mensch soll einen aufklärerischen Beitrag leisten; dabei wird mit Bildern des Fremden aus eurozentrischer Sicht umgegangen. Nicht aber wird hier die pseudowissenschaftliche Rechtfertigung von Rassismus untersucht, genauso wenig wie aktuelle Klischees des Fremden in unserer Kultur analysiert und als solche entlarvt werden sollen. Eine Reihe von Ausstellungen in Deutschland hat sich bereits verdienstvoll mit diesen Ansätzen am Thema versucht.

Vielmehr liegt der inhaltliche Schwerpunkt des Unternehmens auf dem ideengeschichtlichen Phänomen Rassismus: Die Entwicklung des sozialen Konstruktes rassistischer Klassifikation, Entstehung und Wandel der Einteilung von Menschen in artifizielle Merkmalsmuster, bedingt durch historisch-politische Ereignisse, wirtschaftliche Bedürfnisse, vermeintliche naturwissenschaftliche Erkenntnisse sollen einer eingehenden Betrachtung unterzogen werden. Im Zentrum der Darstellungen steht das europäische Bild des Schwarzafrikaners im Wandel der Geschichte. Aber auch das historische Schicksal der Juden wird Vertiefung finden.

Mittels des historischen Ansatzes wird rasch festzustellen sein, dass Vorstellungen und Vorurteile gegenüber Fremden durchaus nicht zeitlos und schon immer dagewesen sind – eher lässt sich bei genauerer Untersuchung ein vehementer Statusverfall im Ansehen bestimmter Gruppen von Fremden beobachten. Wie ist das zu erklären?

Die alten west- und zentralafrikanischen Kulturen waren von hoher Entwicklung. So ist beispielsweise belegbar, dass dort bereits im 15. und 16. Jahrhundert ökonomische Infrastrukturen von hoher Komplexität erreicht wurden. Damit ist nachvollziehbar, dass der Schwarzafrikaner derzeit in Europa als gleichberechtigter und respektierter Handelspartner gilt.

Einen Einbruch erfuhr diese Kultivierung gleichberechtigter Kontakte durch verstärkte Tätigkeiten portugiesischer Sklavenhändler in Afrika, und weil die portugiesische Regierung keine Maßnahmen zur Unterbindung dieser Aktivitäten ergriff, kam es mehr und mehr zur Zersetzung der sozialen Strukturen an der Westküste Afrikas – mit bis heute spürbaren Folgen: So ist dieses Vorgehen Katalysator des Zerfalls von gewachsener Kultur, und in der Folge rutschte das Ansehen des zur Ware erniedrigten Schwarzafrikaners ins Bodenlose ab.

Einen weiteren Beitrag zur Degeneration von Menschenbildern leistete die Kolonisation. Sie konstruierte Gegenbilder zum „zivilisierten Europa". Hierin zeigt sich die eurozentrische Vorstellung, das Fremde sei dem Unterentwickelten gleich, es sei kulturell hilfsbedürftig. Derartige Legitimationen pflanzten sich als soziale Klischees fort, wo sie bis heute – in veränderten Erscheinungsformen freilich – weiterwirken. So wurden Schwarze als unmündige, erziehungsbedürftige betrachtet, die ohne führende Hand des Europäers dem ewigen Siechtum überlassen wären.

Diese Bewertung findet eine Entsprechung in der Klassifizierung von Menschengruppen. Anhand von Differenzen in Körperbau und Hautfarbe versuchte die Physiognomik eine geistige Entwicklung und Moralität von Fremden zu bestimmen. Und obschon dieses Verfahren bereits deshalb widersprüchlich ist, weil die Bandbreite dieser angeblich typischen Parameter innerhalb solcher Gruppen enorm schwankt, setzte sich eine derartige pseudowissenschaftliche Rechtfertigung für den Rassismus bis ins zwanzigste Jahrhundert durch. Untersucht man beispielsweise die Zuweisung von Hautfarbe, so wird der Unsinn offensichtlich: Die farbliche Einordnung von Indianern und Chinesen ist keineswegs eindeutig. Erst durch Beobachtung der jeweiligen kulturellen Kontexte kam man in Europa zu der Überzeugung, Indianer seien rot und Chinesen gelb.

Einen stark symbolischen Aspekt erhält die Farbe der Schwarzen, als der schwedische Naturforscher Carl von Linné 1735 im von ihm entwickelten „Systema naturae" den weißen Menschen positive, den schwarzen negative Werte zuweist. Das freilich ist dem kolonialen Weltbild des damaligen Europas willkommen und passt sich in ökonomische Bedürfnisse ein. So entstehen Hierarchien aufgrund willkürlicher Zuweisungen von Eigenschaften, deren Legitimationen fragwürdig, ja teilweise unsinnig sind. Auf diesem Boden gedeiht in der Folge der Wahnsinn von Rassenunterscheidung und Schädelvermessung, pflanzt sich der Anspruch des Weißen – des sogenannten Herrenmenschen – auf Herrschaft fort, bis hin zur Perversion von Rassenhygiene, der Programmatik von Eugenik also: mit den bekannten Auswüchsen der Vernichtung bestimmter Gruppen und später den irrsinnigen Versuchen von Menschenzucht.

Die Entdeckung der Erbgesetze im 19. Jahrhundert verleitet zum Irrglauben der Durchführbarkeit einer gezielten biologischen Klassifikation und Auslese von Menschen. Dabei wird von der Annahme ausgegangen, menschliche Eigenschaften seien ausschließlich erblich beeinflusst. Dementsprechend wird also bestimmten Menschengruppen in Abrede gestellt, dass sie entwickelbar, verbesserbar im Sinne der europäischen Zivilisation sind. Und man erhofft sich Gesellschaftsverbesserung mittels Selektion.

Schließlich wird es in der Ausstellung „Schwarzweißheiten" auch darum gehen, den Sonderfall des Rassismus gegen Juden zu zeigen. Warum ein Sonderfall? Die bislang angedeutete Genese von Fremdenfeindlichkeit speist sich in erster Linie aus den Beobachtungen äußerer Merkmale und der daraus resultierenden Entwicklung von Vorurteilen, Demütigungen und Klassifikationen gegen Fremde. Beim Phänomen der Judenfeindlichkeit trifft dies nicht zu, vielmehr ist es hier Religion und Kultur, die als Polarisierungsvorwände galten. Gezeigt werden soll, wie ein sozial konstruiertes Feindbild erzeugt wird, das dem sogenannten Arier als Sündenbock gegenübersteht.

Aber: Alle sind Fremde. Ein Perspektivenwechsel wird zeigen, dass wir für „unsere Fremden" ebenso fremd sind, dass auch andererseits ein Bedürfnis besteht, sich Bilder zu machen. Hier soll es darum gehen, einen Blick darauf zu werfen, wie der Europäer aus dem soziokulturellen Kontext des Afrikaners interpretiert wird und welche Erfahrungen jene gemacht haben, die von rassistischem Verhalten betroffen sind.

In der hier vorliegenden Begleitschrift zur Ausstellung sollen Themenkomplexe behandelt werden, die wegen der fehlenden Darstellungsmöglichkeiten und Räumlichkeiten nicht in vollem Umfang visualisiert werden können. Die Themen reichen vom Schwerpunkt „Schwarzafrika" mit den unterschiedlichen Sichten, wie Kolonialismus, Sklaverei und naturwissenschaftlichen und sozialwissenschaftlichen Aspekten, die im Zusammenhang der Entstehung und Auswirkung von Rassismus betrachtet werden, bis zu Gegenwartsfragen, die im Rahmen des Begleitprogramms noch intensiver behandelt werden.

Mein Dank gilt in erster Linie Frau Martina Johannsen für ihren unermüdlichen Einsatz sowie das Engagement für die Erstellung der Konzeption und die Umsetzung der Ausstellung. Für die Gestaltung der Ausstellung und Mitwirkung an der Konzeption danke ich Herrn Prof. Günter Memmesheimer.

Ohne die Mitwirkung der Autoren an dieser Begleitschrift, wäre die Ausstellungsbegleitung ärmer. Dafür meinen herzlichen Dank an alle Autoren.

Die Ausstellung wäre unattraktiv ohne die zahlreichen Objekte, die dazu beitragen Themenkomplexe anschaulicher zu vermitteln. Mein besonderer Dank gilt allen Leihgebern, die uns dabei unterstützt haben.

Schließlich: Ohne die Bereitstellung finanzieller Mittel würde der Umfang der Ausstellung nicht diese Form angenommen haben. Der Niedersächsischen Lottostiftung, Hannover, und der EWE in Oldenburg gilt hierfür mein besonderer Dank.

Mamoun Fansa

Schwarzweißheiten
Vom Umgang mit fremden Menschen

Martina Johannsen

Rassismus gehört zu den politischen Grundtatbeständen der Gegenwart. Er ist auf allen Ebenen des gesellschaftlichen Lebens anzutreffen. Besonders augenscheinlich sind rassistisch motivierte Gewalttaten. Sie rücken daher in den Blickpunkt der öffentlichen Aufmerksamkeit. Weniger wahrgenommen werden hingegen fremdenfeindliche Positionen von Wissenschaftlern und Politikern, die ihre Haltung durch rationale Argumentationen legitimieren; auch alltägliche Formulierungen, die sich der Stereotype und Vorurteile gegenüber den als fremd empfundenen Menschen bedienen, rücken häufig aus dem Blickfeld. Vor allem dieser eher als latent zu bezeichnende Rassismus dürfte jedoch dazu beitragen, dass rassistische Einstellungen nach wie vor existieren.

Die eklatanten Gewalttaten rufen zumeist eine moralische Abwehr in der breiten Öffentlichkeit hervor. An das Naheliegende, Allgegenwärtige hat man sich hingegen gewöhnt. Man hört es, man spricht es – manchmal ironisierend, aber die Floskeln bleiben erhalten. Rassistische Ressentiments in Büchern, in der Alltagssprache, in den Medien, der Wissenschaft und Politik beeinflussen die Gedanken eines Menschen. Aufgrund der Beharrlichkeit rassistischer Ressentiments stellt sich nicht nur die politische Frage nach Auswegen. Um aus der Geschichte lernen zu können und über die eigene Wahrnehmung zu reflektieren, muss man die Geschehnisse und ihre Zusammenhänge verstanden haben. Daher zielt dieser Beitrag auf folgende Frage: Woher kommen fremdenfeindliche Denkweisen (Stereotype und Vorurteile) und wie erklären sie sich?

Hier wird der Ansatz verfolgt, dass rassistische Bewertungen und Einteilungsschemata unter bestimmten historischen Gegebenheiten gesellschaftlich konstruiert und verfestigt worden sind. Eine solche soziale Konstruktion bedarf keiner tatsächlichen Grundlage. Sie kann ein reines Phantasieprodukt sein, wie etwa die mittelalterliche Vorstellung, dass Bewohner in entlegenen Weltregionen keine Köpfe hätten. Allerdings konstruiert sich die Fremdheit anderer Menschen auch oft durchaus aus einem reduzierten Interesse, das sich auf die vermeintlich bizarr anmutenden Eigentümlichkeiten anderer Menschen konzentriert. Die so wahrgenommenen Eigenschaften werden entsprechend überbetont und verzerren sich zu einer wirklichkeitsfernen Hülse. Wirtschaftliches Gewinnstreben und das Verlangen nach politischer Macht sind auf einer mittelbaren Ebene oft die Ursachen gewesen, um leichtfertig eine geringschätzige Vorstellung von unbekannten Menschen zu entwerfen. Ebenso sind die wissenschaftlich-philosophischen Ideen der jeweiligen Zeit eng mit dem Zeitgeschehen verbunden gewesen. Sie lieferten auf einer übergeordneten geistigen Ebene die wissenschaftliche Legitimation für abwertende Klischees und forcierten sie dadurch. Sie haben sich *„allzu bereitwillig in den Dienst des menschlichen Egoismus und vornehmlich im politischen und sozialen Bereich in den Dienst derjenigen kollektiven Eitelkeit stellen lassen, die das Wesen des Nationalismus oder des Rassismus ausmacht"* (LOVEJOY 1985, 375).

Im Folgenden soll ein Überblick über die Entstehung und die Geschichte fremdenfeindlicher Denkweisen skizziert werden. Am Beispiel der Afrikaner soll exemplarisch gezeigt werden, dass die Vorstellungen und Vorurteile gegenüber Fremden erst allmählich entstanden sind. Die Ursprünge aber auch die Veränderungen europäischer Vorstellungen über Afrikaner sollen angedeutet werden. Dieser Schwerpunkt wurde gewählt, weil dunkelhäutige Menschen auch heute noch anhand überlieferter immer wieder modifizierter Vorurteile in besonders eklatanter Weise diskriminiert werden. Die europäischen Werturteile aus der Zeit der Entdeckungsfahrten flossen in die wissenschaftlichen Bemühungen, die verschiedenen Menschengruppen zu sortieren und zu typisieren. Die Juden werden ebenfalls unter dem Blickwinkel der konstruierten Andersartigkeit angesprochen. Im Gegensatz zu den Bewohnern anderer Kontinente, die erst zu Beginn der Neuzeit entdeckt wurden, stand die Abgrenzung zu den Juden weniger im Zusammenhang mit naturphilosophischen Überlegungen, sondern leitete sich vor allem aus der ausgeübten Religion ab. Daher lässt sich an dieser Gruppe besonders deutlich zeigen, wie über Kennzeichnungsvorschriften und die Zuweisung von Merkmalen und Eigenschaften versucht wurde, sie von der restlichen Bevölkerung sichtlich abzugrenzen und schließlich zu verfolgen. Auch hier spitzt sich die vermeintliche Andersartigkeit zu einer Rassenkonstruktion zu.

Im Zentrum der Betrachtung steht somit die Prägung eines europäischen Bewusstseins, das in Abhängigkeit von Zweckrationalitäten und historischen Gegebenheiten nur wenige Facetten von unbekannten Menschen aufgenommen und andere völlig ausgeblendet hat. Ergeben haben sich daraus verzerrte Bilder, Stereotype und Vorurteile, die immer wieder bis zum heutigen Tage zur Argumentationsfolie für fremdenfeindliche Denkweisen geworden sind.

Die Kenntnisse über Afrika waren im Europa der beginnenden Neuzeit nur sehr gering. Afrika war daher bis zu dieser Zeit in weiten Kreisen des europäischen Bewusstseins bedeutungsgleich mit dem Unbekannten schlechthin. Ein Großteil der europäischen Bevölkerung hatte sich gleichsam hemmungslos der Phantasie hingeben können, sofern man sich überhaupt eine Vorstellung von den Bewohnern dieses entlegenen Landes ausmalen wollte (vgl. BITTERLI 1980, 37). Die Menschen vom sogenannten Rande der Welt wurden folglich in Dokumenten des späten Mittelalters durchaus als gesichtslose, missgestaltete Monster dargestellt, häufig ohne Kopf, mit Mund und Augen in der Brust (BITTERLI 1980, 39).

Dies ist allerdings nur eine Facette europäischer Wahrnehmung. Das Interesse an den schwarzen Bewohnern des afrikanischen Kontinents war durchaus sehr hoch. Kaiser, Könige, mächtige Handelsherren, Schriftsteller, Künstler und Wissenschaftler beschäftigten sich mit ihnen. Genau genommen richtete sich die Aufmerksamkeit aber weniger auf die Personen oder die dortigen realen Verhältnisse sondern vor allem auf ihre Symbolwirkung. Viele glaubten, Afrikaner würden die Eigenschaften verkörpern, die entweder dem eigenen Ideal des gesellschaftlich Wünschenswerten entsprachen oder diesem unvereinbar gegenüberstanden. Das so entworfene Bild von Schwarzen spiegelte anschaulich die eigenen Ansichten von Staat und Gesellschaft wider. Gerade die Einflussreichsten einer Gesellschaft bedienten sich der Afrikaner als Metapher für gesellschaftliche Ordnung, die sie selbst anstrebten (MARTIN 1993, 10/11, vgl. auch den Beitrag von Martin).

Hendrik Heerschop: Der Mohrenkönig Caspar, Gemälde, 1654 oder 1659, Staatliche Museen zu Berlin, Preußischer Kulturbesitz, Gemäldegalerie
Foto: Jörg P. Anders, Berlin
Seit dem 15. und 16. Jahrhundert taucht der schwarze Mohrenkönig in europäischen Darstellungen als Allegorie für Afrika auf.

Unter Kaiser Friedrich II. von Hohenstauffen wurde um 1240 das Standbild des Heiligen Mauritius am Magdeburger Dom, das zunächst einen weißen Mauritius darstellte, durch die Darstellung eines Afrikaners ausgetauscht. Der Schwarze signalisierte den Anspruch auf weltumspannende Herrschaft und war ein Sinnbild kaiserlichen Vasallentums (MARTIN 1993, 41). Auch präsentierte sich Kaiser Friedrich II. als Herr über eine ausgedehnte Welt. Indem er in seinem Hofstaat exotische Tiere und Menschen aus ferngelegensten Regionen mitführte, konnten die Zuschauer erahnen, welchen Radius die Aktivitäten des Herrschers und sein Einfluss hatten (MARTIN 1993, 42).

Ebenso wurde die Königin von Saba, die „Heidenkönigin", seit dem 12. Jahrhundert als Schwarze dargestellt. Sie wurde mit einem Reich in Verbindung gebracht, das man

Conrad Kyeser: Königin von Saba, Bellifortis, Böhmen, vor 1405, Pergament, Niedersächsische Staats- und Universitätsbibliothek, Göttingen

auf afrikanischem Boden vermutete. In den Darstellungen zeichnet sie sich durch majestätische Anmut und Grazie aus, die sie neben anderen Herrschern als ebenbürtig kennzeichnen. Sie trägt eine Krone, kostbare Gewänder und hält die Insignien höchster Macht und Herrschaft in ihren Händen. Ihre souveräne Ausstrahlung steht jedem europäischen Ansinnen gegenüber, das darauf hofft, die „heidnischen" Afrikaner mögen sich sowohl politisch als auch religiös unterwerfen und Europa mit allen Kostbarkeiten Afrikas huldigen (vgl. auch MARTIN 1993, 30 u. 31). Allerdings ist allen Schwarzen, die in dieser positiven Weise in der Literatur und Kunst Beachtung fanden, eines gemein: Abgesehen von ihrer ‚afrikanischen' Herkunft und ihren Körpermerkmalen wie Hautfarbe, Haarstruktur und Gesichtszügen haben sie nichts Afrikanisches mehr, *„[...] erweisen sie sich allesamt durch ihr Bewußtsein und ihr Handeln als vollkommene Mitglieder der christlich-feudalen Gesellschaft des ausgehenden sogenannten Mittelalters. Ausnahmslos Angehörige der gesellschaftlich tonangebenden Gruppen – Könige, Heerführer, Ritter und Helden – [...]"* (MARTIN 1993, 37). Hochgewertet wurden somit die Eigenschaften der Afrikaner, die sie mit den militärischen Tugenden, weitreichender Herrschaft und Macht verbanden.

Der Mohr war bis zum 15. Jahrhundert ein exklusives Zeichen am Hofe. Danach erweiterten sich die Kreise, die sich des Mohren als Statussymbol bedienten. Auch in den folgenden Jahrhunderten blieb er ein Atribut der Angesehenen, wenn es auch zunehmend an Exklusivität verlor. Der Schwarze blieb ein Zeichen weitreichender diplomatischer und kommerzieller Beziehungen und gehörte seit dem 14. Jahrhundert üblicherweise zur Ausstattung des Hofstaats in deutschen Adelskreisen (MARTIN 1993, 42 u. 43). Aufgrund der Symbolfunktion des Schwarzen verschloss sich dem Europäer jede Begegnung mit den Eigenheiten einer fremden Welt.

Durch die Entdeckungsfahrten der Europäer nahm vor allem die Geographie Schwarzafrikas Konturen an. Die Daseinsformen und Eigenarten der Afrikaner hingegen konnten sich den Europäern nur erschließen, wenn die Entdeckungsreisenden sich um ein besseres Verständnis der anderen Kulturen bemühten. Einige Reiseberichte beschreiben schon im 17. Jahrhundert größere afrikanische Reiche, deren Fruchtbarkeit und Handelsreichtum, die Geschäftigkeit der Städte, die Pracht der Herrscherhöfe und die unermesslichen Goldvorkommen (vgl. BITTERLI 1980, 42). Dennoch prägten diese Beschreibungen nicht das europäische Bild von Afrika, sondern sie gerieten in Vergessenheit. Den Rang der Herrscherkulturen von Benin beispielsweise erkannte man erst zu Beginn des 20. Jahrhunderts wieder. Auf einer britischen Strafexpedition im Jahre 1897 wurden im Palast von Benin die Königsschätze entdeckt. Der imperialistischen Weltvorstellung gemäß wollte man zunächst nicht glauben, dass Afrikaner so bedeutende Werke hervorgebracht haben könnten. Man schrieb sie daher ägyptischen, griechischen oder portugiesischen Einflüssen zu (KOLOSS 1999, 9). Erst allmählich wurden die spirituelle Kultur und die hochrangige Kunstfertigkeit der Gelbgussarbeiten als auch der Elfenbeinschnitzereien erfasst und den Afrikanern zugeschrieben (vgl. auch den Beitrag von Eisenhofer). Auch die Vorstellung von mächtigen Königreichen, die auf entwickelten, arbeitsteiligen Produktionszusammenhängen wie Töpferei, Eisen- und Textilverarbeitung fußten sowie eine auf Geld beziehungsweise auf Geldäquivalenten beruhende Warenökonomie kannten, drang letztlich nicht nach Europa.

Das geringe Wissen über das Leben in Afrika zur Zeit der Entdeckungsfahrten erklärte sich auch darüber, dass das Verhältnis zwischen den Portugiesen und Afrikanern vor allem durch Handelsbeziehungen bestimmt wurde, die nicht darauf ausgelegt waren, das Wissen über andere Menschen zu mehren – vor allem nicht auf Kosten der Rentabilität. Den Menschen Afrikas wurde insofern nur eine geringe Aufmerksamkeit geschenkt, die sich zumeist auf vermeintlich Wundersames beschränkte. Die Portugiesen sammelten eher praktische Erfahrungen, die neben kartografischen Aufzeichnungen oder Temperaturtabellen auch Angaben zur Technik des Sklavenhandels oder über den Tauschwert bestimmter Waren enthielten (BITTERLI 1980, 43). Die vorherrschende Friedlichkeit der Beziehung zwischen Afrikanern und Portugiesen entsprang vor allem einer kommerziellen Vernunft, denn auf beiden Seiten war man sich darüber im Klaren, dass kriegerische Auseinandersetzungen den Gewinn schmälern würden (BITTERLI 1980, 44). Das Verhältnis zwischen Europäern und Afrikanern im Sinne eines Kulturkontaktes wird in den Schilderungen über Afrika jedoch nicht berücksichtigt. Die Aufmerksamkeit richtete sich auf den Anlass der Begegnung, den Handel. Dennoch soll nicht verschwiegen werden, dass sich in den spärlichen Aufzeichnungen portugiesischer Chronisten durchaus voreilige und stereotype Urteile finden lassen, welche die Untugenden der afrikanischen Einwohner hervorhoben: Sie seien allen erdenklichen Lastern verfallen, vornehmlich dem Diebstahl, der Bettelei und der Lügenhaftigkeit (BITTERLI 1980, 44). Solchen Skizzierungen stehen zwar Beschreibungen gegenüber, die sich stärker auf die eigene Anschauung berufen; diese sind facettenreicher und füllen den Raum zumindest teilweise mit spontanen Schilderungen etwa über die außerordentlichen Fertigkeiten der Küstenbewohner in der Kunst des Schwimmens (BITTERLI 1980, 44). Für die wenig auf Vertraulichkeit ausgerichteten Handelsbeziehungen blieben jedoch Argwohn und Misstrauen die geeigneteren Mittel, um einem unberechenbaren Verhalten des Handelspartners zu begegnen und den eigenen Schaden möglichst gering zu halten. Demgemäß hatte man eine lange Liste von Lastern und Missetaten zusammengetragen, die das moralische Werturteil der Europäer über Afrikaner bereits Ende des 17. Jahrhunderts in seinen wesentlichen Zügen etablierten. Boshaft und widerspenstig, träge und unwissend, mit einem Hang zur Trunksucht, Ausschweifung und Dieberei; diese Eigenschaften schienen den Charakter jener Geschöpfe zu bestimmen, die den Menschen in seiner niedrigsten und abartigsten Erscheinungsform darstellten (BITTERLI 1980, 49).

In der nuancenreichen Beschreibung Afrikas von Olfert Dapper, einem Niederländer, der seine Kenntnisse ausschließlich aus Reiseberichten und den Schilderungen von

Martina Johannsen

Afrikareisenden bezog, findet sich viel Rühmenswertes – insbesondere über die islamisierten Afrikaner. Gelobt werden ihre Reinlichkeit, die Gastfreundschaft und ihre körperliche Schönheit. Geringes Verständnis bringt Dapper allerdings den Gruppen entgegen, von denen er glaubt, dass sie von einer Religion nichts wüssten: *„[...] sie wissen auch von Gott gantz nichts; sondern leben als das Vieh"* (vgl. BITTERLI 1980, 56). Seiner Meinung nach stellten sich diese Afrikaner durch ihre mangelnde Religiosität auf dieselbe Stufe mit den Tieren. Insgesamt zielte die Beschreibung Dappers aber – wie andere Berichte auch – darauf ab, seine wissensdurstigen Leser über die auffälligsten Eigenheiten des unbekannten Kontinents und seiner Bewohner in Kenntnis zu setzen. Jene Sitten und Traditionen, die am weitesten von abendländischen Bräuchen entfernt waren, riefen schließlich die größte Aufmerksamkeit hervor. *„Der reisende Europäer, dem solche Merkwürdigkeiten vor Augen kamen, war sich seiner Herkunft stolz bewußt und blieb ihr verhaftet. Selbstverzicht und Einfühlung waren nicht seine Stärke, und das Andersartige und Exotische zog ihn nicht an, weil er in ihm eine ungewohnte Ausprägung allgemein-menschlicher Existenzmöglichkeit gesehen hätte, sondern höchstens darum, weil er es mit keiner seiner üblichen Denkvorstellungen vereinbaren konnte"* (BITTERLI 1980, 58 u. 59). So reagierten die Europäer vornehmlich auf zwei verschiedene Weisen auf die Andersartigkeiten, die sie in Afrika antrafen: Entweder begnügte man sich, die Absonderlichkeiten einer vorgefassten Meinung unterzuordnen, oder die Eigenarten wurden als Kuriositätenbeschrieben, die nicht weiter ernst zu nehmen waren (BITTERLI 1980, 59). Afrika war in die Sphäre europäischen Interesses gerückt, aber es formte sich keinesfalls ein einheitliches Bild; man begnügte sich mit Bruckstückhaftem und Anekdötchen. Die Kenntnis über Afrika wuchs zwar im Laufe der Zeit, aber immer noch zeichnete sich kein Bild, das die Realität des afrikanischen Lebens traf. Die sachlichen Informationen verblassten immer wieder neben den phantastischen Vorstellungen, die man erfand.

Die Handelsbeziehungen entwickelten sich dennoch zu einem vielfältigen System wirtschaftlicher, politischer und kultureller Kontakte zwischen Westafrika und Portugal, das ungefähr 200 Jahre überdauerte. So entstand durchaus eine afro-portugiesische Kultur, die in vielen Lebensbereichen die weiterhin bestehenden Traditionen mit neuen Ideen bereicherte, ohne sie zu entwurzeln. Dieser frühe Versuch, der in die

Afroportugiesisches Elfenbeingefäß, sapi-portugiesisch, Legat Robert von Hirsch, Museum der Kulturen, Basel Die afro-portugiesische Kunst verweist auf die Anfänge einer wechselseitigen kulturellen Inspiration zwischen Portugiesen und Afrikanern. Europäische Formelemente flossen mit afrikanischen Gestaltungskomponenten zusammen.

Richtung geregelter Kontakte zwischen Europäern und Afrikanern wies, scheiterte vor allem daran, dass die portugiesische Regierung die Tätigkeit der portugiesischen Sklavenhändler kaum zu beschränken versuchte (KECSKÉSI 1982, 279).

Bei ihrer Ankunft an der Westküste Afrikas waren die Portugiesen auf eine Eingeborenengesellschaft gestoßen, in der seit langem Sklavenhandel und Sklavenwirtschaft bekannt waren und praktiziert wurden. Gefangene, die während der gegenseitigen Befehdungen verschiedener afrikanischer Stämme gemacht wurden, blieben als Sklaven bei den Siegern. Ihr Dasein unterschied sich indessen kaum von dem ihrer Herren. Die Portugiesen haben den Sklavenhandel also keinesfalls in Afrika eingeführt, aber sie übernahmen ihn ohne Bedenken. Die portugiesische Sklavenhaltung entsprach weitgehend einem Hausssklaventum arabischer Prägung, das es ermöglichte, dass trotz der rechtlosen Stellung ein Sklave durch seine Dienste Anerkennung und auch eine gewisse Achtung erlangen konnte (BITTERLI 1980, 124). Erst mit der Gründung der Überseeplantagen und dem damit verbundenen hohen Bedarf an billigen Arbeitskräften weitete sich der afrikanische Sklavenhandel zu der massenhaften transatlantischen Verschleppung afrikanischer Menschen aus. Die Afrikaner selbst wurden nun zur begehrtesten Ware der Portugiesen und seit der Mitte des 16. Jahrhunderts auch die der Holländer, Franzosen, Engländer und anderer.

Bei der Zulieferung von Sklaven für die Transporte nach Übersee spielten schwarze Zwischenhändler – meist die Bewohner der Küstenregionen – eine wichtige Rolle. Wenn nicht genügend Versklavte im Angebot waren, gingen sie aus eigenem Antrieb auf Sklavenraub, übernahmen die Transporte ihrer Opfer an die Küste und organisierten den Sklavenmarkt (BITTERLI 1980, 125). Somit kollaborierten Teile der afrikanischen Einwohner als Nutznießer dieses Geschäfts.

Die Zugkraft, welche die transatlantische Sklaverei gegen viele Stimmen der Kritik beförderte, war allerdings die enorme Rentabilität für die europäischen Hafenstädte.

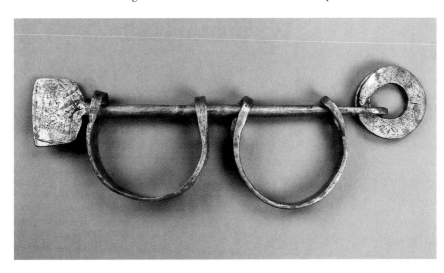

Sklavenfessel, Westafrika, 19. Jh.,
Überseemuseum, Bremen
Foto: Gerda Thomas, Westfälisches
Museum für Naturkunde, Münster

„Friedrich Wilhelm zu Pferde",
Schiffsmodell einer Fregatte aus dem
17. Jh., Deutsches Schiffahrtsmuseum, Bremerhaven
Das brandenburgische Schiff fuhr
die Routen des Dreieckshandels.
Auf seiner letzten Fahrt von der
Westküste Afrikas nach Westindien
war es mit 720 Sklaven beladen, von
denen 661 die Überfahrt überlebten.

Die Sklaventransporte entwickelten sich zu einem Ring- bzw. Dreieckshandel, sodass jede Fahrt, die zwischen den unterschiedlichen Kontinenten unternommen wurde, mit Gewinn verbunden war. Europäische Schiffe mit billigen Tauschwaren fuhren nach Afrika, dort wurden Sklaven eingeladen und nach Amerika transportiert, dort verkauft und die Einnahmen für den Erwerb von Zucker, Rum, Kaffee, Baumwolle etc. verwendet; diese Waren ließen sich dann schließlich in Europa mit großem Gewinn verkaufen (POTTS 1988, 57 u. 58).

Einem ökonomischen Kalkül folgend, schmälerte man den Wert der Afrikaner auf den einer leicht verfügbaren Ware. Den Sklaventransporten wurden vorrangig gewinnförderliche Kriterien zugrunde gelegt. Um eine möglichst große Anzahl an Sklaven mit einer Fahrt nach Amerika zu befördern, herrschte auf den Handelsschiffen fürchterliche Enge. Auf den Zwischendecks, die manchmal nachträglich eingezogen worden waren, um die Ladefläche zu vergrößern, lagen die Sklaven dicht beieinander. Die Menschen waren üblicherweise so verstaut, dass sie weniger Platz als in einem Sarg hatten. Sie waren auf dem rohen Holz liegend angekettet, sodass bei unruhiger See die Haut über den Ellenbogen bis auf die Knochen weggescheuert wurde (POTTS 1988, 63). Hinzu kamen brutale Strafen, wenig und schlechte Nahrung und der Mangel an Trinkwasser. Auf den Transportschiffen widersetzten sich die Sklaven gegen ihre Gefangenschaft, indem sie die Nahrungsaufnahme verweigerten (FINZSCH et al. 1999, 40). Damit die geldwerte Fracht nicht verhungerte, wurden die im Hungerstreik liegenden mittels Kieferschrauben zwangsernährt. 454 Sklaven durften nach dem Gesetz auf einem einzigen Schiff transportiert werden, sodass allein deshalb viele von ihnen starben. Sechshundert oder gar siebenhundert Sklaven pro Transport waren allerdings keine Seltenheit (POTTS 1988, 63). Die Passage von der Westküste Afrikas nach Übersee war daher die gefährlichste Phase im Leben eines Sklaven (FINZSCH et al. 1999). Insgesamt wurden 15 Millionen Afrikaner nach Amerika verschleppt (FINZSCH et al. 1999, 50).

Die menschenunwürdige Behandlung setzte sich in der Sklavenwirtschaft auf den Überseeplantagen fort. Die Strafbestimmungen wurden im Laufe der Zeit weiter ausgebaut und umso strenger, je größer der Sklavenanteil an der Gesamtbevölkerung war. Die Gefahr einer Rebellion der Sklavenbevölkerung sollte so gebannt werden. *„Die Schwierigkeit bestand darin, dass – obwohl man sie wie Tiere fangen, sie in Pferchen befördern, sie neben einem Esel oder einem Pferd arbeiten lassen und beide mit dem Stock prügeln, sie in Ställen unterbringen und hungern lassen konnte – sie trotz ihrer schwarzen Haut und ihres lockigen Haars durchaus unbestreitbar menschliche Wesen blieben; mit der Intelligenz und dem Groll menschlicher Wesen. Um sie für die nötige Fügsamkeit und Hinnahmebereitschaft einzuschüchtern, war ein Regime kalkulierter Brutalität und kalkulierten Terrorismus notwendig"* (CYRIL Lionel Robert James 1963: The Black Jacobins. Toussaint L'Ouverture and the San Domingo Revolution, S. 11 f; zitiert nach MARTIN 1988, 65). Flucht war die am weitesten verbreitete Art und Weise, mit der sich Sklaven der Gewalt ihres Besitzers entziehen wollten. Die unmenschlichen Zustände auf der Überfahrt und auf den Überseeplantagen führten zu heftiger Kritik. Die Versklavung der Afrikaner währte dennoch über viele Generationen hinweg und wirkt bis heute in die Sozialstrukturen Amerikas hinein. Der Status eines Sklaven wurde durch die Kraft der Tatsachen mehr und mehr mit einer dunklen Hautfarbe in Verbindung gebracht; ein Leben in extremster Knechtschaft schien den am Sklavenhandel und an der Sklavenwirtschaft Beteiligten ein für die Menschen mit afrikanischen Vorfahren zumutbares und angemessenes zu sein. Dahinter stand die diffuse Unterstellung, dass sie Menschen minderen Wertes seien.

Je länger die transatlantische Sklaverei jedoch andauerte, desto mehr geriet sie auch in Legitimationszwang. Keinesfalls wollten ihre Nutznießer an Profiten einbüßen. Aber mit rein ökonomischen Gründen konnten die barbarischen Verhältnisse kaum mehr gerechtfertigt werden. Da die kritischen Stimmen immer lauter wurden, suchte man nach neuen Argumenten. Fündig wurde man bei der Naturphilosophie und den Naturwissenschaften (vgl. hierzu auch den Beitrag von Schmutz).

Die Gelehrten des 18. Jahrhunderts hatten keine Scheu, sich der neu erfahrenen Mannigfaltigkeit der Schöpfung zu stellen. Sie begannen die Welt neu zu ordnen und orientierten sich dabei auch an antiken Vorstellungen, nach denen alle Lebewesen gemäß dem Grad ihrer Vollkommenheit in einer einzigen Stufenleiter der Geschöpfe eindeutig einzugliedern wären. Daraus ergab sich eine Hierarchie von den vermeintlich Makellosen bis hinab in das schreckensvolle Nichts. Der Mensch wurde mit einer zur Vernunft befähigten Seele und einer den Göttern nachempfundenen Gestalt – so der damalige Eindruck – an die Spitze der zoologischen Hierarchie gestellt, an deren untersten Ende niederste Tiere standen (LOVEJOY 1985, 77). Diese natürliche Rangordnung verband sich mit der Hierarchie der Geisteswesen, die über die Engel hinauf bis zum Gott reichte, zu dem der Mensch demütig emporschaute (vgl. LOVEJOY 1985, 227-229). Die Vorstellung von einer Welt als Kette der Wesen wurde von vielen Gelehrten das ganze Mittelalter hindurch und bis ins späte 18. Jahrhundert getragen und als selbstverständlich vorausgesetzt (LOVEJOY 1985, 69-80). Die neu entdeckten Tiere und Pflanzen wurden von den Naturphilosophen des 17. und 18. Jahrhunderts ohne Umschweife nach dem Grade ihrer Ähnlichkeit eingereiht. Jede neu entdeckte Art vervollständigte das systematische Schema und schien zugleich die Richtigkeit dieses Weltbildes immer wieder zu bestätigen. *„Es war in den Augen des 18. Jahrhunderts ein großer Augenblick der Geschichte der Wissenschaft, als Trembly im Jahre 1739 den Süßwasserpolypen H y d r a wiederentdeckte [...], ein Wesen, das sofort als das langgesuchte fehlende Glied zwischen Pflanzen und Tieren begrüßt wurde [...]"* (LOVEJOY 1985, 280 u. 281). Schließlich wurde die Suche nach unentdeckten Organismen, welche die Lücken der Stufenleiter füllen sollten, mit großem Eifer betrieben. Insbesondere zwischen Gesteinen(!) und Pflanzen sowie zwischen Menschen und den höheren Affen suchte man nach den Bindegliedern. Bei entlegenen Völkern, so

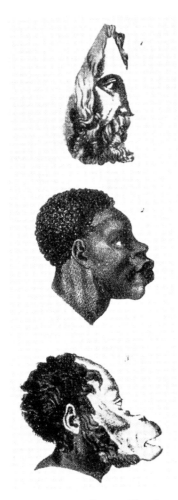

Mme. Migneret: Espèces. Blanche; Nègre; Orang. Kupferstich, Illustration für Julien Joseph Virey, Histoire naturelle du genre humain, 2 Bde., Paris 1824, 2. Bd. Tafel 8. Der Kupferstich zeigt den vermuteten Übergang vom Tier zum Menschen.

glaubte man, wäre es möglich, halbmenschliche Wesen zu finden (LOVEJOY 1985, 281). Die phantastischen Berichte von Reisenden, mit eigenen Augen Menschen mit Schwänzen gesehen zu haben, beflügelten diese Hoffnung. Die Ähnlichkeiten des Knochenbaus zwischen Affen und Menschen warf ohnehin die Frage nach ihrer Verwandtschaft auf. Daher zogen die zahlreichen Beschreibungen der Hottentotten durch Reisende des 17. und 18. Jahrhunderts in besonderer Weise ein naturphilosophisches Interesse auf sich, und so mancher sah in ihnen ein Zwischenstück zwischen den Menschenaffen und dem Homo sapiens (LOVEJOY 1985, 282). *„Der Unterschied zwischen den niedrigsten Vertretern unserer Art und dem Affen ist nicht so groß, daß er, wäre ihm Fähigkeit des Sprechens verliehen worden, nicht ebenso Rang und Würde des Menschen beanspruchen könnte wie der wilde Hottentott [...]"* (Richard Blackmore und John Hughes: The Lay-Monastry, London 1714, 28; zitiert nach LOVEJOY 1985, 283). Die Grenze zwischen Mensch und Tier verlor ihre Klarheit und es stellte sich die Frage, wer überhaupt ein Mensch sei. Auf einmal war es möglich, darüber nachzudenken, ob Schwarze und damit auch die afrikanischen Sklaven Tiere oder Menschen seien. Zum anderen war die Kette der Wesen nicht nur ein Ordnungsmodell, sondern beanspruchte auch politische Folgerungen: So definierte sich die Stellung in der Hierarchie über die Beschränkungen eines Wesens; jeder hatte folglich die Pflicht den zugewiesenen Platz beizubehalten, sich seiner eigenen Grenzen bewusst zu sein und diese auch einzuhalten (LOVEJOY 1985, 241ff). Demnach ließ sich aus der Naturphilosophie auch ableiten, den Inhabern der tieferen Plätze auf der Stufenleiter eine unumwundene Unterordnung unter ihre weißen, dem Schöpfer näher stehenden Herren abzuverlangen. Die Naturphilosophie des 17. und 18. Jahrhundert lieferte damit ein wissenschaftlich-philosophisches Argument, die transatlantische Sklaverei zu rechtfertigen und trug auch dazu bei, dass sie bis weit ins 19. Jahrhundert hinein erhalten blieb. Sie entlastete jene, die von Sklavenhandel und -haltung profitierten, weil sie den Wert der Afrikaner unter den der Europäer stellte. Zudem war die Kette der Wesen auch das Leitbild für die koloniale Gesellschaft, die sich mehr und mehr entfaltete.

Die Natur habe die Menschengruppen ungleich geschaffen. Dieses mutmaßliche Faktum verleitete dazu, die verschiedenen Menschen ausschließlich in Tonangebende und Untergebene einzuteilen. Es gäbe nur Herrschende und Dienende. Diese kurze Formel diktierte das Verhältnis von Europa zu den anderen Kontinenten. Die Kolonisierung der fremden Völker und damit der Herrschaftsanspruch der Europäer über diese Völker, ihre Regionen und Ressourcen wurde im europäischen Bewusstsein als notwendig betrachtet, um die kulturelle Entwicklung und das Wohl der gesamten Menschheit voranzutreiben (DUCKS 2000). Die Aufteilung der Welt unter den europäischen Mächten geht einher mit der Konstruktion von Gegenwelten zum „zivilisierten" Europa. Barbarische Sitten, Roheit und Rückständigkeit wurden einem feinsinnigen und kultivierten Europäer gegenübergestellt, der sich zudem am Fortschritt orientierte. Aber auch die Vorstellung eines edlen, unschuldigen und glückseligen „Wilden" gehörte zu den Phantasiegebilden, deren Verführungskraft sich kaum jemand entzog (BITTERLI 1980, 81).

Die Schilderungen in den Reiseberichten weckten die Neugier an den „merkwürdigen Fremden" und das Verlangen, die Dinge mit eigenen Augen zu sehen. Da eine Reise in die entlegenen Regionen nur den wenigsten möglich war, wurde der umgekehrte Weg beschritten. Die Zurschaustellung fremder Völker in Europa begann zwar schon zur Zeit der Entdeckungen an den Fürstenhöfen, stand aber damals noch im Dienste der herrschaftlichen Selbstdarstellung und des Prunks. Als dann im 18. Jahrhundert zunächst nur einzelne Personen – oft die sogenannten Hottentotten – von fernen Kontinenten öffentlich vorgezeigt wurden, standen sie vor allem als Gegenbild dem ästhetischen griechischen Ideal gegenüber. Diese Praxis transportierte das Stereotyp des hässlichen Afrikaners (MARTIN 1993, 223).

Erst im 19. Jahrhundert wurden Völkerschauen für ein breiteres Publikum veranstaltet, was durchaus bleibende Eindrücke bei den Besuchern hinterließ. Die Zurschaustellung fremder Menschen zielte jedoch nicht darauf, die Fremdheit zu überwinden oder mit den Fremden in Kontakt zu treten. Begegnungen zwischen Einheimischen und fremden Völkern außerhalb der Aufführungen im Zoo, in Schaubuden oder auf Ausstellungen wurden sogar unterbunden. Der Zweck der Veranstaltungen lag vor allem darin, mit Sensationen möglichst viel Publikum anzulocken. Die Zuschauer sollten sich amüsieren und das, was sie erwarteten, auch zu sehen bekommen. Nur so konnten die Aufführungen zu einem erfolgreichen, lohnenden Geschäft werden. Keinesfalls war die nüchterne Realität des Alltagslebens fremder Völker gefragt, sondern Prärieindianer, wie sie nur in den Büchern von Karl May existierten, oder dunkelhäutige Menschenfresser (THODE-ARORA 1989, 29, 41, auch 142; vgl. den Beitrag von Thode-Arora). Die „Fremdheit" der Menschen aus fernen Regionen, welche in den Vorstellungen der Europäer existierte, war so leicht nicht zu inszenieren. Die Darsteller der Völkerschauen mussten häufig angelernt werden: Sie wussten nur wenig von der Wildheit, die ihnen zugewiesen wurde, sodass man ihnen das „echte" Betragen erst beibringen musste. Eduard Krause, Konservator an den Königlichen Museen Berlin, schrieb über eine Australier-Schau: *„Castan hat jetzt wieder Australier (Queensländer), die an den Anschlagsäulen für Kannibalen ausgegeben werden. Bisher wusste man nicht, dass die Queensländer Kannibalen sind, wahrscheinlich wissen sie selbst auch nichts davon. Ich werde mir diese Wütheriche heute ansehen"* (zitiert nach THODE-ARORA 1989, 41).

Die Inszenierungen betonten somit die für wahrscheinlich gehaltene Kluft zwischen der Zivilisation der Europäer und der Wildheit der Nichteuropäer. Diverse Kriterien wurden dafür angeführt: Körpermerkmale, Sitten, Essgewohnheiten, die Herkunftsregion oder auch eine unverständliche fremde Sprache. In ihrer Bedeutung für das europäische Bewusstsein transportierten die Völkerschauen mitnichten die

Paul Friedrich Meyerheim: Die
Wilden, Gemälde, 1873,
Suermondt-Ludwig Museum,
Aachen
Foto: Anne Gold, Aachen

Lebensrealität von außereuropäischen Menschen, sondern verzerrten die ohnehin schiefen Bilder zugunsten der beeindruckenden Wirkung eines Spektakels.

Diese einseitigen europäischen Sichtweisen als auch die kreierten, realitätsfernen Klischees drangen so auch an breitere Bevölkerungsschichten. Die Überhöhung der Unterschiede durch Betonung vor allem der aufsehenerregenden, die Sensationslust befriedigenden Aspekte fremder Völker führte zur Herausbildung von Stereotypen. Das gleiche geschieht, wenn die Wirklichkeit dahingehend verzerrt wird, dass der eigene Selbstwert bestätigt oder erhöht wird. Erfahrungsgemäß sind solche Stereotype kaum zu entkräften, da alles, was das Stereotyp zu bestätigen scheint, als typisch begriffen, alles was ihm widerspricht, als Ausnahme bewertet wird (BROECK 1993, 64-66). Die während der Kolonisierung geprägten Bilder stellen daher zugleich eine Folie dar, von der aus sich die Vorurteile bis in die für die Gegenwart typischen Stereotype weiterentwickelt haben (vgl. LORBEER u. WILD 1993). Das Bild des „Kannibalen" hat seine für die Gegenwart zeitgemäße Entsprechung im „Messerstecher". Die Vorstellung vom faulen Schwarzen lebt heute in der Mutmaßung weiter, alle Schwarzen würden von der Sozialhilfe leben (BROECK 1993, 67).

Die europäische Inszenierung der Fremdheit während der Kolonisierung der Welt trug damit zur Entstehung und Verhärtung von Vorurteilen und Stereotypen bei und diente letztlich dazu, die eigene soziale Position und Vormachtstellung der Europäer zu legitimieren und zu bestätigen.

Mehr und mehr entstanden im 19. Jahrhundert Darstellungen, die nicht nur den Urzustand oder die Eigentümlichkeiten ferner Menschen zeigten, sondern auch die soziale Position thematisierten, die den Nichteuropäern innerhalb der kolonialen Gesellschaft zugewiesen wurde. Die Kolonialwaren, die Afrikaner auf den Überseeplantagen aber auch in den Kolonien unter schwersten Bedingungen anbauen und ernten mussten, boten sich feil mit Schwarzen als Hinweis- und Gütezeichen. Tabak, Kaffee, Zucker, vor allem aber Kakao verbanden sich mit dem Emblem eines Dunkelhäutigen, der naturhaft mit Blätterrock bekleidet, als orientalischer Mohr, als zufriedener Plantagenarbeiter oder beflissener Diener seinen weißen Herren zum

Wohlleben verhilft. Der tatsächliche Preis der verfeinerten Genüsse Europas wird so zwischen Romantisierungen und Exotisierungen ausgeblendet. In ihrer Wirkung wird die Kolonialwarenwerbung zum Schaufenster der weißen Überlegenheit und sichert den Europäern die Weltmacht zu (PIETERSE 1992, 188).

Die Spaltung in „weiße" Herrscher und „schwarze" Diener wird anhand der Selbstinszenierung der Europäer in den afrikanischen Kolonien besonders deutlich (CHMIELEWSKI 1994, 36 f.). Gern ließ sich der Kolonialherr in einer sänftenähnlichen Trage fotografieren, die von mehreren Afrikanern geschultert wurde. Der Europäer erscheint als die Szene beherrschende, respekteinflößende Figur oder gar als Befreier der Eingeborenen aus ihrem mutmaßlichen Müßiggang (GRONEMEYER 1991, 11 f.; vgl. hierzu den Beitrag von Gronemeyer u. Zakrzewski) und aus ihrem düsteren Heidentum. Besonders die Missionierung setzte auf ein Bewusstsein weißer Maßgeblichkeit. In den Kolonien wurde das Wesenhafte der dortigen Traditionen und Lebensweisen abgeleugnet. Schwarze wurden als unmündige Menschen betrachtet, die auf die Erziehung durch die Europäer angewiesen waren (SOMMER/RAMBAUD 1992, 268 f.). Der „Nickneger" symbolisiert in diesem Kontext den dem Europäer zu ewigen Dank verpflichteten Afrikaner.

Populäre Schablonen von Afrikanern finden sich vom ausgehenden 19. Jahrhundert bis weit in das 20. Jahrhundert hinein auf Jahrmärkten und an Schaustellerbuden. Als böses und minderwertiges Mängelwesen wurden sie im wahrsten Sinne des Wortes zu einer Zielscheibe und einem Objekt des vergnüglichen Traktierens: Überdimensionale schwarze Köpfe wurden mit Bällen beworfen; wenn man richtig traf, verschwand der Ball im weit aufgerissenen Mund. Auf einer Schießscheibe um 1900 sitzt der Deutsche Michel neben einem mit Blätterrock bekleideten Schwarzen und greift zu ihm hinüber; wird der Mechanismus der Scheibe durch einen Treffer ausgelöst, dann reißt der Deutsche Michel dem Schwarzen den Kopf herunter.

Das koloniale Weltbild sah zwar seit der Aufklärung einen Spielraum vor, innerhalb dessen sich ein mutmaßlich unmündiger, mit kindlichem Gemüte versehener Afrikaner durch Erziehung bzw. Mission bessern könne, nämlich sofern er dem Europäer ähnlicher wurde. Die vermeintliche Überlegenheit der Europäer wurde aber dadurch nicht angetastet, da die Grenze der Assimilationsfähigkeit an der Stelle vermutet wurde, an der der Schwarze die Rolle des dienstbaren Gehilfen erlangt hatte. Das Selbstbild des Europäers formierte sich entsprechend vor allem in dem arrangierten Gegensatz zwischen Afrikanern und Europäern. Die inszenierte Hierarchie entspricht somit durchaus auch einer europäischen Normvorstellung, an der sich auch die Erziehung der Afrikaner orientierte bzw. zu orientieren hatte. Das koloniale Weltbild deckte sich also mit der in der Kette der Wesen geforderten Hierarchie der Menschen. Die augenscheinliche Hierarchisierung der Bevölkerungsgruppen fand sich sowohl in den Kolonien als auch in den europäischen Ländern, in die das Modell der „kolonialen Gesellschaft" getragen wurde.

Sarotti-Mohr, Werbefigur, Porzellan, um 1922, Deutsches Historisches Museum, Berlin

Vorratsdose „Kaffee Messmer", nach einem Plakatentwurf von Carl Hofer, 1903, Deutsches Historisches Museum, Berlin

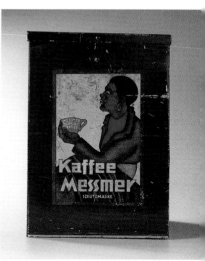

Mechanische Schießscheibe,
„Deutscher Michel und Neger",
Deutschland, um 1900,
Münchner Stadtmuseum,
Puppentheatermuseum
Foto: D. Jordens

Mit der wachsenden Kenntnis über ferne Völker verstärkte sich auch das wissenschaftliche Interesse, diese verschiedenen Menschengruppen zu klassifizieren. Die ersten Versuche, Menschen einzuteilen, orientierten sich an einem ästhetisierenden Ansatz, wie er schon der Kette des Lebendigen zugrunde lag. Man nahm an, dass sich *„aus der äußerlichen Beschaffenheit der Gliedmaßen oder den Lineamenten des Leibes des Menschen dessen Natur und Gemüths-Disposition zu erkennen gibt"* (Zedlers Universal-Lexikon, 1732 - 1754, zitiert nach HÜRLIMANN 1999, 106). Wissenschaftler richteten folglich ihre Aufmerksamkeit vor allem auf offensichtliche Unterschiede, die es zu erkennen und zu systematisieren galt. Da jedoch die Wissenschaftler im Europa des 17. und 18. Jahrhunderts nicht zu den Weltreisenden zählten, stützten auch sie sich zwangsläufig auf die verfügbaren Informationen, die sich in den Reiseberichten fanden. Allerdings konnte aus diesen kein eindeutiges Unterscheidungsmerkmal gewonnen werden. Noch nicht einmal das der Hautfarbe.

Während der Eroberungs- und Entdeckungsfahrten zu Beginn der Neuzeit herrschte nämlich keinerlei Einigkeit über die Farbe der amerikanischen Ureinwohner. Die Wahrnehmung reichte von schwarz über bronze und oliv zu goldgelb und weiß – je nachdem ob man eher südlich oder nördlich in der Neuen Welt landete (HUND 1999, 16 ff.). Die Chinesen wurden anfänglich sogar eindeutig als Weiße wahrgenommen, was den Reiseberichten des Marco Polo im ausgehenden 13. Jahrhundert entnommen werden kann. Chinesen wurden in anderen Schriften sogar als „weißhäutiges Volk" beschrieben, dass den „Deutschen ähnelt" (vgl. HUND 1999, 19 f).

Die tradierte Symbolik der Farbe Schwarz unterstützte jedoch die Abwertung der offensichtlich Dunkelhäutigen. Die Farbe Schwarz hatte zwar ursprünglich keinen anthropologischen Bezug. Sie ist aber durch die christliche Tradition negativ belegt worden. Das Böse ist schwarz. Die einst abstrakte moralische Symbolik des schwarzen Mannes oder Satans verband sich schließlich mit der dunklen Hautfarbe. Die Verknüpfung ergab sich allerdings erst in einem ideologischen Kontext, der die Unterdrückung oder Bekämpfung der Afrikaner rechtfertigen sollte (HUND 1999, 28; MARTIN 1993, 21 f.). Afrikaner, die ohnehin schon in europäischen Augen als rückständige und faule Mängelwesen erschienen, wurden auf diese Weise auch noch schmutzig und böse. Folglich glaubte man im 18. Jahrhundert an eine zwangsläufige Verbindung zwischen Hautfarbe und Charakter als auch an eine strikte kulturelle Hierarchie vom weißen Europäer zum schwarzen Afrikaner. Die dunklere Hautfarbe wurde zum Indikator für die Inferiorität von Kultur und Charakter. Umgekehrt galt aber auch, dass jene, die den Standard der vermeintlich fortgeschrittensten Nationen Europas nicht erreichten, auch nicht weiß sein konnten bzw. durften (DEMEL 1992, 658, vgl. auch Demel in diesem Heft). Die Chinesen wurden im 18. Jahrhundert diesem kolonialen Denken entsprechend allmählich immer gelber. Linné nennt sie noch blassgelb, Blumenbach hingegen schon weizengelb, der vertrockneten Zitronenschale vergleichbar. Die Hautfarbe der Chinesen wurde von europäischen Wissenschaftlern konstruiert, indem beobachtbare Eindrücke aus der anderen Lebenswelt einbezogen wurden, um ihre Hautfarbe zu bestimmen. Gelb kennzeichnete in der alten chinesischen Farbsymbolik das Reich der Mitte. Ein strahlendes Gelb war zudem die Farbe der Herrscher (HUND 1999, 20; DEMEL 1992, 659, 661-663). Den Bewohnern Amerikas wies man hingegen die rote Hautfarbe zu und zwar anhand des Attributs der roten Farbe, mit der sich die Indianer bemalten (HUND 1999, 16-19).

Auf der Suche nach Differenzen und Unterschieden der verschiedenen Menschen ließen sich die Naturwissenschaftler also durchaus von dem kolonialen Weltbild ihrer Zeit beeinflussen. Kulturelle Kennzeichen wurden so überhöht, dass sie zu einem schier körperlichen Merkmal gemacht wurden. Die so errungenen Hautfarben wurden bereits in den Anfängen der naturwissenschaftlichen Systematik mit charakterlichen und kulturellen Merkmalen verbunden. Carl von Linné (1707-1778) entwickelte 1735 das Systema naturae, eine Klassifikation der Tier- und Pflanzenwelt, die noch heute der Botanik und Zoologie zugrunde liegt. Er unterschied vier Menschenkollektive nach den vermeintlichen Hautfarben und ordnete ihnen eindeutige charakterliche Wesenseigenschaften zu. Die Hautfarbe wurde in ihrer scheinbar einfachen Klarheit zu einem geradezu bestechenden Kriterium, um die Menschen in eine Rangabfolge einzusortieren.

Weniger dem strikt hierarchisierenden Denken verhaftet waren noch die physiognomischen und phrenologischen Ansätze, die im 18. Jahrhundert einen Aufschwung erfuhren. Sie betonten jedoch die äußerliche Erscheinung, die so bedeutsam schien, um den Charakter eines Menschen zu erkennen. Nicht nur die Hautfarbe sondern jedes auffindbare Merkmal, dessen Ausformung in zahlreichen natürlichen Spielarten auftrat, wurde einer Betrachtung unterzogen: die Nasenform, das Stirnprofil, die Schädelform, etc.

Untrennbar mit der Physiognomik verbunden ist Johann Caspar Lavater (1741-1801). Er betrachtete das Menschenantlitz als *„Gleichniß Gottes und der Natur!"*, *„Gott schuf den Menschen sich zum Bilde!"* (zitiert nach BREDNOW 1969, 11) und verlor diese Maxime auch nicht aus den Augen. Zumeist fand er in jedem Antlitz auch positives. Dennoch wird dem ästhetischen Äußeren, dass sich an dem griechischen Ideal orientierte, ein schöner Geist und eine gute Seele zugeschrieben. Abweichungen bedurften der Erklärung. Die Unzahl an Besonderheiten, aber auch der Ähnlichkeiten in den Gesichtszügen waren für ihn ein Hinweis auf die Vielfalt charakterlicher Möglichkeiten, aber eben auch darauf, dass bestimmte menschliche Eigenschaften immer wieder anzutreffen seien (BREDNOW 1969, 12). Lavaters physiognomischer Ansatz richtete sich mehr auf die Charakterisierung von unterschiedlichen Individuen. Menschen mit außereuropäischer Herkunft kommen im Grunde nicht vor – bis auf eine einzige Ausnahme. In seinen „Physiognomischen Fragmenten" von 1778 findet sich ein einziger Schattenriss eines Afrikaners, den er folgendermaßen kommentierte: *„Und wenn endlich dieß Mohrenprofil, alle mögliche Bildung vorausgesetzt, je im Stande ist, eine so feine und witzige Abhandlung über, für und wider die Physiognomik zu schreiben, wie die, die wir vor uns haben, weg mit aller Physiognomik – wenigstens mit meiner"* (LAVATER 1778, Band IV, 3. Abschnitt, I. Fragment).

Der Arzt und Schädelforscher Franz Joseph Gall (1758-1828) folgte der Lehre Lavaters insofern, dass auch er von dem Knochenbau des Schädels ausging. Allerdings interessierten ihn nicht die Ausdrucksbewegungen des Gesichtsschädels. Er ging – wie Lavater – davon aus, dass die Gestalt des Schädels maßgeblich von der Masse des Groß- und Kleinhirns bestimmt sei, *„und tut den kühnen Sprung zu der Schlußfolgerung, daß die Hirnoberfläche gleichsam eine psychologische Landkarte sei, die man von der Oberfläche des Schädels ablesen könnte"* (BREDNOW 1969, 32). Er folgte der Vorstellung, dass die besonders gestalteten Oberflächenfelder des Hirnes durch ihr Wachstum die Form des Schädeldaches prägten. Daher ordnete er bestimmten Vorwölbungen und Regionen des Craniums gewisse geistige und moralische Eigenschaften zu. Um seine Theorie mit Anschauungsmaterialien zu belegen, sammelte Gall im Laufe seines Lebens ungefähr 500 Schädel als auch Abgüsse von Schädeln, Gehirnen und Köpfen (FIRLA 1999, 68). Galls Fehler sei gewesen – so beispielsweise Humboldt –, dass er nicht einsah, dass alle moralischen und intellektuellen Fähigkeiten miteinander zusammenhingen und in sich etwas Ganzes bilden würden (vgl. BREDNOW 1969, 33). Im Unterschied zu Lavater machte Gall den Versuch, geistig-seelische Eigenschaften wie Mord-, Dieb- oder Raubsinn lediglich einem rein anatomischen Substrat zuzuschreiben, noch dazu einem gleichsam lokalisatorisch aufgesplitterten. Wenn auch der phrenologische Ansatz Galls von vielen seiner Zeitgenossen als abstrus empfunden wurde (vgl. FIRLA 1999, 68), entsprach seine analytische Anatomie durchaus den Forderungen seiner Zeit: Als Reaktion auf die französische Revolution war eine Strömung entstanden, die zwar das liberale Bekenntnis der Aufklärung nicht antastete, aber unter dem Einfluss einer wachsenden Industrialisierung, der Technik und des Fortschritts der Naturwissenschaften von den Theorien des Naturrechts abrückte und sich der Empirie zuwandte. Die allein der Vernunft, also ohne Erfahrungsgrundlage, entsprungenen naturrechtlichen Theorien sollten durch

Gallscher Schädel,
nach Franz Joseph Gall
zur Verortung geistiger Vermögen,
Landesmuseum für Natur und
Mensch, Oldenburg
Foto: Wolfgang Knust

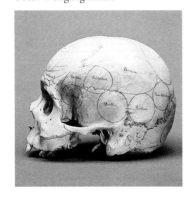

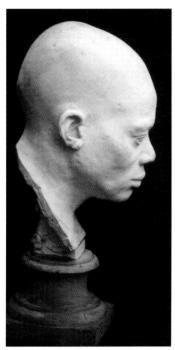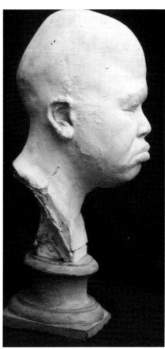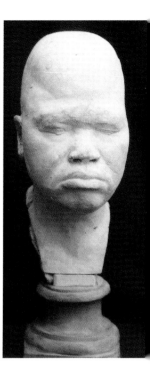

den wissenschaftlichen Beweis ersetzt werden, der sich aus eigener Anschauung, Beobachtung, Erfahrung und nachvollziehbaren Messergebnissen ergab (KOCH 1973, 15 u. 18).

Diesem Anspruch folgte auch die erste wichtige Studie über die anatomischen Besonderheiten von Schwarzen im Vergleich zu Europäern, die Samuel Thomas Soemmering (1754-1804) lieferte (vgl. auch den Beitrag von Oehler-Klein). Er legte seinen Untersuchungen die These zugrunde, dass die Größe des Gehirns der alleinige Maßstab für die Vollkommenheit der seelische Kräfte sei, wobei allerdings die Strukturen abgezogen werden müssten, die lediglich für die körperlichen Funktionen, wie die Wahrnehmung von Sinneseindrücken und die Bewegung verantwortlich sind. Der Anteil der Hirnmasse, der die geistigen Funktionen erfülle, sei die zumessende Größe. Nachdem Soemmering die Chance hatte, einige wenige Leichen von verstorbenen Schwarzen zu sezieren, sprach er den Schwarzen eine schärfere Wahrnehmung der körperlichen zu Lasten der geistigen Funktionen zu und zog folgenden Schluss: *„Aus allem angeführten zusammengenommen, scheint nun der Schluß nicht unbillig, noch unbegründet, daß allgemein im Durchschnitt die Neger doch in etwas näher ans Affengeschlecht, als die Europäer, grenzen"* (SOEMMERRING 1785, 77). Dieses Ergebnis kann allerdings nicht losgelöst von den negativen Bewertungen von Schwarzen zur Zeit Soemmerrings gesehen werden kann. In seine Untersuchung flossen Reisebeschreibungen ein, die ein tendenziell negatives Bild von den geistigen Fähigkeiten schwarzer Afrikaner vermittelten (vgl. OEHLER-KLEIN 1999, 25).

Afrikanerbüsten,
von der Natur abgeformt, Gips,
vor 1805,
Rollett-Museum, Baden bei Wien
Foto: Rudolf Maurer
Anhand solcher Büsten führte
Franz Joseph Gall phrenologische
Studien durch, bei denen er von der
Form und Wölbung des
Schädeldachs auf Gemüt und
Verstandesleistung schloss.

Soemmering verband mit seinen Forschungen und Schlussfolgerungen den physiognomischen Ansatz Lavaters, den Wertmaßstab eines sich auf die Antike berufenden Schönheitsideals und die vergleichenden Studien Campers, der die Physiognomien von verschiedenen Menschen und Affen verglich und in eine morphologische Reihe stellte (vgl. hierzu ebenfalls den Beitrag von Oehler-Klein). Letztlich übertrug er die Ergebnisse aus der vergleichenden Physiognomie, um eine rassenspezifische Physiognomik oder gar Schädeltypologie zu begründen, für die er empirische Argumente vorbrachte.

Mit der zunehmenden Säkularisierung der Welt im 19. Jahrhundert einhergehend wuchs der Glaube an die Erfahrungswissenschaft, die entsprechend vorangetrieben wurde. Zudem hatten die durch Messung erlangten Daten eine besonders hohe Legitimationskraft, weil ihnen der Verdacht anhaftete, wirklich und nachvollziehbar zu sein. Die neuen Ideen von „Rasse" zu systematisieren, fiel als Aufgabe der Anthropologie zu. Der Mensch wurde nach zahlreichen Kriterien klassifiziert, Schädel und Gesichtswinkel vermessen und verglichen. Des weiteren wurden Nasenform, Haarstruktur und -farbe, Hautfarbe, Gesichtsform, aber auch Zahnform und -breite, Schultermaße, Arm- und Beinlänge ermittelt. Die zahllosen Statistiken konnten den zahlreichen theoretischen Entwürfen über Einteilungen der Menschen in verschiedene Gruppen jedoch keine Klarheit entgegensetzen. Schon Darwin wies 1871 auf

Metallmasken von Asiaten,
nach Abgüssen von der Natur,
Schlagintweitsche Sammlung,
Ethnographische Racen-Typen,
Universitätsklinikum Charité,
Institut für Anatomie, Berlin

die „*größtmöglichste Meinungsverschiedenheit hin, ob der Mensch*" als eine Art oder Rasse klassifiziert werden soll, oder als zwei (Virey), drei (Jaquinot), vier (Kant), fünf (Blumenbach), sechs (Buffon), sieben (Hunter), acht (Agassiz), elf (Pickering), fünfzehn (Bory St. Vincent), sechszehn (Desmoulins), zweiundzwanzig (Morton), sechzig (Crawford) oder nach Burke als dreiundsechzig Arten oder Rassen* (zitiert nach GEISS 1989, 38/39). Allein aufgrund der hohen äußerlichen Variabilität der Menschen auch innerhalb von Bevölkerungsgruppen war das Unterfangen, den Menschen in Typologien zu erfassen, bereits zum Scheitern verurteilt. Nichts anderes als immer wieder neue, unzulängliche Einteilungsschemata wurden hervorgebracht. Allen Ansätzen gemein war jedoch die rassistische Hierarchisierung und die Degradierung der nichtweißen Rasse.

Der wissenschaftliche Eifer erscheint daher auch hier vor allem durch das gesellschaftliche Weltbild mobilisiert. Die Vorstellung, dass die Menschen einteilbar seien, blieb trotz aller praktischen Schwierigkeiten weiterhin bestehen. Die Aufteilung der Menschheit verfeinerte sich im Laufe der Zeit immer mehr. Ausgehend von der Einteilung in Groß-Populationen, die nach äußerlichen Merkmalen unterschieden wurden, gelangte man über die Untergliederung in Indogermanen und Semiten, die nur noch an der Sprache zu differenzieren waren, zu der „völkischen" Ebene. Als 1788 die indogermanische Sprachfamilie entdeckt wurden, eröffnete dies die Karriere des Arier-Mythos, der seit Gobineaus Aufsatz über die Ungleichheit der menschlichen Rassen aus den Jahren 1853/55 einen wesentlichen Kern des europäisch-amerikanischen Rassismus darstellt (vgl. hierzu auch den Beitrag von von See).

„*Mit der dogmatisierten weitgehenden Gleichsetzung von Sprache und ,Rasse' geriet die Definition von ,Rasse' vollends zur spekulativen Willkür: ,Rassen'-Theorien wucherten zu einem Chaos sich überschneidender und widersprechender Systeme, da fast jeder Autor seine eigenen Kriterien und Definitionen von ,Rasse' hatte*" (GEISS 1988, 167). Einig war man sich jedoch darin, dass die Europäer oder auch deren Untergruppen – wie Arier, Germanen – als höhere Rassen zu bewerten seien und daher zu Farbigen – Schwarzen, Asiaten – als auch gegen Juden eine klare Linie der Abgrenzung gezogen werden sollte.

Unter dem Einfluss des evolutionären Gedankens, und damit der Vorstellung eines unaufhaltsamen Fortschritts, erlangte der Rassismus im 19. Jahrhundert eine neue Qualität. Die Evolutionstheorie zeigte die Entwicklung im Tier- und Pflanzenreich als einen Mechanismus des ewigen Fortschreitens. Von dieser scheinbaren Zwangsläufigkeit fasziniert, glaubte man in den Prinzipien der Evolution den säkularisierten Ersatz eines göttlichen Heilsplanes gefunden zu haben. Man vertraute auf die evolutionären Gesetzmäßigkeiten und beschränkte die darwinischen Ideen nicht nur auf ein Erklärungsmodell für die biotische Wirklichkeit. Einer der einflussreichsten Vertreter des evolutionären Gedankens war Herbert Spencer (vgl. KOCH 1973, 38 ff). Vor allem auf ihn ist zurückzuführen, dass die vermeintlich zum Fortschritt strebende

Evolution auf die Gesellschaft übertragen wurde. Spencer war ein sozialwissenschaftlicher und politischer Theoretiker, der wohl auch ohne Darwin großen Einfluss ausgeübt hätte. Er zählte sich zu den Optimisten: Seiner Meinung nach seien die in der Qualität am Besten, die sich auch den Existenzbedingungen am besten anpassen könnten. Der freie Wettkampf garantiere somit, dass die Besten überleben würden. Spencer entwickelte seine Idee ohne eine direkte Abhängigkeit von den Naturwissenschaften, Darwin schuf dagegen mit dem Prinzip der natürlichen Auslese das wichtigste Bindeglied zwischen den Naturwissenschaften und den Sozial- und Politikwissenschaften (KOCH 1973, 60).

Man vertraute darauf, dass man zum Wohle der Mehrheit auf eine bessere Welt zusteuerte. Der Verlauf des 19. Jahrhunderts zeigte jedoch, dass sich die gesellschaftlichen Probleme, die sich vor allem in Verbindung mit der Industrialisierung ergaben, nicht über einen evolutionären Automatismus zu lösen schienen. Man hielt zwar am Ziel einer allgemeinen Emporentwicklung fest, musste aber die Geschicke nun zwangsläufig selbst in die Hand nehmen. Folglich war die Bewusstseinslage im letzten Drittel des 19. Jahrhunderts einerseits durch die ungelösten gesellschaftlichen Schwierigkeiten von Prophetien des Weltuntergangs geprägt, andererseits zeigte sich ein Erneuerungswille. Die zentrale Bezugskategorie war und blieb die Natur als Inbegriff für Reinheit und Ursprünglichkeit. Die Richtigkeit der Evolutionstheorie mitsamt ihrer Mechanismen wurde zudem keinesfalls in Zweifel gezogen, sondern man versuchte Argumente zu finden, die sie bestätigen sollten. Hinzu kam die Idee der Vererbung der körperlichen und auch der geistig-seelischen Anlagen (WEINGART et al. 1988, 36). Mit der Entdeckung der Erbgesetze in der Mitte des 19. Jahrhunderts, aber vor allem mit ihrer Wiederentdeckung und Ausarbeitung zu Beginn des 20. Jahrhunderts erlangte die biotische Erblichkeit von Eigenschaften eine enorme Bedeutung (FINZSCH 1999, 97 - 98) und kulminierte darin, dass die Vererbung von Eigenschaften als rein biologische Angelegenheit angesehen wurde, die der Vorstellung, dass der Mensch durch Erziehung geformt werden könne, den Raum entzog. Die Eigenschaften wurden als nahezu unveränderbare Merkmale begriffen. Jede Form der Angleichung oder „Besserung" durch Sozialisation konnte in Abrede gestellt werden.

In diesem Zusammenhang erinnerte man sich an Gobineau, der sich mit der Reinheit und der Vermischung von Rassen beschäftigt hatte. Ihm zufolge würden durch die Vermischung von Rassen die edelsten mehr verlieren als die unedleren gewinnen könnten. Er sah die Zukunft der Menschheit daher pessimistisch und hielt es nicht mehr für möglich, den Untergang der höheren Rassen noch zu verhindern. Gerade diese menschheitspessimistische Angst vor Degenerierung und Rassentod führte in Verbindung mit dem hohen Stellenwert der Vererbung zu den Theorien der Rassenhygiene, die in akademischen Kreisen salonfähig wurden und das politische und gesellschaftliche Denken Großbritanniens, der Vereinigten Staaten und der sich industrialisierenden Nationen Europas beeinflusste. Francis Galton (1822-1911) formulierte den Gedanken, das darwinische Selektionsprinzip praktisch anzuwenden: Die Gesetzmäßigkeiten der natürlichen Auslese sollten möglichst so geschickt ausgenutzt werden, dass die Menschen die Kontrolle über ihre eigene Evolution gewinnen und sie in die Richtung einer biotischen Verbesserung lenken könnten (WEINGART et al. 1988, 36). Die von Galton geprägte englische Eugenik war Ausdruck und Inbegriff einer Weltanschauung, welche die künftigen Generationen im Auge hatte: Die Nachkommen von Personen mit angeblich hohen Erbqualitäten sollten gemehrt werden. In Deutschland hingegen wurde unter dem Wirken Wilhelm Schallmeyers (1857-1919) die Medizin zum entscheidenden Ausgangspunkt für die Rassenhygiene. Schallmeyer ging es vorrangig darum, Degenerationen zu bekämpfen, d. h. die Nachkommenschaft der Personen mit angeblich minderwertigeren Erbanlagen sollten verringert werden (WEINGART et al. 1988, 39 f.). Beide Ansätze wurden dem Repertoire einer auf die Volksgesundheit ausgerichteten Eugenik zugestanden. Die Eugenik ließ das sozialpolitische Interesse an einer Volkswohlfahrt aber weit hinter sich. Nicht nur Erbkranke und unheilbar Kranke des eigenen Volkes, sondern alle Angehörigen nichteuropäischer bzw. nichtarischer „Rassen" wurden als minderwertig eingestuft (GEISS 1988, 169-173).

Die „arische Rasse" wurde als favorisierte Form des menschlichen Daseins propagiert. Die Vorstellung eines Ariers als eigentlichen Schöpfer jeder höheren Kultur wurde allerdings nicht nur in Deutschland, sondern vor allem auch in Frankreich, England, den Niederlanden und in Nordamerika vertreten. H. J. Chamberlain trieb die Idee eines dualistischen Rassismus voran: Kampf des Guten gegen das Böse bzw. Arier und Germanen gegen Juden und Roma. Er warb damit letztlich für die Errettung der „hohen Rassen" durch Selektion und Züchtung als auch für die Vernichtung der minderwertigen Gruppen. Durch das Aufkommen populärer Rassentheorien speiste sich die Vorstellung einer „arischen" Abstammungsgemeinschaft, die den bereits alltagsweltlich vorgeprägten Abstammungs- und Standesdünkel des Adels aufnahm (DEMEL 1992, 634 ff.), auch in das Bewusstsein der breiten Bevölkerung ein. Es entwickelte sich durch die Zugehörigkeit zur vermeintlich edelsten Rasse eine Solidarität in den europäischen Nationalstaaten, die auch die untersten Schichten für sich vereinnahmte. Nur so entstand die breite Akzeptanz, die für die Umsetzung der eugenischen Programmatik nötig war (KOCH 1973, 114; GEISS 1988, 169). Die Rassen-Solidarität der weißen Europäer und Amerikaner löste sich erst auf, nachdem die Deutschen den Arier-Mythos für sich zu monopolisieren versucht und zweimal zur Weltmacht gegriffen hatten (GEISS 1988, 164).

In seiner gesellschaftlichen Bedeutung führte das Emporlodern des arischen Mythos vor allem dazu, dass die Juden, die bis in das 19. Jahrhundert hinein als „eigene Rasse" kaum bedeutsam waren, nun als solche in die Vorstellungswelt des europäischen Rassismus einzogen.

Bucheinband mit Lichtgestalt, Weltall und Menschheit, Geschichte der Erforschung der Natur und der Verwertung der Naturkräfte im Dienste der Völker, hrsg. von Hans Kraemer, Leipzig, um 1904, Landesmusem für Natur und Mensch, Oldenburg
Foto: Wolfgang Knust

Die lange Geschichte der jüdischen Verfolgung hatte sich mit den Rassentheorien verknüpft. An dieser Stelle ist anzumerken, dass der ursprüngliche Anlass für die Judenfeindschaft – anders als bei den außereuropäischen Menschen – keinesfalls eine genuin äußerliche Andersartigkeit war oder die Konfrontation mit einer völlig unbekannten Welt. Die Verfolgung der Juden begründete sich in ihrer Religion. Immer wieder fanden sich über die Jahrhunderte hinweg Anlässe, die alte Feindschaft gegen die Juden neu zu entfachen. Die alten Klischees, wie das der „Judensau" beispielsweise, wurden so immer weiter transportiert. Die „körperliche" Andersartigkeit der Juden wurde zudem allmählich konstruiert. Auf dem Laterankonzil von 1215 wurde festgelegt, dass sich die Juden von anderen Leuten durch ihre Kleidung unterscheiden sollten (DICHANZ 1997, 66; MARX 1995, 14-19). Diese Kennzeichnungspflichten sollten die Juden aus ihrer erlangten Integration herauslösen. Mit den Bekleidungsvorschriften verband sich bald die Vorstellung, dass sich Juden von Christen äußerlich unterschieden. Hierzu trug auch bei, dass Juden ghettoisiert lebten und beruflich eingeschränkt wurden. Der physiognomische Typus eines Juden mit charakteristischen körperlichen Merkmalen wie der Hakennase etablierte sich seit dem späten Mittelalter (KLEIN 1999, 44 f.).

Die Juden trugen bereits zu der Zeit, als das Weltbild säkularisiert wurde, eine über die Jahrhunderte gewachsene, vom Antijudaismus beförderte Bürde an Vorurteilen über ihre gemutmaßte Minderwertigkeit (vgl. DICHANZ 1997, 62 ff.). Der moderne Antisemitismus holte sein Rüstzeug zudem aus den wirtschaftlichen und politischen Konflikten des 19. Jahrhunderts. Juden ließen sich leicht zu Sündenböcken der politischen Umwälzungen und Wirtschaftskrisen machen, da sie sowohl im Finanzwesen als auch in der liberalen Presse überdurchschnittlich häufig anzutreffen waren. Um zum Opfer der entstehenden Konzepte von Eugenik, Rassentrennung und -reinhaltung gemacht zu werden, mussten die Vorurteile in eine Rassenkonstruktion umgemünzt werden. Die vermeintliche „Andersartigkeit" der Juden gipfelte in der Stilisierung zum nationalen Feindbild, dem Gegenmythos zum Arierkult (BERNHARDT 1994a; auch BERNHARDT 1994b;

August von Rentzell: Die Pfandleihe, Gemälde, 1842,
Deutsches Historisches Museum, Berlin
Dem Pfandleiher, einem physiognomisch überzeichnen alten Juden, sind Geiz und Wucher ins Gesicht geschrieben.

MAI 1994). Durch die Propaganda dieses dichotomistischen Rassismus, der die Gruppen in gut und böse polarisierte, wurde die Fiktion einer jüdischen Rasse forciert und die Vernichtungsmaschinerie des Dritten Reichs vorbereitet und ermöglicht.

Die Herausbildung rassistischer Ideologien und die Durchführung davon abgeleiteter sozial- und herrschaftspolitischer Programme, die sich gegen als fremd empfundene Menschen richteten, standen und stehen im direkten Zusammenhang mit der Legitimationsmacht der Philosophien und der Naturwissenschaften der jeweiligen Zeit. Dieser gesellschaftlichen Ebene steht die unmittelbare soziale Wahrnehmung einzelner Menschen gegenüber. Keinesfalls werden Unbekannte unvoreingenommen betrachtet, wie es bereits aus den Reisebeschreibungen der europäischen Entdeckungsfahrer hervorgeht. Die jeweils eigenen kulturellen Umstände und die eigenen Gewohnheiten bestimmen, was als anders empfunden und wem zunächst einmal mit einer Skepsis begegnet wird. Was als fremd oder anders definiert wird, hängt somit von den Sinnzusammenhängen einer Kultur ab (vgl. ORTU 1999, 41-43).

Bislang war die Rede von europäischen Sichtweisen auf andere Menschengruppen. Diese Blickrichtung kann aber geändert werden. Auch die Europäer selbst waren der Gegenstand von Beobachtung und Interpretation. Der ethnographische Blick der Afrikaner auf den Europäer spiegelt sich in zahlreichen Kolonfiguren wider. Er richtet sich vor allem auf die europäische Kolonialherrschaft, aber auch auf die alltäglichen Eigenheiten wird gelegentlich angespielt. Die Darstellungen von Europäern durch Afrikaner fordern allerdings nicht ein ideologisch geprägtes Gesellschaftsmodell oder eine Rangabstufung zwischen den Völkern ein. *„Wenn die Stammeskunst beginnt, das Bild des Europäers zu entwerfen, so verfügt sie über eine scharfe Beobachtung und über die Mittel, die Physiognomie des Europäers ins Bild zu setzen: Sie läßt sich nicht von der Utopie leiten, sie ist Satire"* (KRAMER 1981, 110). Die verstellte europäische Selbstdarstellung wird umgekehrt, indem der Europäer in der Auffassung der Afrikaner interpretiert wird. Die Kolonfiguren lassen erkennen, dass nur der Ausschnitt der europäischen Eigenheiten erfasst oder persifliert wird, der als fremd definiert und damit als typisches Unterscheidungsmerkmal empfunden wird. Oft wird die europäische Eigenart auf das Tragen eines Tropenhelms, die starre Körperhaltung, den durchgedrückten Rücken und den erhobenen Kopf eines Befehlenden reduziert.

Die eigene Kultur mit den Augen einer anderen zu sehen, entspricht einem Rollentausch, mit dem man der Frage nachgehen kann, wie sich die Realität der Menschen in anderen Gesellschaften zu unseren Vorstellungen und unserem Selbstverständnis verhält (vgl. KRAMER 1981, 10). Die Eingeengtheit der eigenen Wahrnehmung wird enthüllt.

Kolonfigur, Togo,
Überseemuseum, Bremen

Martina Johannsen

Literatur:

BERNHARDT, H.-M. 1994: „Die Juden sind unser Unglück!", Strukturen eines Feindbildes im deutschen Kaiserreich. In: Christoph Jahr, Uwe Mai, Kathrin Roller (Hrsg.), Feindbilder in der deutschen Geschichte, Studien zur Vorurteilsgeschichte im 19. und 20. Jahrhundert. Berlin, 1994, 25-54.

BERNHARDT, H.-M. 1994a: Voraussetzungen, Struktur und Funktion von Feindbildern, Vorüberlegungen aus historischer Sicht. In: Christoph Jahr, Uwe Mai, Kathrin Roller (Hrsg.): Feindbilder in der deutschen Geschichte, Studien zur Vorurteilsgeschichte im 19. und 20. Jahrhundert. Berlin, 1994. 9-24.

BITTERLI, U. 1980: Die Entdeckung des schwarzen Afrikaners. Versuch eine Geistesgeschichte der europäisch-afrikanischen Beziehungen an der Guineaküste im 17. und 18. Jahrhundert. 2. Aufl. Zürich und Freiburg i. Br. 1980.

BREDNOW, W. 1969: Wesen und Bedeutung der „Physiognomischen Fragmente" J. C. Lavaters. In: Johann Caspar Lavater: Physiognomische Fragmente, zur Beförderung der Menschenkenntnis und Menschenliebe, Vierter Band. Leizig und Winterthur 1778 (Faksimiledruck nach der Ausgabe von 1778) Leipzig 1969, Anhang.

BROECK, L. van den 1993: Am Ende der Weißheit. Vorurteile überwinden. 2. Auflage, Berlin.

CHMIELEWSKI, I. (Hrsg.) 1994: Völkerschau im Unterricht, Schulwandbild und Kolonialismus, Katalog zur Sonderausstellung des Nordwestdeutschen Schulmuseums – Bohlenbergerfeld in Zetel.

DEMEL, W. 1992: Wie die Chinesen gelb wurden, Ein Beitrag zur Frühgeschichte der Rassentheorien. In: Historische Zeitschrift, Band 255, 1992, 625-666.

DICHANZ, H., HAUER, N., HÖLZLE, P., HORN, I. (Hrsg.) 1997: Antisemitismus in Medien, Arbeitshilfen für die politische Bildung. Bonn 1997.

DUCKS, T. 2000: Menschen wie wir. In: Die Zeit, Nr. 17, 19. 4. 2000, Rubrik: Zeitläufte.

FINZSCH, N., HORTON, J. O., HORTON, L. E. 1999: Von Benin nach Baltimore. Die Geschichte der African Americans. Hamburg 1999.

FINZSCH, N. 1999: Wissenschaftlicher Rassismus in den Vereinigten Staaten – 1850 bis 1930. In: Heidrun Kaupen-Haas/Christian Saller (Hrsg.), Wissenschaftlicher Rassismus: Analysen einer Kontinuität in den Human- und Naturwissenschaften. Frankfurt am Main 1999, 84-110.

FIRLA, M. 1999: Die Afrikaner-Büsten im Rollettmuseum Baden bei Wien. Tribus. Jahrbuch des Linden-Museums Stuttgart 1999, 67-103.

GEISS, I. 1988: Geschichte des Rassismus. Frankfurt am Main 1988.

GRONEMEYER, R. (Hrsg.) 1991: Der faule Neger: Vom weißen Kreuzzug gegen den schwarzen Müßiggang. Reinbek bei Hamburg 1991.

HÜRLIMANN, A. 1999: Zur Ausstellung. In: „Fremdkörper – Fremde Körper" Katalog zur Ausstellung des Deutschen Hygiene Museums vom 6. Okt. 1999 bis 27. Febr. 2000. Ostfildern-Ruit 1999, 101-112.

HUND, W. D. 1999: Die Farbe des Schwarzen. Über die Konstruktion von Menschenrassen. In: Wulf D. Hund (Hrsg.): Rassismus. Die soziale Konstruktion natürlicher Ungleichheit. Münster: Westfälisches Dampfboot.

KECSKÉSI, M. 1982: Kunst aus dem alten Afrika. Sammlungen aus dem Staatlichen Museum für Völkerkunde München, Band 2. Innsbruck 1982.

KLEIN, P. K. 1999: „Jud, dir kuckt der Spitzbub aus dem Gesicht!" Traditionen antisemitischer Bildstereotypen oder die Physiognomie des ‚Juden' als Konstrukt. In: Helmut Gold, Georg Heuberger (Hrsg.), Abgestempelt. Judenfeindliche Postkarten. Publikation anläßlich der Ausstellung „Abgestempelt. Judenfeindliche Postkarten" im Jüdischen Museum Frankfurt am Main und im Museum für Post und Kommunikation Frankfurt am Main. Heidelberg 1999, 43-78.

KOCH, H. W. 1973: Der Sozialdarwinismus. Seine Genese und sein Einfluß auf das imperialistische Denken. 1973.

KOLOSS, H.-J. 1999: Traditionen afrikanischer Kunst. Wissenschaftliche Erfassung und ästhetische Bewertung. In: Hans-Joachim Koloss (Hrsg.), Afrika, Kunst und Kultur. Meisterwerke afrikanischer Kunst. Museum für Völkerkunde Berlin. München 1999, 8-31.

KRAMER, F. 1981: Verkehrte Welten. Zur imaginären Ethnographie des 19. Jahrhunderts. 2. Aufl., Frankfurt am Main 1981.

LAVATER, J. C. 1778: Physiognomische Fragmente, zur Beförderung der Menschenkenntnis und Menschenliebe, Vierter Band. Leizig und Winterthur 1778 (Faksimiledruck nach der Ausgabe von 1778) Leipzig 1969.

LORBEER, M., WILD, B. (Hrsg.) 1993: Menschenfresser, Negerküsse ..., Das Bild vom Fremden im deutschen Alltag. 2. Aufl. (zuerst 1991), Berlin 1993.

LOVEJOY, A. O. 1993: Die große Kette der Wesen. Geschichte eines Gedankens. Frankfurt am Main 1993 (Originalausgabe: The Great Chain of Being, zuerst 1933 Harvard University).

MAI, U. 1994: „Wie es der Jude treibt." Das Feindbild der antisemitischen Bewegung am Beispiel der Agitation Hermann Ahlwardts. In: Christoph Jahr, Uwe Mai, Kathrin Roller (Hrsg.), Feindbilder in der deutschen Geschichte. Berlin 1994, 55-80.

MARTIN, P. 1988: Das rebellische Eigentum. Vom Kampf der Afroamerikaner gegen ihre Versklavung. Frankfurt am Main 1988.

MARTIN, P. 1993: Schwarze Teufel, edle Mohren, Afrikaner im Bewußtsein der Deutschen. Hamburg 1993.

MARX, A. 1995: Geschichte der Juden in Niedersachsen. Hannover 1995.

OEHLER-KLEIN, S. 1990: Samuel Thomas Soemmerrings Neuroanatomie als Bindeglied zwischen Physiognomik und Anthropologie. In: Gunter Mann, Jost Benedum, Werner F. Kümmel: Die Natur des Menschen. Probleme der Physischen Anthropologie und Rassenkunde (1750-1850), Soemmerring-Forschungen, Band VI. Stuttgart 1990, 57-87.

ORTU, M. 1999: Die Xenologie als Bezugswissenschaft der Postmoderne. In: L. J. Bonny Duala-M'bedy (Hrsg.), Die Entgegnung des Fremden im Museum. Xenologie und Museumspädagogik. Oberhausen 1999, 41-58.

PIETERSE, J. Nederveen 1992: White on Black. Images of Africa and Blacks in Western Popular Culture, New Haven und London. Yale University Press 1992.

POTTS, L. 1988: Weltmarkt für Arbeitskraft. Von der Kolonisation Amerikas bis zu den Migrationen der Gegenwart. Hamburg 1988.

SOEMMERRING, S. T. von 1785: Ueber die körperliche Verschiedenheit des Negers vom Europäer. Frankfurt und Mainz 1785. Faksimiledruck in: Samuel Thomas Soemmerring Werke, Bd. 15, Anthropologie: über die körperliche Verschiedenheit des Negers vom Europäer (1785), bearbeitet und herausgegeben von Sigrid Oehler-Klein. Stuttgart 1998, 145-251.

THODE-ARORA, H. 1989: Für fünfzig Pfennig um die Welt, Die Hagenbeckschen Völkerschauen. Frankfurt am Main 1989.

WEINGART, P., KROLL, J., BAYERTZ, K. 1988: Rasse, Blut und Gene. Geschichte der Eugenik und Rassenhygiene in Deutschland. Frankfurt am Main 1988.

„ ... damit die Welt nicht zugrunde geht“
Zur Produktion von Fremdheit

Wolfgang Mey

Vor einigen Jahren veröffentlichte eine sehr bekannte Wochenzeitschrift im Rahmen einer Darstellung rassistischer Gewalt eine Schwarzweiß-Zeichnung: Ein Weißer sagt zu einem Schwarzen: „Du schwarz.“ Der Schwarze antwortet: „Ich weiß.“

Diese kleine Zeichnung sagt jenseits des Wortspiels, dass Fremdheit im Auge des Betrachters entsteht, dass sie gegenseitig ist und dass über sie hinausgehend geredet werden kann. Diese Zeichnung verdeutlicht, dass Fremdheit im wahren Sinn des Wortes „Ansichtssache“ ist und damit steht sie im Gegensatz zu dem, was gegenwärtig vermutet wird: Fremdheit sei eine biologische Tatsache bzw. eine evolutionäre Anlage. Nun ist dieser Ort nicht geeignet, die Diskussion zu führen, ob Fremdheit kulturell oder stammesgeschichtlich angelegt ist. Ich möchte allerdings auf eine Diskussion verweisen, die vor einigen Dekaden auf ähnliche Art geführt wurde, nämlich über die „Natur“ der Aggression. Seit Margaret Meads Untersuchung über Jugend und Kindheit in Samoa (MEAD 1928) wurde Aggression als Produkt von Erziehung identifiziert. Die Eugenik (FREEMAN 1983) und später die Verhaltensforschung nahmen an, dass Aggressionen ein Ergebnis der Evolution (LORENZ 1963) sei, damit also angeboren und mithin ein unveränderliches Verhaltensmerkmal der Menschen.

Was beide Diskussionen miteinander verbindet, ist die hinter ihr liegende Argumentationsfigur: In beiden Fällen werden im Verlauf der Auseinandersetzung die menschlichen Verhaltensweisen, denen etwas Dunkles und Unkontrollierbares zugeschrieben wurde, nicht mehr als soziale Tatsachen im doppelten Sinn „angenommen“. Sondern sie werden aus der direkten Verantwortlichkeit des Menschen herausgelöst, nach außen verlagert und in seine Geschichte verwiesen. Der Einzelne und die Gesellschaft werden von ihrer eigenen Verantwortung für aggressive und fremdenfeindliche Handlungen weitgehend freigesprochen, denn wer könnte schon gegen seine Natur handeln. Diese Argumentationsfigur weist eine theologische Struktur auf. Erbsünde und stammesgeschichtliches Merkmal, beide sind dem Zugriff des Menschen entzogen, Erlösung kommt von oben oder aus der Biologie, auf jeden Fall von außen, sie liegt nicht im Menschen selbst.

Wie sieht nun dieser Prozess der Verlagerung des Bösen, der Verbannung der unerwünschten eigenen Handlungsanteile aus? Das ist, wie immer, wenn die Sprache auf große Probleme kommt, eine lange Geschichte, die ich kurz machen will. Und sie reicht, wie fast immer, wenn es um das Verständnis von Grundzügen des abendländischen Denkens geht, in die Antike zurück.

In der frühen griechischen Philosophie bildeten Naturwissenschaften, Philosophie und Religion noch eine Gesamtheit. Alle Dinge galten als von Göttern erfüllt und das Universum wurde als eine Art Organismus begriffen, der von einem kosmischen Atem, dem Pneuma, unterhalten wird. Unterschiedliche Positionen in diesem Organismus wurden als Aspekte seiner Gesamtheit begriffen und die Einheit, die alles – auch die zum Mittelpunkt drängenden Kräfte – durchdringe, wurde als Logos bezeichnet. Diese ganzheitliche Sicht wurde ab dem 5. vorchristlichen Jahrhundert aufgebrochen. Die griechischen Atomisten, z. B. Demokrit und Leukipp, unterschieden zwischen einer aus vier Grundbausteinen zusammen gesetzten Materie auf der einen und dem Geist auf der anderen Seite und bereiteten damit eine dualistische Weltsicht vor, also eine Weltsicht, die zwei Grundprinzipien des Seins annimmt (hier: Geist und Materie). Aristoteles nahm diese Gedanken auf und baute sie weiter aus. Er legte die ideengeschichtlichen Wurzeln für ein hierarchisch-dichotom organisiertes Weltbild, das bis in die heutige Zeit hinein wirksam ist.

Die christliche Kirche übernahm wesentliche Aspekte des aristotelischen Weltbildes und entwickelte sie in ihrem Sinn weiter: Der Widerstreit zwischen oben und unten, zwischen Körper und Geist, christlich und nicht-christlich, Gut und Böse usw. wurde bestimmendes Ordnungsmuster für das christlich-abendländische Bild von Natur und Mensch.

Zunächst gilt, dass die gesamte Schöpfung ein Ergebnis der Offenbarung Gottes ist. Sie bildet eine Gesamtheit, innerhalb derer keine Fremdheit, kein Dualismus existiert, alles ist noch Ausdruck Gottes. Fremdheit tritt erst mit dem Verlust bzw. der Abwendung des bewussten Lebens unter Gott ein. Der Mensch ist ursprünglich „gut" geschaffen, doch durch den Missbrauch des ihm gegeben „freien Willens" ist er dem Reich des Bösen verfallen. Die Gegenwelt der Christenheit war die Welt der Nichtgläubigen, die durch ihre Sündhaftigkeit ihre Rechte verwirkt hatten. Sie waren ohne Anspruch auf Recht und Leben der kaiserlichen Ungnade ausgeliefert: *„Rotte die Feinde des christlichen Namens aus und vernichte sie"*, hieß es in der Schwertformel der Kaiserkrönung (DUALA-M'BEDY 1977, 74). Für die auf der christlichen Lehre gründende Gesellschaft des Mittelalters *„war die Welt nach Gläubigen (fideles) und Menschen, die nicht am Mysterium des Leibes Christi teilhatten (infideles) strukturiert. Diese Klassifikation ging vom Kriterium des Glaubens aus, nahm jedoch zugleich machtpolitischen Charakter an"* (DUALA-M'BEDY 1977, 72).

Mit der Entdeckung Amerikas war der Blick auf das Fremde, anders als zur Zeit der Kreuzzüge, nun ganz nach außen gerichtet. Die Folge war neben den politischen Konsequenzen eine Herauslösung des Menschen aus seinen streng und eng strukturierten Bindungen seines Selbstverständnisses. Zugleich leitete die Konfrontation mit Menschen jenseits des christlichen Weltkreises die Veräußerlichung des Bösen ein. Der Einbruch der „wilden Welten" führte zu einer Gleichsetzung des Fremden mit dem Bösen, dem Teuflischen.

Auch in ihrer säkularisierten Form blieb seit der Aufklärung die dualistische Sicht der Welt, die so handlich alles ordnete, das grundsätzliche Ordnungsmotiv. Mit dem Satz: *„Ich denke, also bin ich"* von René Descartes wurde die Identität des Menschen mit seiner Geistestätigkeit gleichgesetzt, nicht mit Handlungen in der Perspektive einer seelisch-körperlichen Ganzheit. Der Geist galt als vom Körper getrennt und hatte die (unlösbare) Aufgabe, den Körper, mithin auch die Triebe, mit allen verschiedenen Bedürfnissen zu beherrschen und zu steuern.

Neben dem Konzept der hierarchisch-dualen Welt, das die bestehende Ordnung strukturierte, hatte der Entwurf von Condorcet über den „Fortschritt des menschlichen Geistes" maßgeblich die Gestaltung des abendländischen Fortschrittglaubens beeinflusst. Seiner Überzeugung nach müssen eines Tages alle Nationen dem Zustand der aufgeklärtesten, freiesten und vorurteilslosesten Völkern wie den Franzosen und Anglo-Amerikanern erreichen. Die dunkle Seite der Aufklärung wird schon im vage formulierten Fortschrittsprinzip von Condorcet sichtbar: Vorbild und Maßstab einer jeden Entwicklung seien die Europäer. Die Strategie der Ausmusterung zeigt sich auch in der deutschen Aufklärung, z. B. bei Kant. Der Königsberger Philosoph glaubte erkannt zu haben, dass die *„Menschheit in ihrer größten Vollkommenheit in der Race der Weißen [existiert]. [...] Die gelben Indianer haben schon ein geringeres Talent. Die Neger sind weit tiefer und am tiefsten steht ein Teil der amerikanischen Völkerschaften [...]. Der Einwohner des gemäßigten Erdstrichs, vornehmlich des mittleren Theils desselben, ist schöner am Körper, arbeitssamer, scherzhafter, gemäßigter in seinen Leidenschaften, verständiger als irgend eine andere Gattung in der Welt. Daher haben diese Völker zu allen Zeiten die anderen belehrt und durch die Waffen bezwungen"* (KANT 1802, zitiert nach: KANT/HENSCHEID 1985, 15, 18.).

Hatte Kants Ordnungsversuch bestenfalls ideengeschichtlichen Einfluss, so arbeitete Hegel wenig später unverhohlen der deutschen kolonialen Expansion zu, indem er andere Völker, die nicht staatlich organisiert waren, als *„Barbaren"* mit *„ungleichem Recht"* (HEGEL 1968, 318) beschrieb, deren Selbständigkeit als *etwas Formelles"* zu behandeln sei. In der französischen Aufklärung, etwa bei Rousseau und Diderot, wurde der überseeische Fremde, der „Wilde" zur Herrschaftskritik verzerrt. Die deutsche Aufklärung und später die Romantik gingen andere Wege. Das deutsche Bürgertum hatte keinen Zugang zur politischen Macht, Deutschland war politisch zersplittert und das einzige verbindende Element war die Sprache. Literaturwissenschaft und Sprachforschung gewannen rasch identitätsstiftende Wirkung. Sie ermöglichten eine, wie es schien, unpolitische Beschäftigung mit der Gegenwart durch Hinwendung und Beschwörung der Vergangenheit. Die Alte Zeit, in der der germanische Geist wie ein klarer Quell sprudelte, war vom autoritären römisch-katholischen Gedankengut überlagert und verdunkelt worden, hieß es bei Grimm in der Deutschen Mythologie. Mit der Austreibung der germanischen Götter war auch das Schicksal des selbständigen Volksgeistes der germanischen Gesellschaft besiegelt. Die sentimentale Konstruktion einer vom frei wirkenden Volksgeist gestalteten wahren und echten Gemeinschaft wurde zur mythologischen Grundlage von Zukunftsentwürfen. Echtheit, Stärke und Wahrhaftigkeit fand die deutsche Romantik bei den Kindern und „einfachen Leuten" der ländlichen Bevölkerung. Die Glorifizierung der germanischen Frühgeschichte mündete wenig später bruchlos in den Patriotismus der Befreiungskriege und später dann in den deutschen Kolonialismus.

Die Rezeption des Fremden ist historisch mit zwei weiteren Motiven verbunden, dem der Einfachheit und des Untergangs: *„Das wilde Leben ist so einfach, und unsere Gesellschaften sind so komplizierte Maschinen"* (DIDEROT 1772, zitiert nach: DUALA-M'BEDY 1977, 102). Die Fremdheit machte Verwilderungsangebote und es schien, als ob die Wiedergeburt des kranken Zivilisationsmenschen nur durch einen Rückgriff auf die vermeintlichen Naturmenschen möglich war. Die unterstellte Einfachheit und Freiheit der jüngst entdeckten Gesellschaften in Übersee war zugleich ein Hinweis auf das drohende Ende der abendländischen Zivilisation: *„Der Otahitianer steht am Anfang der Welt, und der Europäer steht im Greisenalter"* (DIDEROT 1772, zitiert nach: DUALA-M'BEDY 1977, 102). Diese Position ist nicht so antiquiert wie es scheinen mag. Auch gegenwärtige ethnographische Fiktionen prophezeien, dass nur Stämme überleben würden.

In diesen Entwürfen sind kulturelle Strategien festgelegt, die die jeweils historische Produktion von Fremdheit belegen und damit ganz entscheidend unsere heutige Sicht des Fremden geprägt haben:

– Der eigene technische Fortschritt belegt die Entwicklungsbedürftigkeit der Anderen.

– Fremdes und Andere werden benutzt, um an ihnen eine Gegenwelt zur eigenen zu konstruieren und diese mit ihnen zu bevölkern.

– Das romantische Konzept des Volksgeistes kehrt in Parolen von Überfremdungsgefahr, Verlust der eigenen Kultur und Vermischung wider.

– In der Aufklärung wurden die „wilden Welten" einerseits zur Konstruktion von Gegenwelten benutzt, andererseits mit einem endzeitlichen Motiv verbunden, dem zufolge das Abendland an seiner Zivilisation zugrunde gehen würde.

Dieser Exkurs in die abendländische Ideengeschichte zeigt, dass Fremdheit weder Zustand noch Eigenschaft, sondern ein Prozess ist. Fremdheit wird hergestellt, immer wieder, unablässig, und diese Produktion von Fremdheit ist „notwendig", denn sie ist Bestandteil der dualistischen Wahrnehmungsform und Denkstruktur des Abendlandes. Die Rezeption und Bearbeitung des „Anderen", des „Fremden" nahm verschiedenste Formen an, sie wurden, wie es gerade passte, herrschaftsbegründend oder herrschaftskritisch eingesetzt.

Unser heutiges Bild vom Fremden ist also ein Ergebnis eines langen Prozesses der Zurichtung der Wahrnehmung des Fremden, dessen So-Sein bzw. Da-Sein als Eigenschaft missverstanden bzw. planvoll missgedeutet wurde und wird.

Diese Tatsache hat der ägyptische Satiriker Taufik el-Hakim höchst vergnüglich in einer Parabel zusammengefasst: Der des Bösen überdrüssige Teufel sucht nacheinander die ranghöchsten Vertreter der Christen, der Juden und der Muslime auf, um die Erlaubnis zu erhalten, von seinem bösen Tun ablassen zu können. Er wollte Frieden bei Gott finden. Der Papst befindet: „Gehe und erfülle Deine Aufgabe. Ich kann dich nicht daraus entlassen. Die Welt würde zugrunde gehen." Der Teufel tritt vor den Oberrabbiner und trägt seine Bitte vor. „Wenn wir dem Bösen vergeben, dann würde das Übel aus der Welt verschwinden [...]. Doch die Kinder Israels sind das auserwählte Volk. Aber ohne das Böse gäbe es keinen Grund, dass wir uns anderen Völkern voranstellen" urteilt der Rabbiner und schickt den Teufel wieder fort. Auch der Scheich der As'har, der Rektor der muslimischen Universität in Kairo, der in Glaubensdingen Grundsatzentscheidungen treffen kann, kommt zu dem Schluss, dass der Heilige Koran ohne den Bösen keinen Sinn mehr mache. Denn niemand könne zukünftig sagen: „Ich nehme meine Zuflucht zu Gott vor Satan, dem Verfluchten", denn der Böse sei doch die Säule, das Fundament des Glaubens. Der letzte Weg führt den Teufel zum Himmelstor, er ruft den Erzengel Gabriel heraus und bittet um Vergebung. Der Erzengel bleibt unerbittlich: „Vergebung und Erbarmen dürfen jedenfalls die Ordnung nicht stören. Das würde die Grundpfeiler einstürzen lassen und die Mauern erschüttern [...]. Die Tugend hätte ohne das Laster keinen Sinn mehr, auch nicht das Wahre ohne das Falsche, das Gute nicht ohne das Böse." So kam es, dass der Teufel nicht in den Vorruhestand gehen konnte.

Die Produktion von Fremdheit erweist sich mithin als besonderer Ausdruck von kulturellen Rezeptions- und Gestaltungsformen und zugleich als Abwehrmechanismus des Anderen. Sie ist ein „notwendiger" Bestandteil des Problems, dessen Lösung sie zu sein vorgibt. Die Produktion von Fremdheit gehört zu uns, sie ist eine Komponente unserer Wahrnehmung und Identität, wir können sie nicht wegdenken, ohne dass das Weltgebäude zerfällt. Das bemerkte nicht nur der Erzengel Gabriel. Piaget berichtet, dass einige Älteste der Eskimo von einem Ethnologen gefragt wurden, warum sie ihre Weltanschauung weiter überlieferten, obwohl sie sie nicht mehr vollständig erläutern konnten. Sie antworteten: „Wir bewahren unsere alten Ansichten, damit die Welt nicht zugrunde geht."

Literatur

DIDEROT, D. 1772: Nachtrag zu „Bougainvilles Reise" oder Gespräch zwischen A. und B. über die Unsitte, moralische Ideen an gewisse physische Handlungen zu knüpfen, zu denen sie nicht passen. In: DUALA M'BEDY 1977.

DUALA M'BEDY, M. 1977: Xenologie. Die Wissenschaft vom Fremden und die Verdrängung der Humanität in der Anthropologie. Fermenta Philosophica. Freiburg/München 1977.

EL-HAKIM, T. 1976: Von Wundern und heller Verwunderung und von denen, die es mit Himmel und Hölle halten. 2. Aufl. Berlin 1976.

FREEMAN, D. 1983: Margaret Mead and Samoa. The Making and Unmaking of an Anthropological Myth. Cambridge/Massachusetts. London 1983.

HEGEL, G. W. F. 1968: Rechtsphilosophie. Studienausgabe in drei Bänden, hrsg. von K. Löwith und M. Riedel, II. Bd. Frankfurt/Main, Hamburg 1968.

KANT, I. 1802: Immanuel Kant's physische Geographie. Zweiter Band. In: I. KANT u. E. HENSCHEID: Der Neger (Negerl). Frankfurt/Main 1985.

LORENZ, K. 1963: Das sogenannte Böse. Zur Naturgeschichte der Aggression. Wien 1963.

MEAD, M. 1928: Coming of Age in Samoa. New York 1928.

Die Rassenmacher

Anmerkungen zur Geschichte des Rassenbegriffs

Wulf D. Hund

Rassistische Gesellschaftsbilder gab es lange vor der Entwicklung des Rassenbegriffs. Im alten China unterschied man Fremde, die sich zivilisieren ließen, von solchen, die als unzivilisierbar galten (BAUER 1980, 11). Im alten Griechenland hielt man Barbaren nicht nur für minderwertig, sondern behauptete auch, sie seien von Natur aus zur Sklaverei bestimmt (DETEL 1995). Im alten Indien wurde das Eigene nach außen klar vom Fremden abgegrenzt und nach innen rigide in Kasten eingeteilt (BROCKINGTON 1997, 97 ff.). Auch in der Neuzeit kamen rassistische Weltbilder zunächst ohne die Kategorie Rasse aus. In Spanien und Portugal und den von ihnen annektierten überseeischen Kolonien wurden umfangreiche Systeme rassistischer sozialer Differenzierung entwickelt. Sie machten das Blut zum maßgeblichen Kriterium der Unterscheidung und Klassifikation von Menschen. Jenseits des Atlantiks hielten sie unzählige Mischungsverhältnisse von Indianern, Afrikanern und Europäern begrifflich auseinander (VAN DEN BERGHE 1978, 71). Im eigenen Land verdächtigten sie konvertierte Juden und ihre Nachkommen, keine richtigen Christen zu sein und machten dafür die ihnen angeblich fehlende Reinheit des Blutes verantwortlich (SICROFF 1960).

In diesem Zusammenhang wurde bald auch das Wort Rasse verwandt. Zunächst auf eine soziobiologisch begriffene Abstammungsgemeinschaft bezogen, behauptete es schließlich die Verbindung klassifizierbarer erblicher Besonderheiten mit Unterschieden des kulturellen Vermögens (HUND 1999 b, 1330). In dieser Bedeutung entfaltete die Aufklärung Rasse zum Begriff und legte die Grundlagen für den modernen wissenschaftlichen Rassismus (CONZE u. SOMMER 1984, 142 ff.).

Dabei gingen Erkenntnis und Interesse eine innige Verbindung ein und wurden Elemente unterschiedlicher Herkunft und Reichweite miteinander verschmolzen. Die anwachsende Literatur über Reisen in fremde Länder lag zusammengefasst in einschlägigen Sammlungen vor (BITTERLI 1976, 239 ff.). Die Bemühungen um eine Ordnung der Erfahrungsdaten aus aller Welt schlugen sich in Versuchen einer umfassenden Beschreibung und systematischen Gliederung der Natur nieder (BANTON 1987, 2 ff.). Die Verarbeitung neuer Fakten setzte auf die Brauchbarkeit alter Interpretationsmodelle wie etwa desjenigen von der großen Kette der Wesen (LOVEJOY 1983). Die vielfältigen Erscheinungen der anderen unterlagen dem ungenierten Urteil eigener ästhetischer Vorstellungen (MARTIN 1993, 240 ff.). Die unterschiedlichen Formen der Vergesellschaftung hatten sich am einheitlichen Maßstab des Fortschritts, der stufenweisen Höherentwicklung der Menschheit zu bewähren (HUND 2000 b).

Diese und andere Elemente wurden von einem Begriff der Rasse gebündelt, der Mechanismen der Vererbung mit der Befähigung zur Kultur verband. Immanuel Kant gab ihm systematische Form, indem er den historischen Verlauf der Zivilisation mit den Anlagen der sogenannten Rassen synchronisierte. Die sich daraus ergebende Hierarchie notierte sich Kant mehrfach und trug sie ausführlich seinen Studenten vor. Im Rahmen der „Menschenkunde" erfuhren sie, dass es vier Rassen gäbe und wie sie in die historische Ordnung des Fortschritts gehörten: *„Das Volk der Amerikaner nimmt keine Bildung an. Es hat keine Triebfedern [...] Sie [...] sorgen auch für nichts, und sind faul [...] Die Race der Neger [...] n(immt) Bildung an, aber nur eine Bildung der Knechte, d.h. sie lassen sich abrichten [...] Die Hindus [...] nehmen [...] Bildung im höchsten Grade an, aber nur zu Künsten und nicht zu Wissenschaften. Sie bringen es niemals bis zu abstrakten Begriffen [...] Die Race der Weißen enthält alle Triebfedern und Talente in sich [...]. Wenn irgend Revolutionen entstanden sind, so sind sie immer durch die Weißen bewirkt worden und die Hindus, Amerikaner, Neger haben niemals daran Theil gehabt"* (KANT 1997, 1187 f.).

Nachdem dieses sozialphilosophische Grundkonzept einigermaßen entwickelt war, gingen europäische und nordamerikanische Gelehrte daran, den Begriff der Rasse naturwissenschaftlich zu komplettieren. Sie maßen Gesichtswinkel und Schädel-indizes, bestimmten Gehirnvolumina und Unterarmlängen, unterschieden Kiefer-formen und die Beschaffenheit von Haaren. Sie experimentierten mit Farbpaletten, legten Wortlisten an, diskutierten Maßstäbe für Intelligenz, studierten Physiogno-mien, zeichneten Erblinien auf, untersuchten Großzehen, zogen Handlinien nach, hielten Ohranomalien fest und stellten Rassengenealogien auf (GOULD 1988). Natür-lich beteiligten sich auch Scharlatane, Konjunkturritter und politische Interessen-vertreter an diesem Geschäft. Sein Erfolg aber wurde durch die Beiträge angesehener Wissenschaftler gewährleistet. Er schlug sich in der Entwicklung neuer Disziplinen wie der Anthropologie nieder, die geradezu als Rassenwissenschaft gegründet wurde.

Anthropometrische Messvorgänge, Fotos aus: Egon von Eickstedt, Die Forschung am Menschen, Teil 1, Geschichte und Methoden der Anthropologie, Stuttgart, 1940, S. 425 Mit den verschiedensten Messgeräten wurde versucht, vermeintliche Rassenunterschiede zu erfassen. Aber trotz der zahllosen Statistiken konnten keine klaren Einteilungs-kriterien gefunden werden.

Um die Mitte des 19. Jahrhunderts beschleunigten Vorstellungen über die Evolution des Lebens und ihre theoretische Formulierung durch Charles Darwin (STEPAN 1982, 47 ff.) diesen Prozess. „Natürliche Auslese" und „Kampf ums Dasein" galten nicht nur als Legitimation des Imperialismus. Sie führten auch zur Anwendung der Rassenidee auf die Gesellschaften der als biologisch entwickelt und kulturell hochstehend geltenden weißen Rasse, die durch die humanistischen Tendenzen zum Schutz der Schwachen von Degeneration bedroht sein sollten. Die Eugenik versprach, solche Tendenzen zu analysieren und Vorschläge zu ihrer Bekämpfung zu unterbreiten (WEINGART et al. 1992).

Zu Beginn des 20. Jahrhunderts war Rasse ein weitgehend unbestrittener Begriff der Wissenschaften vom Menschen. Er wurde von Rassisten wie Antirassisten geteilt. Auch die Entwicklung des Antisemitismus hatte er entscheidend geprägt. Wie bei der Herausbildung des modernen Rassismus insgesamt waren auch hier sozialphilosophische Ausfälle der Formulierung rassenantisemitischer Überlegungen vorausgegangen. In seine Bemühungen, den Deutschen die Vorzüge der französischen Revolution verständlich zu machen, flocht Johann Gottlieb Fichte eine Passage über das Judentum als Staat im Staate ein. Es wäre den europäischen Völkern feindlich gesinnt und durch den *„Haß des ganzen menschlichen Geschlechts"* geprägt. Trotzdem sollte man den Juden Menschenrechte einräumen. *„Aber"*, so fuhr er fort, *„ihnen Bürgerrechte zu geben, dazu sehe ich wenigstens kein Mittel, als das, in einer Nacht ihnen allen die Köpfe abzuschneiden, und andere aufzusetzen, in denen auch nicht eine jüdische Idee sei. Um uns vor ihnen zu schützen, dazu sehe ich wieder kein ander Mittel, als ihnen ihr gelobtes Land zu erobern, und sie alle dahin zu schicken"* (FICHTE 1973, 174 ff.).

Gut 100 Jahre später ließ sich der renommierte Sozialwissenschaftler Werner Sombart über die *„blutmäßige Verankerung"* des *„jüdische(n) Wesen(s)"* aus, das er durch *„Wüsten- und Nomadeninstinkte"*, mangelndes *„Gefühl der Bodenständigkeit"*, Abneigung gegen *„körperliche Arbeit"* und *„fortgesetzte Beschäftigung mit dem Gelde"* bestimmt sah (SOMBART 1911, 402 ff.). Aus diesem Grund müssten Konzepte der Assimilation illusorisch bleiben. Schließlich könnte ja *„der getaufte Jude [...] nicht [...] 'aus der Rasse austreten' [...], der er von Bluts wegen angehört"* (SOMBART 1912, 52).

Selten äußerte sich Zweifel an der allseitigen Verwendung des Rassenbegriffs und selten wurde betont, dass *„die Bezeichung Rasse [...] nur ein Erzeugnis unserer Geistesgymnastik"* wäre, dass *„Rassen [...] nur als eine Fiktion unseres Gehirns [...] in uns, nicht außer uns"* bestünden (FINOT 1906, 418). Auf dem „Universal Races Congress" im Jahre 1911 hingegen erkannten die Teilnehmer die Existenz von Rassen einerseits an. Andererseits betonten sie, Rassenunterschiede ließen nicht auf Unterschiede des geistigen Vermögens oder der kulturellen Fähigkeiten schließen und verurteilten die Annahme von Natur aus überlegener oder minderwertiger Rassen als rassistische Unterstellung (BIDDISS 1971, 37 ff.).

Diese Differenzierung zwischen der Berechtigung des Rassenbegriffs und der Illegitimität des Rassismus hält sich bis heute. Noch Ende der 70er Jahre druckt der Brockhaus über drei Seiten hinweg Rassenbilder von sogenannten Europiden, Negriden, Mongoliden und Indianiden ab (BROCKHAUS 1979, 502 ff.). In der nächsten Auflage fehlen zwar die Bildtafeln, das Stichwort „Menschenrassen" aber definiert diese als *„geographisch lokalisierbare Formengruppen [...], die charakterist(ische) Genkombinationen besitzen und sich mehr oder weniger deutlich voneinander unterscheiden."* (BROCKHAUS 1991, 465). Immer wieder sehen Wissenschaftler *„keinen vernünftigen Grund, den Begriff 'Rasse' [...] aufzugeben"* (VOGEL 1990, 224). Ein einschlägiges Lehrbuch der Anthropologie und Humangenetik enthält noch im ausgehenden 20. Jahrhundert ein umfangreiches Kapitel über Rassenkunde (KNUßMANN 1996, 405 ff.). Schülerinnen und Schüler bekommen in ihren Biologiebüchern nach wie vor die „Rassen des Menschen" präsentiert, wobei die Autoren zwar nachdrücklich

„Ausgewählte Rassenbilder", Tafel 3 und 8 aus: Erwin Bauer, Eugen Fischer und Fritz Lenz, Menschliche Erblichkeitslehre und Rassenhygiene, Bd. I, München 1927 Rassentafeln fanden noch bis weit in die zweite Hälfte des 20. Jahrhunderts weite Verbreitung in Schulbüchern und Nachschlagewerken.

Tafel 3.

Tafel 8.

Nordische Rasse.
Aus Mitteldeutschland.

Nordische Rasse.
Aus Mecklenburg. (I. Preisträger im Preisausschreiben „Nordische Rassenköpfe".)

Negride Rasse. Hererofrau aus Deutsch-Südwestafrika.
Aufn. E. Fischer.

Negride, mit geringer Beimischung orientalischer Rasse.
Hereromann. Aufn. E. Fischer.

Alpine Rasse.
Aus dem südlichen Schwarzwald. Aufn. E. Fischer.

Alpine Rasse.
Aus Dresden. Aufn. C. Ruf, Freiburg.

Negride, mit starker Beimischung orientalischer Rasse.
Ovambomann aus Deutsch-Südwestafrika.
Aufn. E. Fischer.

Orientalische, mit sehr starker Beimischung negrider
Rasse. Himamann aus Ruanda (Ostafrika).
Aufn. v. Grawert (nach v. Luschan).

Alpine Rasse.
Aus den Seealpen. Aufn. F. Lenz.

Europäischer Mischtypus mit vermutlich negridem Einschlag. (Negrides Haar.)
Westrußland (Gegend von Mohilew). Aufn. F. Lenz.

betonen, dass alle zur selben Art gehören, gelegentlich aber einfühlsam hinzufügen: *„Ein außerirdischer Betrachter würde die Erdbevölkerung wohl als bunt zusammengewürfelte, sehr unterschiedliche Lebewesen sehen"* (NATURA 1991, 371). Selbst Abhandlungen zur Geschichte des Rassismus behaupten, der Begriff der Rasse bezeichne *die empirisch unbestreitbare Erfahrung [...], daß es Groß-Gruppen unterschiedlich aussehender Menschen [...] gibt"* (GEISS 1988, 142). Unter diesen Umständen ist es wenig verwunderlich, wenn die Nachrichtenmedien immer wieder von „Rassenunruhen" in aller Welt berichten.

Die begrifflichen Anstrengungen der Rassenmacher haben sich als ungemein erfolgreich erwiesen. Weder die Unklarheit und Verschiedenheit ihrer Maßstäbe und Einteilungskriterien noch die rassistische Politik des deutschen Faschismus haben dazu geführt, dass der Rassenbegriff aufgegeben worden wäre.

Als nach dem Weltkrieg mit Lizenz der Militärregierung 10.000 Exemplare der deutschen Ausgabe von Ruth Benedicts „Rassenfrage" in die Buchhandlungen kamen, wurden die Leserinnen und Leser über den Irrsinn des Rassismus unterrichtet. Sie erfuhren aber auch, dass die *„Rasseneinteilung der Spezies Mensch [...] einen ehrbaren Hintergrund"* hätte und *„Rasse"* kein *„Aberglaube"*, sondern eine *„Tatsache"* wäre (BENEDICT 1947, 36 u. 132). Als die Educational, Scientific and Cultural Organization der Vereinten Nationen wenig später eine Erklärung zur Rassenfrage herausgab, die den Rassenbegriff als sozialen Mythos verwarf, stieß sie international vor allem bei Anthropologen und Genetikern auf erhebliche Kritik. Sie setzten sich erfolgreich dafür ein, dass in einer neuen Erklärung zwar der Rassismus verurteilt, der Begriff Rasse aber für wissenschaftlich haltbar erklärt wurde (UNESCO 1952).

Als der Prozess der Dekolonisation und der Erfolg nationaler Befreiungsbewegungen das imperialistische Herrschaftssystem und seine rassistische ideologische Legitimation diskreditierte, sahen Kritik und Gegenentwürfe von der Verwendung des Rassenbegriffs nicht ab (FANON 1980). Als in den Vereinigten Staaten der Kampf der Afroamerikaner für Bürgerrechte zu wachsendem Selbstbewusstsein und der Formulierung politischer Alternativen zum weißen Amerika führte, wurde dazu auch ausführlich der Rassenbegriff benutzt (CARMICHAEL 1970).

Als Großbritannien sich nach dem Ende des wirtschaftlichen Aufschwungs der Nachkriegszeit mit wachsenden sozialen Unruhen konfrontiert sah, die im Zusammenhang mit der Einwanderung aus den ehemaligen Kolonien standen, wurden diese nicht nur in den Medien als „race riots" bezeichnet, sondern die Politik reagierte auch mit einer Reihe von Maßnahmen wie dem „Race Relations Act", einer Behörde für „Race Relations" und schließlich einer „Commission for Racial Equality" (CASHMORE 1989). Als Australien im Verlauf der Veränderung seines englandfreundlichen Selbstverständnisses rassistische Diskriminierung zum Straftatbestand machte, verwandten die Gesetzgeber umstandslos den Rassenbegriff und erklärten jede Benachteiligung aus Gründen der Rasse, Hautfarbe oder ethnischen Herkunft für rechtswidrig (MARKUS 1994, 184).

Erst in jüngster Zeit ist die Kategorie der Rasse entschieden in Frage gestellt worden. Die Kritik wird dabei von zwei methodisch unterschiedlichen Positionen aus vorgetragen. Genetiker bestreiten die Validität des Rassenbegriffs. Sozialwissenschaftler verweisen auf den Charakter des Rassenbegriffs als soziale Konstruktion.

 Aus der Sicht einer wachsenden Zahl von Anthropologen, Biologen und Genetikern ist der Rassenbegriff irreführend und ungeeignet. In die Irre führt er, weil er von äußeren auf innere Unterschiede schließt. Den erkennbaren geographischen Variationen des Menschen liegen aber fließende genetische Übergänge und keine nennenswerten genetischen Differenzen zugrunde. Tatsächlich weichen die genetischen Distanzen zwischen einzelnen Individuen vergleichbarer Herkunft, zwischen Bevölkerungen benachbarter Landstriche oder zwischen größeren Populationen nur unwesentlich von einander ab, während die genetische Vielfalt selbst innerhalb kleiner Gruppen von Menschen relativ groß ist. Zur Beschreibung dieser Sachverhalte ist der Rassenbegriff nicht geeignet (KATTMANN 1995).

Allerdings schließt eine entschiedene Absage an rassistische Diskriminierung und eine Zurückweisung des Rassenbegriffs als unbrauchbar merkwürdige Verquickungen biologischer und kultureller Argumente nicht aus. So schreibt etwa Luca Cavalli-Sforza über die Basken, bei ihnen seien *„die Gene einer der ältesten Populationen Europas, der Cro-Magnon-Menschen, erhalten geblieben"*, interpretiert sie als Nachkommen von *„Restpopulationen"*, die sich der Ausbreitung neolithischer Ackerbauern widersetzt haben und schlussfolgert: *„[...] die Ereignisse der letzten Jahre beweisen, dass der Wille, [...] die eigene Autonomie zu behaupten, noch keineswegs gebrochen ist"* (CAVALLI-SFORZA 1994, 364 u. 248 f.).

Die Vorstellung eines 10.000 Jahre lang anhaltenden Willens hat in der sozialwissenschaftlichen Kritik der Kategorie Rasse als sozialer Konstruktion keinen Platz. Ihre Überlegungen verweisen auf die Geschichte des Rassenbegriffs und auf seine ideologische Funktion in Prozessen sozialer Eingrenzung und Ausgrenzung (MILES 1991). Rassen sind das Produkt der rassistischen Katalogisierung und Kartographierung der Welt im Zuge der europäischen Expansion. Im ideologischen Entwurf ihres Begriffs werden Erfahrungsdaten mit Mutmaßungen, ästhetische Urteile mit Herrschaftsinteressen, anthropologische Messwerte mit philosophischer Geschichtsdeutung verschmolzen. Die Geschichtsdeutung verfährt eurozentrisch; die Messwerte sind teils fehlerhaft, teils willkürlich, teils belanglos; die Interessen orientieren sich an Gewinn und Macht; die Ästhetik argumentiert subjektiv; und selbst den Erfahrungsdaten ist nicht zu trauen.

Das aufdringlichste Element der traditionellen Einteilung der Menschheit in Rassen macht das nachhaltig deutlich. Es behauptet, die Menschen aufgrund ihrer Hautfarbe in Schwarze, Rote, Gelbe und Weiße einteilen zu können. Diese Nomenklatur hat sich gegen Augenschein und rassenwissenschaftliche Feldforschung durchgesetzt. Selbst in den Zeiten, als Rasse eine weitgehend geteilte Leitkategorie der Wissen-

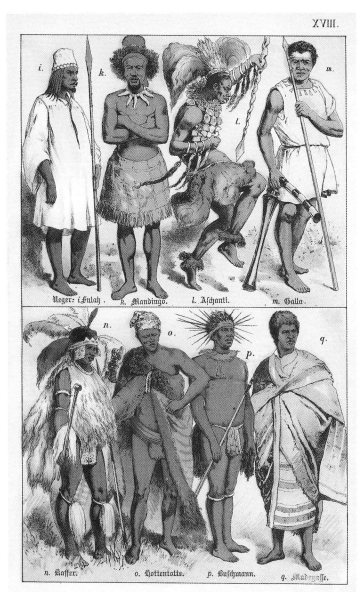

XVIII.

i. *k.* *l.* *m.*

Reger: *i.Fulah.* *k. Mandingo.* *l. Aschanti.* *m. Galla.*

n. *o.* *p.* *q.*

n. Kaffer. *o. Hottentotte.* *p. Buschmann.* *q. Madegasse.*

Ethnographische Darstellung von Afrikanern, aus: Naturgemälde der Ganzen Welt, Darstellung der Völkerrassen ..., Bilder zum Anschauungsunterricht, von Ernst Salzmann mit kolorierten Tafeln von Hermann Wagner, 7. Aufl., Eßlingen, 1879, Tafel XVIII, Jugendbuch, Landesmuseum für Natur und Mensch, Oldenburg

schaften war, arbeitete die Forschung mit einer umfangreichen Farbpalette. Bei der Vermessung und Beschreibung der Aborigines Südaustraliens etwa erschienen ihr diese nicht nur sämtlich braun. Sie zeigte sich auch so einfühlsam, dass sie „Vandykebraun", „Marsbraun", „Sepia", „Sealbraun" (eine Bezeichnung, die in Lexika als „rötliches Gelbbraun" übersetzt wird) und „Bonebraun" zu unterscheiden in der Lage war und zudem Abstufungen der einzelnen Brauns wahrnehmen konnte – „Vandykebraun" etwa war dunkler, wärmer oder heller als der Standard. Die populäre Literatur der Gesellschaft des weißen Australiens versuchte zu erklären, dass deren „schwarze Brüder" nicht „schwarz", sondern „hellbraun" wären, ja, dort, wo sie unter dem zivilisierenden Einfluss der Europäer Kleider trügen, gar zu einem „goldenen Honigbraun" neigten, das allemal heller wäre als die Hautfarbe der sonnenbadenden weißen Jugend. Dennoch nannte sie die so beschriebenen Aborigines „blackfellows" und damit bei jenem Namen, den die Europäer schon früh aus Rassenhochmut und dem Bestreben nach Bevormundung für die Australier geprägt hatten und der bis zum Ende des 20. Jahrhunderts alle Einwände aus dem Reich der Wahrnehmung überleben sollte (CAMPBELL, HACKETT 1927. HUND 2001).

Dieses Verfahren wusste sich durch ein Klassifikationsschema gedeckt, das selbst erst gegen tradierte andere Wahrnehmungsmuster hatte durchgesetzt werden müssen. Die Jahrhunderte währenden Erfahrungen der Europäer mit Fremden lieferten zunächst andere Sinneseindrücke. Von den Reisenden nach Ostasien wurden dessen Bewohner als weiß beschrieben (DEMEL 1992). Die Eroberer Nordamerikas schilderten die Menschen dort als hellhäutig und fügten hinzu, sie bekämen durch dauernden Aufenthalt im Freien einen dunklen Teint (VAUGHAN 1982). Der spätere Wandel der Wahrnehmung beruhte auf sozialen und begrifflichen Entwicklungen. Ihr Hintergrund waren der Kolonialismus und der transatlantische Sklavenhandel.

Sie führten zu einer Neubewertung der Afrikaner im europäischen Weltbild. Aus den „Äthiopiern" der Antike und den „Mohren" des Mittelalters wurden die „Neger" der Neuzeit gemacht. Dadurch verbanden sich die Kriterien Hautfarbe und Sklaverei zu einem diskriminierenden Konglomerat, das durch die Ausformung des Rassenbegriffs schließlich wissenschaftlich legitimiert wurde (HUND 1999 a). Erst die interessierte Koppelung empfundener dunkler Haut an behauptete sklavische Natur schärfte den Blick der Europäer auf die Menschen anderer Himmelsstriche für die Nuancen ihrer Hautfarben. Der Teint der Chinesen und Indianer wurde neu bewertet. Unterschiede, die ehemals als unbedeutend gegolten hatten, entwickelten sich zur Grundlage kategorialer Differenzierung. An die Stelle der Betonung von Gemeinsamkeiten setzt man die Hervorhebung des Trennenden (HUND 2000 a).

Schwarz, rot, gelb und weiß sind die Menschen nicht von Natur aus. Im Verein mit durchsichtigen Interessen hat ihnen eine willfährige Wissenschaft diese Farben aufgetragen. Aus farblichen Schattierungen sind distinkte Merkmale gemacht, vielfältige Abstufungen zu wenigen Klassen zusammengefaßt worden. Nach der Etablierung solcher Auffassung sind die Rassenmacher dazu übergegangen, die Wahrnehmungsmuster der Vergangenheit zu bearbeiten und ihrer Konzeption einzuverleiben. Wie sie dabei die Bilder, die sich etwa die alten Ägypter von Fremden gemacht haben, interpretieren, verdeutlicht einmal mehr, was mit der Kennzeichnung von Rassen als sozialer Konstruktion gemeint ist.

In Lehrbüchern über Menschenrassen wird auf die angeblichen *„Rassendarstellungen der Altägypter"* verwiesen (SCHWIDETZKY 1979, 1). Abhandlungen zur Frühgeschichte der Ethnologie behaupten, *„daß den Ägyptern [...] ein entscheidender Schritt auf dem Wege zu einer systematischen Rassengliederung der Menschheit"* (MÜLLER 1997, 27) gelungen sei. Derlei Ausführungen beziehen sich auf farblich differenzierte Darstellungen von Menschen, mit denen die Ägypter bei der Ausdehnung des Reiches nach Süden in Kontakt gekommen sind. Unabhängig davon haben sie aber alle diese Menschen als Nehesi, das heißt Südländer, bezeichnet. Der Begriff hat keine ethnische Konnotation, sondern orientiert sich an geographischen Gegebenheiten.

Als im mittleren und neuen Reich große Teile Nubiens zu Ägypten gehört haben und sich damit der ägyptische Einfluss immer weiter nach Süden erstreckt hat, tauchen in den bildlichen Darstellungen neue Typen dunkelhäutiger Menschen auf. Obwohl auch sie von den alten Ägyptern als Südländer bezeichnet worden sind, lassen sich die modernen Ägyptologen nicht beirren und behaupten, es hier mit „Negern" zu tun zu haben. Dabei stört sie auch nicht, dass die Darstellungen hinsichtlich Körperform und Physiognomie keineswegs einheitlich sind und Kriterien wie Kleidung und Schmuck die Differenzierung weiter zunehmen lassen. Auch wenn die Dargestellten *„keine negroiden Gesichtszüge"* haben und es *„für die Neger keine spezielle Bezeichnung gibt"*, wird darauf bestanden, es bei ihnen mit *„südlichen Rassenvertreter(n)"* zu tun zu haben (DRENKHAHN 1967, 12 u. 15).

Tatsächlich zeigt das Beispiel, dass die Ägypter zwar Menschen und Völker nach Herkunft und Aussehen unterschieden, aber sie dabei gerade nicht in Rassen eingeteilt haben. Die Wahrnehmung von Verschiedenheit hat nicht zur kategorialen Differenzierung geführt. Menschen unterschiedlicher Hautfarbe sind gemeinsam als Südländer bezeichnet und gerade nicht nach Rassen getrennt worden. Die Ägypter haben Nubier und Äthiopier als ihresgleichen behandelt und sie in ihr politisches und soziales System integriert. Ohne herrschaftliches Interesse an ihrer kollektiven Diskriminierung hat kein Anlass zur begrifflichen Reaktion bestanden und es schon gar nicht eines Begriffes wie „Rasse" bedurft, der vorhandene Unterschiede und zugeschriebene Besonderheiten mit einer biologisch begründeten kulturellen Abwertung verbindet.

Obwohl immer deutlicher wird, dass der Rassenbegriff theoretisch unseriös und politisch skandalös ist, wird er sich vorläufig weiter behaupten. Das liegt daran, dass ideologische Stereotype sehr langlebige Muster sind und dass das Wort Rasse insbesondere in der englischen Sprache weitgehend ungebrochen benutzt wird. Auch wenn es zunehmend weiter in Misskredit gerät, werden dadurch rassistische Argumentationen nicht sonderlich eingeengt. Sie haben schon seit geraumer Zeit begonnen, den Rassenbegriff wahlweise um die Kategorien Ethnie und Kultur (BARKER 1981) zu ergänzen oder zu ersetzen.

Literatur

BANTON, M. 1987: Racial Theories. Cambridge 1987.

BARKER, M. 1981: The New Racism. London 1981.

BAUER, W. 1980: Einleitung. In: ders. (Hrsg.), China und die Fremden. München 1980.

BENEDICT, R. 1947: Die Rassenfrage in Wissenschaft und Politik. Bergen 1947.

VAN DEN BERGHE, P. L. 1978: Race and Racism. 1. Aufl. New York 1967. 2. Aufl. 1978.

BIDDISS, M. D. 1971: The Universal Races Congress of 1911. Race 13, 1971.

BITTERLI, U. 1976: Die „Wilden" und die „Zivilisierten". Grundzüge einer Geistes- und Kulturgeschichte der europäisch-überseeischen Begegnung. München 1976.

BROCKHAUS 1979: Der große Brockhaus. 18. Aufl. Bd. 7. Wiesbaden 1979.

BROCKHAUS 1991: Brockhaus Enzyklopädie. 19. Aufl. Bd. 19. Wiesbaden 1991.

BROCKINGTON, J. 1997: Concepts of Race in the Mahabarata and Ramayana. In: P. Robb (Hrsg.), The Concept of Race in South Asia. New Delhi 1997.

CAMPBELL, T. D., HACKETT, C. J. 1927: Adelaide University Field Anthropology: Central Australia, No. 1. In: Transactions of the Royal Society of South Australia, 51, 1927.

CARMICHAEL, S. 1970: Der schwarzen Befreiung entgegen. In: G. Amendt (Hrsg.), Black Power. Frankfurt 1970.

CASHMORE, E. E. 1989: United Kingdom? Class, Race and Gender since the War. London 1989.

CAVALLI-SFORZA, L. u. F. 1994: Verschieden und doch gleich. Ein Genetiker entzieht dem Rassismus die Grundlage. München 1994.

CONZE, W., SOMMER, A. 1984: Rasse. In: O. Brunner, W. Conze, R. Koselleck (Hrsg.), Geschichtliche Grundbegriffe. Historisches Lexikon zur politisch-sozialen Sprache in Deutschland, Bd. 5. Stuttgart 1984.

DEMEL, W. 1992: Wie die Chinesen gelb wurden. Ein Beitrag zur Frühgeschichte der Rassentheorien. Historische Zeitschrift 255, 1992, 3.

DETEL, W. 1995: Griechen und Barbaren. Zu den Anfängen des abendländischen Rassismus. Deutsche Zeitschrift für Philosophie 43, 1995, 6.

DRENKHAHN, R. 1967: Darstellungen von Negern in Ägypten. Dissertation Hamburg 1967.

FANON, F. 1980: Schwarze Haut. Weiße Masken. Frankfurt 1980.

FICHTE, J. G. 1973: Beitrag zur Berichtigung der Urteile des Publikums über die französische Revolution. In: ders., Schriften zur Revolution. Frankfurt, Berlin, Wien 1973.

FINOT, J. 1906: Das Rassenvorurteil. Berlin 1906.

GEISS, I. 1988: Geschichte des Rassismus. Frankfurt 1988.

GOULD, S. J. 1988: Der falsch vermessene Mensch. Frankfurt 1988.

HUND, W. D. 1999a: Rassismus. Die soziale Konstruktion natürlicher Ungleichheit. Münster 1999.

HUND, W. D. 1999b: Rasse. In: H. J. Sandkühler (Hrsg.), Enzyklopädie Philosophie. Bd. 2. Hamburg 1999.

HUND, W. D. 2000a: Romantischer Rassismus. Zur Funktion des Zigeunerstereotyps. In: ders. (Hrsg.), Zigeunerbilder. Schnittmuster rassistischer Ideologie. Duisburg 2000.

HUND, W. D. 2000b: In the beginning all the World was Australia. In the end all the World will be white. Culture, race, whiteness and the message of Enlightenment. Paper presented to the conference of the Australian Sociological Association. Adelaide 2000.

HUND, W. D. 2001: Mit der Weißheit am Ende. Australien und das Erbe des Rassismus. In: Blätter für deutsche und internationale Politik 5, 2001.

KANT, I. 1997: Menschenkunde. (Die Vorlesungen des Wintersemesters 1781/82 [?] aufgrund der Nachschriften). In: Berlin-Brandenb. Akademie der Wissenschaften (Hrsg.), Kant's gesammelte Schriften, Bd. XXV. Berlin 1997.

KATTMANN, U. 1995: Was heißt hier Rasse? In: Unterricht Biologie, 19. Jg., 1995, 204.

KNUßMANN, R. 1996: Vergleichende Biologie des Menschen. Stuttgart, Jena, Lübeck, Ulm 1996.

LOVEJOY, A. O. 1983: Die große Kette der Wesen. Frankfurt 1983.

MARKUS, A. 1994: Australian Race Relations 1788-1993. St. Leonards 1994.

MARTIN, P. 1993: Schwarze Teufel, edle Mohren. Hamburg 1993.

MILES, R. 1991: Rassismus. Einführung in die Geschichte und Theorie eines Begriffs. Hamburg 1991.

MÜLLER, K. E. 1997: Geschichte der antiken Ethnologie. Reinbek bei Hamburg 1997.

NATURA 1991: Biologie für Gymnasien. Bd. 2. Stuttgart, Düsseldorf, Berlin, Leipzig 1991.

SCHWIDETZKY, I. 1979: Rassen und Rassenbildung beim Menschen. Stuttgart, New York 1979.

SICROFF, A. A. 1960: Les controverses des statuts de „pureté de sang" en Espagne de XVe au XVIIe siècle. Paris 1960.

SOMBART, W. 1911: Die Juden und das Wirtschaftsleben. München, Leipzig 1918.

SOMBART, W. 1912: Die Zukunft der Juden. Leipzig 1912.

STEPAN, N. 1982: The Idea of Race in Science. Great Britain 1800-1960. London, Basingstoke 1982.

UNESCO 1952: The Race Concept: Results of an Inquiry. Paris 1952.

VAUGHAN, A. T. 1982: From White Man to Redskin: Changing Anglo-American Perceptions of the American Indian. The American Historical Review 87, 1982, 4.

VOGEL, F. 1990: Die biologische Grundlage von Gruppenunterschieden beim Menschen. In: E. J. Dittrich, F.-O. Radtke (Hrsg.), Ethnizität. Opladen 1990.

WEINGART, P., KROLL, J., BAYERTZ, K. 1992: Rasse, Blut und Gene. Geschichte der Eugenik und Rassenhygiene in Deutschland. Frankfurt 1992.

Wir und die anderen
Zur Sozialpsychologie der Gruppenzugehörigkeit

Rainer Fabian

Der Mensch ist ein soziales Wesen. Sowohl für das physische Überleben als auch für den psychischen Prozess der Ausbildung einer personalen und sozialen Identität sind wir auf die *anderen*, die Einbettung in einen sozialen Zusammenhang, angewiesen. Zunächst in dem spiegelnden Blick der Mutter, später in den Augen der Mitmenschen, erfahren wir, wer wir sind. Die Identität des Einzelnen kann sich in diesem Sinne nur in der Auseinandersetzung mit dem unmittelbaren sozialen Kontext ausbilden, in den der Mensch hineingeboren und in dem er sozialisiert wird (vgl. HABERMAS 1976, 96).

Von dieser für das Leben jedes Menschen grundlegenden Funktion der sozialen Einbettung kann man jene Prozesse und Mechanismen unterscheiden, die in konstituierten Gruppen – sowohl in Kleingruppen mit face-to-face Kontakten als auch in Großgruppen – wirken. Wie Individuen, so definieren auch Gruppen ihre innere Übereinstimmung dadurch, dass sie Unterscheidungen setzen: Wir und die *anderen*. Bereits in der elementarsten Selbstdefinition einer Gruppe finden sich Abgrenzungen gegen *andere,* die nicht dazugehören. Solche Abgrenzungen können schlicht die Differenz betonen, sie können aber auch auf eine Abwertung der *anderen* zugunsten der eigenen Aufwertung abzielen. Um diesen Mechanismus der eigenen Aufwertung durch die Abwertung von *anderen* soll es im Folgenden gehen und zugleich auch um die subjektiven und sozialen Bedingungen, die diesen Prozess unterstützen.

Ein Blick in die Geschichte der Menschheit zeigt zahllose Beispiele solcher Abgrenzungs- und Abwertungsversuche, die in der Regel in Form von Dichotomien auftreten: Für die Griechen waren die Menschen außerhalb ihres Kulturkreises die „Barbaren", für die Christen die Nicht-Getauften die „Heiden", die Kolonisatoren Westeuropas betrachteten die unterworfenen Völker häufig als „Wilde". Und in allen Fällen waren diese abwertenden Definitionen der *anderen* die Rechtfertigung für deren Unterwerfung, Ausbeutung, Versklavung oder Ausrottung.

Mit der Gründung der Nationalstaaten in Westeuropa in der frühen Neuzeit entstand ein neues gigantisches Feld für solche Abgrenzungen, die immer wieder den Nährboden darstellten für aggressive Ideologien der nationalen Überlegenheit über die Nachbarstaaten und damit Anlass und Rechtfertigung gaben für kriegerische Auseinandersetzungen. Den Höhepunkt dieser Abgrenzungs- und Abwertungspraxis zugunsten der eigenen Selbstaufwertung finden wir im Nationalsozialismus. Hier verbinden sich nationalistische mit rassistischen Ideen zu einem Wahnsystem der Überlegenheit der

„arischen Rasse" über andere Rassen, womit die Rechtfertigung für die systematische Unterwerfung „nicht-arischer Völker" und für die Vernichtung von Millionen von als „nicht lebenswert" eingestuften Menschengruppen geschaffen wurde, ein Prozess, der im weltweiten Krieg und im Holocaust endete.

Dämonisierung des Fremden

Sogenannte Gruppenidentitäten – hier sind vor allem die vermeitlichen „Identitätsvorstellungen" von Großgruppen von Interesse – sind soziale Konstruktionen und ihrer Struktur nach Glaubenssystemen verwandt. Wie diese haben sie die Tendenz, in substanzialistischer Weise der eigenen Gruppe – fiktive oder reale – Merkmale als von besonderer Bedeutung zuzuschreiben und gegen jegliche Form von Kritik zu immunisieren. Gruppenkonformität ist das Regulativ für soziale Anerkennung innerhalb der Gruppe und damit indirekt auch für das Selbstwertgefühl der Mitglieder, in deren Psyche jene Immunisierungsstrategien verankert sein müssen. Der Kern einer Immunisierungsstrategie ist die erfolgreiche Abwehr von Kritik und von relitätshaltigen Informationen, die die kollektiven Selbstbilder erschüttern und damit den Mechanismus von Selbstaufwertung durch Abwertung des *anderen* in Frage stellen könnten.

Für das einzelne Individuum hat dieser Mechanismus der Abwertung des *anderen* in der Regel die – meist unbewusste – Funktion, tiefe Gefühle von Schwäche und Unsicherheit durch die Übereinstimmung mit einem mutmaßlich starken Kollektiv zu kompensieren. Horst Eberhard Richter hat diesen Zusammenhang am Beispiel des Ethnozentrismus dargestellt: *„Ethnozentrismus bildet sich, wie hier zu Lande gut bekannt, als Überkompensation von Selbstunsicherheit und Minderwertigkeitsgefühlen durch Selbstidealisierung einerseits und Dämonisierung der Fremden andererseits. Diese, obwohl weit in der Minderheit, erscheinen in grotesker Verkehrung der Proportionen als eine massive Gefahr. In der Fantasie sieht man sich schon im Würgegriff der vermeintlichen Parasiten ersticken und die eigene geheiligte Kultur vom Heimatboden getilgt"* (RICHTER 2001).

Gefährlich wird jener Mechanismus der Selbstaufwertung durch Abwertung *anderer* dann, wenn der *andere* in seiner grundlegenden Eigenschaft als Person in Frage gestellt, seine körperliche und soziale Integrität nicht mehr gewährleistet ist. Solange etwa Fußballfans ihre Konkurrenz überwiegend auf symbolischer Ebene, als Kampf der Flaggen und Parolen austragen, kann ihre Abwertung des Gegners folgenlos bleiben. Wenn aber die *anderen* aufgrund ihrer Zugehörigkeit zu einer bestimmten Gruppe so entwertet werden, dass man ihnen wesentliche Qualitäten als „Mensch" abspricht, ist der erste Schritt getan, ihnen auch grundlegende Rechte und Sicherheiten zu verweigern – bis hin zu dem Recht auf körperliche Unversehrtheit. Entwertung kann dann die Basis für die Diskriminierung von Menschen sein und als Rechtfertigung dienen für Gewalttaten gegenüber den Entwerteten und für ihren Ausschluss aus der Gesellschaft.

Die Funktion der „starken Gruppe"

In Individuen oder Gruppen, die ihr Gewalthandeln auf Abwertung gründen, finden wir häufig einen Spaltungsmechanismus: Ein schwaches Selbst identifiziert sich mit dem „Starken" bzw. der „starken Gruppe" und versucht – unbewusst –, die eigene Schwäche in dem *anderen* – als schwach Definierten – zu bekämpfen. Nur so lässt sich erklären, warum beispielsweise Skinheads sich an wehrlosen Behinderten und Obdachlosen vergreifen. Deshalb zielen fast alle langfristigen Strategien im Umgang mit Gewalttätern darauf ab, deren Persönlichkeit zu stärken, damit sie nicht mehr von der Tendenz beherrscht werden, die eigene Schwäche im *anderen* bekämpfen zu müssen.

Sam Keen hat auf drei Mechanismen hingewiesen, die in Gruppen häufig eine Rolle spielen: Erstens versprechen Gruppenmitglieder implizit oder explizit eine gewisse Loyalität gegenüber der spezifischen Welt-Sicht der Gruppe. Sie zahlen also für die Gruppenzugehörigkeit den Preis der Beschränkung individueller Wahrnehmung. Zweitens erzeugt jede Gruppe über die Opposition von wir/sie, Freunde/Feinde, ingroup/outgroup und richtig/falsch ein gewisses Maß an Paranoia, um das soziale Band zu festigen. Drittens wird von dem einzelnen Loyalität gegenüber der Gruppe – dem Stamm, der Nation, dem Verein – gefordert und damit nicht selten die Bereitschaft, Opfer zu bringen, sei es zu töten oder selbst für die Gruppe zu sterben, um deren Ehre oder Integrität zu erhalten (vgl. KEEN 1983, 153).

Die Konzepte von Volk, Nation und Rasse bieten sich hier besonders deshalb an, weil es sich um vorgestellte Gemeinschaften handelt (vgl. ANDERSON 1988, 15 f.), denen man angehören kann, ohne eine spezifische Leistung erbringen zu müssen. Dem Anschein nach natürliche Einheiten sind sie gesellschaftliche Konstrukte, die in Krisenzeiten aktualisiert werden können, um Einzelne und Gruppen gegen angebliche innere oder äußere Feinde zu mobilisieren. Gesellschaftliche Interessen verbinden sich hier oft ununterscheidbar mit politischer Funktionalisierung von Bewusstseinsstrukturen und Gefühlslagen. Beispiele für die massenhafte Mobilisierung solcher negativer Gruppendefinitionen finden wir in der Kriegspropaganda vor dem ersten und zweiten Weltkrieg, wo es um die „Erzfeinde" Deutschlands im Westen – Frankreich und England –, um den „slawischen Untermenschen" im Osten oder um die „Ausrottung unwerten Lebens" ging, einem gigantischen Vernichtungsprogramm, dem die systematische Abwertung von Großgruppen wie den Juden oder den Sinti und Roma vorausging. In der jüngeren Vergangenheit der Bundesrepublik Deutschland finden sich in der Debatte um die Asylgesetzgebung, um die Fragen der Staatsangehörigkeit und der Zuwanderung zahlreiche Beispiele dafür, wie die Beschwörung der fiktiven Großgruppe der deutschen Nation bei gleichzeitiger Abwertung der Fremden die legitimatorische Basis für eine zunehmend restriktive Gesetzgebung wird.

Sündenbockfunktion

In modernen Gesellschaften, in denen das Gewaltmonopol des Staates sich durchgesetzt hat und das Gleichheitspostulat in den Verfassungen verankert ist, bedürfen Ausgrenzung von einzelnen oder sozialen Gruppen und die Gewaltanwendung ihnen gegenüber starker Rechtfertigungen. Der Grundmechanismus solcher Rechtfertigung besteht darin, den *anderen* so abzuwerten, ihn derart mit negativen Zügen auszustatten, dass das für den Menschen generell geltende Gewalttabu nicht mehr angewendet werden muss. Ist der *andere* erst einmal als „Untermensch", als „Nicht-Mensch" definiert, so kann man sich selbst auf seine Kosten aufgewertet fühlen. Wenn es außerdem gelingt, ihn für die eigenen Probleme, das eigene Unheil verantwortlich zu machen, so ergänzen sich Abwertung und Sündenbockfunktion im Feindbild zur allgemeinen Rechtfertigung von Ausgrenzung und Gewalt. Der *andere* wird in diesem Prozess zur Projektionsfläche für die eigenen Hassgefühle.

Im Ursprung solcher Prozesse finden wir in der Regel Gefühlslagen von Bedrohung, Unsicherheit und Angst, und die Objekte solch projektiver Verarbeitung sind bevorzugt Gruppen, die gesellschaftlich als schwach und zugleich negativ eingeschätzt werden (Ausländer, Behinderte, Obdachlose, Homosexuelle etc.).

„Identität durch Selbstaufblähung"

Erich Fromm nähert sich dem Phänomen der Abwertung durch den Rückgriff auf den Narzissmus. Er unterscheidet die gutartige Form des Narzissmus von der bösartigen. Bei der ersteren ist das narzisstische Verhältnis des Menschen zu sich selbst durch seine Arbeit bzw. seine Leistung vermittelt. Dadurch bleibt seine Beziehung zur Realität aufrechterhalten, der Narzissmus findet sein ständiges Korrektiv und wird in Grenzen gehalten. Beim bösartigen Narzissmus ist der Gegenstand des Selbstwertgefühls nicht etwas, was der Einzelne tut oder produziert, sondern das, was er hat oder ist: Der Körper, das Aussehen, Reichtum, Abstammung u. ä. Man kann sich die eigene „Größe" ausmalen, ohne dass sie sich im Kontakt mit der Realität oder in der Kommunikation mit *anderen* bewähren muss. Daraus ergeben sich schwerwiegende Folgen für die Subjekte: *„Während ich das Bild meiner Größe aufrechtzuerhalten suche,* *entferne ich mich mehr und mehr von der Realität und muß die narzißtische Ladung immer mehr verstärken, um mich besser vor der Gefahr zu schützen, daß mein narzißtisch aufgeblähtes Ich sich als Erzeugnis meiner leeren Einbildungen entpuppen könnte"* (FROMM 1983, 19). Erich Fromm spricht in diesem Zusammenhang von *„Identität durch Selbstaufblähung"* (FROMM 1983, 17).

Die beiden Typen des Narzissmus lassen sich nach Fromm nun auch auf Gruppen übertragen. Wenn das zentrale Objekt des Gruppeninteresses nicht mehr die gemeinsame Leistung ist, sondern nur noch die Gruppe selbst, ihre Größe, ihr Ruhm, können aus dem Narzissmus gefährliche Bedrohungen wachsen. Das ist insbesondere dann der Fall, wenn in einer Gesellschaft ein Teil ihrer Mitglieder nicht über hinreichende materielle, psychische und soziale Ressourcen verfügt, um am gesellschaftlichen Leben teilzuhaben. Den wirtschaftlich und kulturell Benachteiligten kann unter diesen Bedingungen der narzisstische Stolz, einer bestimmten Gruppe anzugehören, zur einzigen und oft sehr wirkungsvollen Quelle der Befriedigung werden.

Zugleich sind der Phantasie kaum Grenzen gesetzt, die eigene Gruppe mit positiven Eigenschaften auszustatten. Hat sich eine Gruppenidentität in diesem Sinne erst konstituiert, so kennen die Mitglieder einer solchen Gruppe – wie Fromm am Beispiel des Rassismus zeigt – nur eine Befriedigung: *„[...] das aufgeblähte Bild ihrer selbst als der wunderbarsten Gruppe der Welt, die sich einer anderen rassischen Gruppe, welche als minderwertig hingestellt wird, überlegen fühlt. Ein Mitglied einer solchen [...] Gruppe hat das Gefühl: ‚Wenn ich auch arm und ungebildet bin, bin ich doch jemand Wichtiges, weil ich zur wunderbarsten Gruppe der Welt gehöre – ich bin ein Weißer' oder: ‚ich bin ein Arier."* (FROMM 1983, 20). Die Geschichte hat nun allerdings hinreichend gezeigt, dass nicht nur Armut und mangelnde Bildung die Voraussetzung für diesen Prozess der Selbstaufwertung durch die rassistische Abwertung des *anderen* sein müssen. Im deutschen Nationalsozialismus war nicht nur das verunsicherte Kleinbürgertum anfällig für die Ideologie der rassischen Überlegenheit des Ariertums, sondern auch breite Teile der Mittelschichten, die sich in der Vorstellung einer auserwählten Volksgruppe gesonnt haben.

Ausblick

Phänomene wie der Rassismus und gesteigerter Nationalismus sind keineswegs nur historische Erscheinungen, die in modernen Gesellschaften keinen Platz mehr finden. Sie können als Rückschritt auf vordemokratische Einstellungen Formen sogenannter politischer Regression jederzeit wieder in Erscheinung treten – wenn auch gelegentlich in gewandelter Form wie in Gestalt eines kulturell argumentierenden Rassismus.

In modernen Gesellschaften wird die Identitätsbildung tendenziell zu einer Aufgabe des einzelnen Subjekts. In dem Maße, wie mit dem Individualisierungsprozess der Einzelne zunehmend zum Planungsbüro seiner eigenen Biografie wird (vgl. BECK 1983, 59), kann er bei seinen Bemühungen um Identität nicht mehr einfach auf vorgefertigte soziale Muster und Rollenangebote zurückgreifen. Diese Schwierigkeit des Einzelnen wird in den Sozialwissenschaften reflektiert in Kategorien wie „Patchwork-Identität", „Multiple Identität", „Puzzle-Lebensstrategie", „Bastelmentalität" oder „Postmoderne Identität". Heiner Keupp hat darauf hingewiesen, dass die produktive Bewältigung dieser Situation beim Einzelnen die Verfügung über soziale und materielle Ressourcen voraussetzt (KEUPP 1989, 69). Wenn solche Ressourcen fehlen, besteht immer die Gefahr, dass die Subjekte auf jene einfachen Identitätsstützen zurückgreifen, die einem modernen Verständnis von Gesellschaft und demokratischer Politik nicht mehr entsprechen. Damit bleiben auch moderne Gesellschaften solange von gesellschaftlichen und politischen Tendenzen der Ab- und Ausgrenzung bedroht, wie die fundamentale Ungleichheit der Teilhabe von Einzelnen am gesellschaftlichen Lebensprozess nicht beseitigt und die Bedingungen für die Entstehung individueller Existenzangst nicht aufgehoben sind; solange werden wir auch mit rassistischen Einstellungen von Einzelnen und Großgruppen zu rechnen haben.

Literatur

ANDERSON, B. 1988: Die Erfindung der Nation. Zur Karriere eines erfolgreichen Konzepts. Frankfurt am Main 1988.

BECK, U. 1983: Jenseits von Klasse und Stand? Soziale Welt, Sonderband 2. Göttingen 1983, 59.

FROMM, E. 1983: Gruppen-Narzißmus. Identität durch Selbstaufblähung. In: Psychologie heute-Redaktion (Hrsg.), Die Seele und die Politik. Weinheim und Basel 1983, 17-23.

HABERMAS, J. 1976: Können komplexe Gesellschaften eine vernünftige Identität ausbilden? In: J. Habermas: Zur Rekonstruktion des Historischen Materialismus. Frankfurt am Main 1976, 92-126.

KEEN, S. 1983: Apocalypse soon! In: Psychologie heute-Redaktion (Hrsg.), Die Seele und die Politik. Weinheim und Basel 1983, 152-155.

KEUPP, H. 1989: Auf der Suche nach der verlorenen Identität. In: H. Keupp, H. Bilden (Hrsg.), Verunsicherungen. Das Subjekt im gesellschaftlichen Wandel. Göttingen, Toronto, Zürich 1989, 47-69.

RICHTER, H.-E. 2001: Heilung einer Krankheit Friedensbewegung: Ein zuversichtliches Weiterarbeiten an der Humanisierung des Zusammenlebens. Frankfurter Rundschau vom 20. 01. 2001.

Westliche Zerrblicke auf Afrika

Die Kunst von Benin in kolonialer und postkolonialer Zeit

Stefan Eisenhofer

Als Kriegsbeute britischer Truppen gelangten im Jahr 1897 Tausende von Elfenbeinschnitzereien und Bronzeplastiken aus dem alten westafrikanischen Königreich Benin im heutigen Nigeria nach Europa. Seither sorgen sie wegen ihrer hohen Kunstfertigkeit und ihrer handwerklich-künstlerischen Meisterschaft in der westlichen Welt für Furore. Doch damals wie heute ist die Bewertung und Einordnung dieser Werke weitgehend von kolonialistischen Kategorien und einem rassistischen Afrikabild bestimmt.

Afrikanische Objekte und die westliche Welt

Objekte aus Afrika erfuhren in Europa seit dem späten 15. Jahrhundert nur vergleichsweise wenig Beachtung. Zwar belegen die sogenannten afro-europäischen Elfenbeinschnitzereien, die schon ab dem 15. Jahrhundert an der westafrikanischen Küste für europäische Käufer hergestellt wurden, ein gewisses Interesse an afrikanischer Kunstfertigkeit. Diese Stücke wurden aber wohl in ihrer Mehrzahl als Exotika gekauft und gelangten mit unspezifischer Herkunft nach Europa. Ihr afrikanischer Ursprung wurde häufig vergessen oder war nur von geringem Interesse (CURNOW 1983).

Im Zuge von Sklavenhandel und Kolonialismus bildete sich vor allem im Laufe des 19. Jahrhunderts die starke Tendenz heraus, Objekte aus Afrika als ethnographisches Material zu betrachten, das sich für vergleichende Einsichten in frühere Entwicklungsphasen der Menschheit eignen würde. Die oft atemberaubenden ästhetischen und handwerklichen Qualitäten afrikanischer Skulptur und Plastik wurden nicht wahrgenommen, denn gefragt waren Typen statt Meisterwerke. Entsprechend der Rassenhierarchisierung jener Zeit wurde die materielle Kultur Afrikas als besonders geeignet betrachtet, die angeblich so niedrige Kulturstufe „der Afrikaner" vor Augen zu führen. Gemäß dieses evolutionistischen Ansatzes wurden Objekte aus Afrika als niedere Stufen einer Entwicklung betrachtet, deren glanzvolle Endpunkte die Werke berühmter europäischer Künstler wie Raffael oder Michelangelo waren. Die damals vorherrschende Meinung über afrikanische Schnitzereien wird in den Worten des seinerzeit führenden Anthropogeographen Friedrich Ratzel deutlich: *„In der Darstellung des Häßlichen übertrifft kein Volk diese Westafrikaner [...]. Um von ihrer Indezenz* *nicht zu reden, sind sie in der Mehrzahl brutal naturnah oder höchstens ins Häßliche übertrieben. Dazu die Ungeschicklichkeit, womit besonders die Götzenbilder gearbeitet sind"* (Ratzel 1885, I, 85 f.).

Gewohnte Weltbilder gerieten daher massiv ins Wanken, als im Jahr 1897 die Werke aus Benin in großer Zahl nach Europa gelangten. Vor allem die perfekte handwerkliche Qualität und die vollendete Gusstechnik der Metallarbeiten aus Benin erfüllten augenfällig europäische Vorstellungen von „Zivilisation". Sie stellten daher eine große Herausforderung für koloniale Interessen dar, hatte man die Kolonialisierung Afrikas doch vor allem mit der Unterlegenheit „der afrikanischen Rasse", die zu Zivilisation nicht in der Lage sei und daher europäischer Führung bedürfe, gerechtfertigt.

Felix von Luschan und die Kunst von Benin

Eine Schlüsselrolle bei der Würdigung der Werke aus Benin spielte Felix von Luschan, der damalige Direktor der Afrikanisch-Ozeanischen Abteilung im Berliner Völkerkundemuseum. Luschan erkannte schnell die außerordentliche Bedeutung der Benin-Arbeiten, um ein angemesseneres Verständnis von Afrika zu erlangen. Er forderte nachdrücklich, sie als Kunst zu betrachten. Und zwar nicht als primitive Frühform, sondern als große Kunst, die den europäischen Meisterwerken gleichwertig zur Seite gestellt werden konnte.

Diese Einstellung Luschans verursachte gegensätzliche Stellungnahmen. Beinahe hämisch setzten Kollegen wie etwa Wilhelm Crahmer (1908; 1909; 1910) den Begriff Benin-Kunst in Anführungszeichen. Damit sollte die Geringschätzung der Autoren gegenüber diesen afrikanischen Werken zum Ausdruck gebracht werden, die man ihrer Meinung nach nicht mit wirklicher Kunst vergleichen könne.

Luschan ließ sich durch diese Stimmen jedoch nicht beirren und verwies bei den Werken aus Benin immer wieder auf die absolute Meisterschaft in der Beherrschung der Guss-Technik: *„Unsere Benin-Bronzen stehen nehmlich auf der höchsten Höhe der europäischen Gusstechnik. Benvenuto Cellini hätte sie nicht besser giessen können und niemand, weder vor ihm noch nach ihm, bis auf den heutigen Tag. Diese Bronzen stehen technisch einfach auf der höchsten Höhe des überhaupt Erreichbaren"* (Luschan 1919, 15).

Ahnengedenkkopf, Gelbguss, Benin, Römer- und Pelizäus-Museum, Hildesheim. Fotograf: Sh. Shalchi. Die Kopfplastik weist zwei typische Insignien des Oba, des Herrschers von Benin, auf: Den hohen Kragen aus Korallenperlen und die flache Kappe mit Stachelrosetten, Achatperlen und Perlenschnüren. Ein solcher Gedenkkopf stand neben den Ahnenaltären und diente als Sockel für einen Elefantenstoßzahn.

Reliefplatte mit gepanzertem Krieger, Gelbguss, Benin,
Römer-und Pelizäus-Museum,
Hildesheim.
Fotograf: Sh. Shalchi

Von anderen Zeitgenossen wurde jedoch genau die hohe Qualität der Arbeiten aus Benin zum Anlass genommen, diesen ihren afrikanischen Ursprung abzusprechen. Es wurden indische, europäische, arabische, phönizische und assyrische Ursprünge für die Kunst Benins bemüht. Luschan warf jedoch auch in dieser Frage seine gesamte Autorität in die Waagschale und machte klar, dass die große Anzahl der erhaltenen Werke und ihr unterschiedlicher Stil zeige, dass es sich dabei um afrikanische Arbeiten mit langer Entwicklung über mehrere Menschenalter hindurch handle und nicht um das Werk einzelner Fremder (LUSCHAN 1898, 152).

Felix von Luschans Verdienst war es, dass die Werke aus Benin sowohl als Kunst als auch als afrikanisch anerkannt wurden. Der hohe künstlerische Rang dieser Arbeiten war für ihn ideal dazu geeignet, die Gleichwertigkeit der Afrikaner zu dokumentieren und dem herrschenden Zeitgeist entgegenzutreten: *„Gerade gegenüber der jetzt, besonders in man-* chen der sogen. *„colonialen" Kreise herrschenden Geringschätzung des Negers als solchen, scheint mir ein derartiger Nachweis auch eine Art von allgemeiner und moralischer Bedeutung zu haben"* (LUSCHAN 1898, 153).

Dennoch sorgten ausgerechnet Luschans Überlegungen zu der zeitlichen Einordnung der Werke aus Benin für eine Sicht der Benin-Kunst, die von kolonialistischem Denken und imperialistischer Herrschaftspropaganda überlagert und vereinnahmt wurde. Das ist umso bedenklicher, als die Grundpfeiler dieser Chronologie bis heute die Einordnung der Benin-Werke in Kunstmarkt und Museen bestimmen.

Stilistische Niedergangstheorie und britische Kriegspropaganda

Felix von Luschan war der erste, der auf breiter Materialbasis die Werke aus Benin, die sehr unterschiedlich ausgeführt sind und verschiedene Typen aufweisen, zu datieren versuchte. Dazu gruppierte er die Kunstwerke und brachte sie in eine bestimmte zeitliche Abfolge. Die von ihm in seinem Monumentalwerk (LUSCHAN 1919) verstreuten Hinweise wurden von Bernhard STRUCK (1923) systematisiert. Luschan

und Struck gelten daher als Begründer einer „Verfalls-" oder „Niedergangstheorie", die bis heute die zeitliche Einordnung der Objekte aus Benin bestimmt. Demnach wurden *„Kunst und Technik vom 16. Jahrhundert an in Benin gleichmäßig immer schlechter und schlechter"* (STRUCK 1923, 149) und vor allem die Zeit nach 1700 wurde als von einem *„tiefen Verfall"* (STRUCK 1923, 155) geprägt betrachtet. Spätere Autoren übernahmen die Verfallstheorie mit wenigen Ausnahmen ohne größere Abweichungen. Dass verschiedene Stile oder Gussarbeiten unterschiedlicher handwerklicher Ausführung durchaus zeitgleich hergestellt worden sein könnten, wurde dabei nicht berücksichtigt. Auch die vom Briten William Fagg erarbeitete stilistische Chronologie, die bis heute die zeitliche Einordnung der Benin-Werke bestimmt, blieb der Niedergangstheorie seiner Vorgänger sehr stark verhaftet. Beispielhaft zeigt sich das in der Beurteilung seiner „mittleren Periode": *„Heute beurteilen wir diese Periode als den Beginn des Verfalls [...]. Hätte es im Benin des frühen 18. Jahrhunderts begabte Künstler und Mäzene gegeben, die sich vom Dynamismus und von der Geistigkeit der traditionellen plastischen Kunst Westafrikas hätten anregen lassen, dann würden die künstlerischen Ergebnisse der folgenden 150 Jahre die Bezeichnung Beninkunst ebenso verdienen wie jene der früheren Zeit. Tatsächlich aber ging die künstlerische Disziplin verloren und eine glanzvolle Dekadenz setzte ein"* (FAGG 1958, 65).

Elefantenstoßzahn mit Reliefschnitzerei, Elfenbein, Benin.
Foto: Staatliches Museum für Völkerkunde, München,
Fotografin: Swantje Aurum-Mulzer

Reliefplatte mit bewaffnetem Heerführer oder Speerträger des Oba, Gelbguss, Benin.
Foto: Staatliches Museum für Völkerkunde München,
Fotografin: Swantje Aurum-Mulzer

Stefan Eisenhofer

Demnach hätten bereits seit 1750 in Benin keine herausragenden Handwerker mehr gewirkt, weshalb die schönsten Stücke mit der technisch anspruchsvollsten Ausführung als vorher entstanden und am ältesten gelten. Diese stilistische Niedergangstheorie bestimmt bis heute die Einschätzung der Benin-Werke (vgl. dazu EISENHOFER 1999).

Diese Verfallstheorie basiert jedoch auf britischer Kriegspropaganda, die die Eroberung Benins im Jahr 1897 flankierte. Den Engländern ging es bei der Eroberung der Stadt Benin in erster Linie um die Sicherung von Handelsinteressen und um die Ausweitung ihrer Machtsphäre. Aber sie rechtfertigten ihre eigenen Bluttaten nur allzu gerne mit Schauergeschichten um Geschehnisse wie etwa Menschenopfern, die im Benin jener Jahre massenhaft stattgefunden haben sollen. Entsprechend wurde die Berichterstattung von Blutigem und Schauderhaftem geprägt. Die Stadt Benin wurde als *„City of Blood"* (BACON 1897) weltbekannt und berüchtigt, der König von Benin wurde als „verabscheuungswürdiger Wilder" und als „Dämon in Menschengestalt" (vgl. COOMBES 1994, 30) denunziert, und Ralph Moor, der britische Vize-Konsul des Protektorats Südnigeria, betonte, dass kein fürchterlicherer Staat irgendwo oder irgendwann jemals existiert habe (vgl. dazu IJOMA 1979, 24). Militärbeamte wie BACON (1897) und BOISRAGON (1897) schilderten Benin und seine Bewohner als barbarisch, wild und entmenschlicht. Sie konstruierten in ihren Schriften das Bild eines unzivilisierten Chaos, das im Gegensatz stand zu den britischen Schiffen und Militärlagern als Häfen der Ordnung und Zivilisation. Diese Auffassungen wurden von der britischen Sensationspresse aufgegriffen, ausgeschmückt und oft mit tendenziös umgearbeiteten Abbildungen garniert, um die Kultur und die Gesellschaft Benins abzuwerten (vgl. COOMBES 1994, 11 ff.).

Diese Sichtweisen wurden massiv irritiert, als klar wurde, dass in diesem „fürchterlichen Staat" so großartige Kunstwerke entstanden waren. Man hatte ja das harte militärische Eingreifen einer kritischen Öffentlichkeit gegenüber damit legitimiert und begründet, dass in Benin City eine „niedere Rasse" gelebt hätte, die „keine Anzeichen von Zivilisation" aufgewiesen habe (vgl. COOMBES 1994, 11, 17). Aber je mehr Bewunderung in der Öffentlichkeit für die Benin-Kunst aufkeimte, desto mehr enstanden Ambivalenzen und Schwierigkeiten, die Zerstörung Benins und seine Einverleibung in das britische Kolonialreich zu rechtfertigen.

Gefordert war daher ein Modell, das den Widerspruch zwischen der großartigen Kunst Benins und der dortigen angeblichen wilden Barbarei aufzulösen vermochte. Es wurde daher das Bild einer hoffnungslos degenerierten Gesellschaft Benins im späten 19. Jahrhundert konstruiert. Entsprechend wurden die großen Kunstwerke Benins damit erklärt, dass eine vor Jahrhunderten hochstehende Zivilisation in diesem Teil Afrikas existiert habe. Diese Zivilisation sei jedoch in den Zustand wilder Barbarei herabgesunken, den nur ein Eingreifen der „zivilisierten Kolonialmacht" beenden konnte. Dabei wurde an einen geläufigen populären Diskurs angeknüpft,

Würdenträger mit Lanze, Gelbguss, Benin, Privatsammlung

der die rassische und kulturelle Unterlegenheit Afrikas zum Gegenstand hatte. Begriffe wie „decay", „deterioration" oder „degradation", also Begriffe im Bedeutungsumfeld von Niedergang, Verfall und Erniedrigung, wurden zu Schlüsselbegriffen für die Rechtfertigung kolonialer Bestrebungen. Entsprechend wurden Vorstellungen von „Degeneration" auch auf die Werke aus Benin und deren Einschätzung übertragen. Berichte von Europäern wie AUCHTERLONIE (1898), die die hohe Meisterschaft von Handwerkern im Benin des 19. Jahrhunderts bezeugten, wurden verschwiegen und ignoriert, während kolonialimperialistische Ansichten von Händlern und Militärs die Auffassungen der Wissenschaftler beeinflussten. Und schließlich führte die Sicht von Benin als einer „verfallenen Zivilisation" auch zur „wissenschaftlich anerkannten" Auffassung, dass kein zeitgenössischer Bewohner Benins zur Produktion von solch qualitätvollen Arbeiten fähig sei und daher vor allem die besten Stücke aus Benin unbedingt mehrere hundert Jahre alt sein müssten. Die Werke aus Benin wurden so zu „Relikten einer ehemals höheren Zivilisation" hochstilisiert, Benin selbst zu einer „verlorenen Zivilisation", deren Blütezeit jahrhundertelang vorbei war (vgl. COOMBES 1994, 26 u. 28).

Das Benin des ausgehenden 19. Jahrhunderts wurde dadurch zwar denunziert, die eigene britische Eroberung aber gerechtfertigt: Denn wo nichts mehr gewesen war, konnte man schließlich ja auch nicht zerstörerisch gewirkt haben. Mit diesem Kunstgriff gelang es, dass trotz der in Benin entdeckten Werke weiterhin europäische rassistische Stereotype bedient, Handelsinteressen gewahrt, militärische Untaten verharmlost und koloniales Ausgreifen legitimiert werden konnten. Zudem wurde das gängige westliche Afrika-Bild dadurch nicht allzu tief berührt.

Gerade die Bewertung und die Einordnung der Werke aus Benin zeigt, dass Wissenschaft nicht wertfrei und neutral im luftleeren Raum stattfindet, sondern von vielfäl-

Leopard, Gelbguss, Benin, Privatsammlung.
Der Leopard, das wichtigste Symbol von Macht in Benin.

Stefan Eisenhofer

Reliefplatte mit Oba und zwei
Würdenträgern, Gelbguss, Benin,
Privatsammlung

Hornbläser, Gelbguss, Benin,
Privatsammlung

tigen Interessen gesteuert wird. Es ist an der Zeit, sich die Absichten bewusst zu machen, vor denen bewertet und klassifiziert wurde und wird, um Raum zu schaffen für eine angemessenere Sicht Afrikas, seiner Geschichte, seiner Kunst und seiner Menschen.

Literatur

AUCHTERLONIE, T. B. 1898: The City of Benin – The Country, Customs, and Inhabitants. Transactions of the 6th Annual Report of the Liverpool Geographical Society for the year ending 1897, Vol. 1, 5-16.

BACON, R. 1897: The City of Blood. London 1897.

BOISRAGON, A. 1897: The Benin Massacre. London 1897.

COOMBES, A. 1994: Reinventing Africa – Museums, Material Culture and Popular Imagination. New Haven/London 1994.

CRAHMER, W. 1908: Über den Ursprung der „Beninkunst". Globus 94, 1908, 301-303.

CRAHMER, W. 1909: Über den indo-portugiesischen Ursprung der „Beninkunst". Globus 95, 1909, 345-349; 360-365.

CRAHMER, W. 1910: Zur Frage nach der Entstehung der „Beninkunst". Globus 97, 1910, 78-79.

CURNOW, K. 1983: The Afro-Portuguese Ivories – Classification and Stylistic Analysis of a Hybrid Art Form. Diss. Indiana University 1983.

EISENHOFER, S. 1999: Höfische Elfenbeinschnitzerei im Reich Benin (2. Auflage). München 1999.

FAGG, W. 1958: Die afrikanische Plastik. Köln 1958.

IJOMA, O. 1979: The Benin Empire in the Nineteenth Century. Journal of the Historical Society of Sierra Leone 3, 1979, 15-26.

LUSCHAN, F. v.1898: Alterthümer von Benin. Zeitschrift für Ethnologie 30, 1898, 146-162 + Taf. IV-VI.

LUSCHAN, F. v. 1919: Die Altertümer von Benin. Berlin/Leipzig 1919.

RATZEL, F. 1885: Völkerkunde (2 Bände). Leipzig 1885.

STRUCK, B. 1923: Chronologie der Benin-Altertümer. Zeitschrift für Ethnologie 55, 1923, 113-166.

„Das schwarze Paradies"

Vom Nutzen eines positiven Stereotyps

Peter Martin

Afrikaner wurden in Deutschland nicht immer verteufelt und ausgegrenzt. Es gab Zeiten, in denen sie Vorbildcharakter hatten und höchstes Ansehen genossen. Wie und warum dies unter jeweils ganz bestimmten Umständen geschah, zeigt ein Beispiel aus der jüngeren deutschen Geschichte.

Im Spätsommer des Jahres 1936 kaufte Adolf Hitler drei Werke aus dem sogenannten „Afrikazyklus" des Malers Werner Peiner (1897-1984), darunter ein Triptychon namens „Das schwarze Paradies". Die Bilder zeigten vor dem Hintergrund mythisch überhöhter „afrikanischer" Landschaften heroische Gestalten schwarzer Afrikaner und Afrikanerinnen und wurden in den Amtsräumen des „Führers" aufgehängt (zu Peiner vgl. HESSE 1995). Nachdem Hitler mehr als anderthalb Jahrzehnte lang immer wieder mit aller Schärfe gegen die durch die Einwanderung einiger Afrikaner und anderer Schwarzer seit dem ersten Weltkrieg angeblich drohende „Vernegerung" Deutschlands polemisiert hatte, und nur wenige Monate, bevor die auf sein Geheiß hin organisierten Ausstellungen „entarteter Kunst" (in München) und „entarteter Musik" (in Düsseldorf) eröffnet wurden, in denen es nicht zuletzt auch um die „zersetzenden" „negerischen" Einflüsse auf das „deutsche Kulturschaffen" ging (näheres bei MARTIN 1999), musste ein solcher Schritt verwundern. Viele Parteigenossen und ein Teil der NS-Presse, die in den Bildern eine Verherrlichung der schwarzen Rasse entdeckten und sie damit für unvereinbar mit den nationalsozialistischen Rassegesetzen hielten, artikulierten offen ihr Unverständnis.[1]

Die Führungselite um Hitler wies diese Einwände freilich entschieden zurück. Sie bescheinigte Peiner, dass er Afrika und die dargestellten Schwarzen *„mit deutschen Augen gesehen"* (GÖRING 1938. HESSE 1995, 118 f.), d. h. als Paradebeispiel eines *„rassereinen"*, *„heroischen"* und *„wehrhaften"* Volks dargestellt hätte (HESSE 1995, 117). Peiner selbst, für die Nazis der wohl bedeutendste Maler seiner Zeit, teilte mit, was ihn zu seinen Bildern anregte, nachdem ihm Reichsminister Göring, der ihn besonders protektionierte, 1935 eine mehrmonatige Reise nach Afrika ermöglicht hatte. *„Ostafrika"*, erklärte der Künstler, *„kann von sich sagen, dass es [...] einzig in der Welt dasteht, und Völker (besitzt), deren ritterliche Art und Gesinnung nicht unterging. Ein Märchen ist hier Wirklichkeit geblieben"* (PEINER 1937)[2]. Peiner fühlte sich an die untergegangene Welt der Germanen erinnert und bewunderte namentlich die Massai, für ihn mit *„ihrer reinrassigen Schönheit und Haltung"* (PEINER o. J., 126) der *„Adel der ostafrikanischen Steppe"* (PEINER 1937, 35), dessen *„soldatische Jugend"*

(Peiner 1937, 38) ihn ins Schwärmen brachte: *„Die Gestalten ihrer Jünglinge sind edel wie David von Donatello. Wenn sie mit wehendem Umhang in der Landschaft stehen, und ihre Herden hüten, werden die Meisterwerke griechischer Plastik lebendig. Entschlossen sind die Gesichter ihrer Krieger – ebenmäßig in ihrem Schnitt, mit schmalen Nasen und wohlgeformten Lippen"* (Peiner 1937, 35)[3]. *„So hat denn"*, schrieb der Maler beeindruckt, *„die afrikanische Erde [...] auch Herrenvölker, kriegerische und mächtige Stämme von ehedem,"* die *„mit Verachtung auf den (eigentlichen) Neger herab(blicken) [...]"* und *„nur ihren Stammesgenossen [...] Achtung, Treue und Freundschaft schuldig (sind). Und diese halten sie bis in den Tod. Allen anderen Völkern gegenüber kennen sie keine Moral"* (Peiner 1937, 34 ff.). Für Göring und andere Spitzenfunktionäre im Staat war die aus solcher Anschauung gespeiste Arbeit des Künstlers, die so gut mit ihrem ideologischen Selbstverständnis und ihrem politischen Programm zusammenpasste, *„ein wirklich vaterländischer Einsatz"* (Göring 1938). Der Ankauf der Bilder durch Hitler schien ihnen deshalb nur konsequent.

Die Auseinandersetzung um die „richtige" Anschauung der Bilder Peiners verweist auf eine innere Zerrissenheit der Nazis, die durch ihr innenpolitisches und ihr außenpolitisches Wollen hervorgerufen wurde. Man könnte diesen Sachverhalt als Widerspruch zwischen ihren „national-völkischen" und ihren „imperialen" Tendenzen bezeichnen. Das Bild von Afrika und seinen Bewohnern, das im Hinblick auf diese einander diametral entgegengesetzten Positionen konstruiert wurde, entsprach dem jeweils vertretenen Programm. Es zielte im einen Fall auf die „Reinhaltung des deutschen Bluts" zur Festigung der deutschen „Volksgemeinschaft" und warb im anderen für Verständnis dafür, dass im Zuge der erwarteten bewaffneten Expansion des neuen deutschen Reichs, „an dessen Wesen die Welt genesen" sollte, mehr und mehr auch „Nichtarier" in die angestrebte „germanische Weltordnung" integriert werden sollten.

Werner Peiner: „Das Schwarze Paradies", aus der Afrika-Folge, Aufbewahrungsort unbekannt.
Reproduktion einer Farbabbildung aus der Fotosammlung des Nachlasses Peiners.

Als Innenpolitiker entwarfen die Nationalsozialisten so auf der Grundlage ihrer Blut-und-Boden-Ideologie das abfällige Stereotyp des primitiven und gefährlichen afrikanischen Wilden, der – in Analogie zu den Angehörigen anderer Gruppen verfemter Minderheiten – in seinen wesentlichen physischen und psychischen Eigenschaften ebenso wie mit den ihm zugeschriebenen sozialen Normen das genaue Gegenteil des von ihnen angestrebten „neuen Menschen" war. Als Außenpolitiker scheuten sie sich dagegen nicht, den Traum Hitlers von einer *„heroischen nordischen Jugend"* mit ihren ritterlichen Eigenschaften auch in afrikanischer Einkleidung zu propagieren. Peiner huldigte mit seinen Bildern der Massai und Wahumba, den „afrikanischen Normannen", wie auch andere Nazis sie nannten,[4] einem rassischen Typus, der den nationalsozialistischen Vorstellungen vom unbesiegbaren „Herrenvolk" weitgehend entsprach; und er machte deutlich, dass dem als „nordisch" definierten Ideal nach nationalsozialistischer Lesart nicht nur die „germanischen Stämme" nahekamen, *„sondern auch gewisse, durch ihre körperliche Beschaffenheit und ihre aus Kulturleistungen erkennbare geistig-seelische Eigenart ausgezeichnete nichtgermanische Völker"* (vgl. PERTZ 1939. Das Wort 'Nordisch' hier zitiert nach: HESSE 1995, 116).

Standbild des Heiligen Mauritius, historischer Gipsabguss um 1906. Das Original wurde um 1240 am Magdeburger Dom aufgestellt. Kulturhistorisches Museum Magdeburg, Foto: Jutta Rödling

Wenn sich die Nazis der Afrikaner dergestalt als einer Metapher bedienten, um ihren Ansichten von Staat und Gesellschaft anschaulich Ausdruck zu verleihen, folgten sie damit freilich nicht nur den künstlerischen Leitlinien tonangebender Kunstrichter des Regimes wie etwa Paul Schulze-Naumburg,[5] sondern sie konnten sich überdies auf eine weit in die Vergangenheit zurückreichende Tradition berufen, die sowohl das staatliche Ideal als auch die Angstphantasien der Bevölkerung im deutschen Reich zu Propagandazwecken auf den Körper von Schwarzen projizierte (vgl. MARTIN 2001, 27 ff.). Afrikaner wurden bereits im ausgehenden sogenannten „Mittelalter" gern mit dem Teufel assoziiert, und Mauritius, der oberste Heilige des ersten deutschen Reichs, ist schon im 13. Jahrhundert unter Kaiser Friedrich II. als ritterlicher Held dargestellt worden, für den Historiker Ernst Kantorowicz, der zum Kreis um den von den Nazis sehr geschätzten Dichter Stefan George gehörte, ein bedeutendes Phänomen, weil sich hier *„als ein 'Fremdester' zum erstenmal ein echter Deutscher im Bild zeigte"* und weil sich in diesem Kunstwerk *„jene Möglichkeit offenbart eines zugleich weltweiten und dennoch deutschen Wesens"* (KANTOROWICZ 1973, hier: Hauptband, 76 f.).

Der Umstand, dass das offensichtlich am Ideal der klassischen Antike gebildete elegante Standbild des *Mauritius niger* – gerüstet mit Kettenhemd, Schild und Schwert – im Zusammenhang mit einem Besuch Friedrichs II. um 1240 im Magdeburger Dom aufgestellt wurde, um den von dort aus organisierten Bemühungen um die weitere „Ostkolonisation" Nachdruck zu verleihen (MARTIN 2001, 36), mochte den schwarzen Ritterheiligen in den Augen der nationalsozialistischen Führung gerade in den Monaten nach Peiners Rückkehr aus Afrika besonders aktuell erscheinen lassen. Die innere Festigung der nationalsozialistischen Herrschaft war zu dieser Zeit nach verschiedenen anfänglichen Schwierigkeiten endgültig erreicht und der Aufbau der Wehrmacht als weitgehend abgeschlossen anzusehen, womit sich dem „Dritten Reich" neue Möglichkeiten außenpolitischer Aktivitäten boten. Der „Anschluss" Österreichs und die Besetzung Böhmens und Mährens wurden bereits ins Auge gefasst. Als für den eigenen weiteren Weg geradezu richtungsweisend konnte man vor diesem Hintergrund gut verstehen, dass der schwarze Ritterheilige der Hohenstaufen seinerzeit in Übereinstimmung mit ihrer bewaffneten Missionspolitik einen bevorzugten Standort erhielt, während eine ältere, roh geschnitzte „germanische" Mauritiusfigur, die zuvor hier gestanden hatte, an einen weniger prominenten Platz im Innern des Doms verbannt wurde. Für die Masse der einfacheren Gemüter in der Gefolgschaft der Nazis mag dies eine schockierende Maßnahme gewesen sein; an höherer Stelle begriff man jedoch sehr gut: Der Krieg gegen die Slawen – hatte Kaiser Friedrich den Deutschen offenbar klar machen wollen – sollte die Annexionspolitik der Ottonen an der Elbe vollenden. Sie sollten ihn aber als Teilaspekt eines „weltweiten" Geschehens verstehen lernen, das der Schaffung eines der „Welt verschiedene Zonen" mit ihrem vielfältigen Völkergemisch umfassenden Imperiums mit einem einheitlichen Glaubensbekenntnis (dem Christentum) diente, an dessen Spitze er, der Kaiser stand, dessen Macht bis nach Jerusalem und nach Nordafrika reichte, und der sich selbst als „Weltkaiser" (*Imperator Mundi*) begriff (MARTIN 2001, 36).

Als Peiner nach Afrika aufbrach, durfte er sich jedenfalls durch die aktuelle Lage im Land an die Verhältnisse unter den Hohenstaufen erinnert fühlen. Damals wie jetzt begann man in einem Staat der Deutschen, dessen Führung sich an dem Vorbild antiker Caesaren maß, nach der Weltmacht zu greifen. Und damals wie jetzt traten im Zuge dieser Politik die engeren Belange der Reichsbevölkerung vorübergehend zugunsten weitergesteckterer Aspekte etwas zurück. Afrika spielte dabei zwar für die meisten Nazis einschließlich Hitlers (genau wie früher für Kaiser Friedrich) nicht unbedingt eine zentrale Rolle, wurde aber doch zunehmend wichtiger. Seitdem im Herbst 1936 der baldige Ausbruch des Kriegs immer wahrscheinlicher wurde, waren Planungen zur Übernahme der französischen und britischen Kolonialgebiete in Zentralafrika und zur Bildung des sogenannten „Mittelafrikanischen Reichs" angelaufen, einem zusammenhängenden deutschen Kolonialgebiet, das von Ostafrika in einem geschlossenen Landgürtel bis an die westafrikanische Küste reichen sollte (vgl. KUM'A N'DUMBE III 1980. GIORDANO 1989). Parallel dazu hatte man damit begonnen, die verschiedenen relevanten Wissenschaftsdisziplinen zu einem innerhalb des Hochschulwesens selbstständig verwalteten Bereich „Afrikawissenschaften" zusammenzufassen und (unter Verwendung jetzt sehr geschätzter und dringend gesuchter schwarzer „Sprachgehilfen") namentlich an der „Hansischen Universität" in Hamburg und der Humboldt-Universität in Berlin geeignete Polizeibeamte, Angehörige von Marine und Luftwaffe sowie interessierte Kaufleute auf ihre spätere Verwendung in den Kolonien vorzubereiten (vgl. GERHARDT 1986). Die Bevölkerung wurde währenddessen durch die „Deutsche Afrika-Schau" (1935-1943) auf die erwartete neue „Kolonialherrlichkeit" des Regimes eingestimmt, in der die wenigen noch in Deutschland lebenden ehemaligen afrikanischen „Schutzgenossen" unter der offiziellen Schirmherrschaft der Regierung zusammengefasst wurden, um nach Art der alten Völkerschauen koloniales Leben vorzuführen (vgl. FORGEY 1994). In dieses Bild passte, dass Peiner durch den Generaldirektor der deutschen Shell AG Walter Kruspig in die Regierungskreise eingeführt worden war, der auch die Reise finanzierte (BAUR o. J., 47). Sie führte den Maler in ein Gebiet des „dunklen" Kontinents, das in den strategischen und kolonialpolitischen Überlegungen der Nazis und ihrer Hintermänner aus der Wirtschaft eine bevorzugte Stellung einnahm. Die 13 Bilder des „Afrikazyklus", zu dem die von Hitler erworbenen Gemälde Peiners zu rechnen sind, gehören – ebenso wie sein unter dem Titel „Das Gesicht Afrikas – Eine Reise in 300 Bildern" veröffentlichter und von der Reichsführung hochgelobter Reisebericht – in diesen Zusammenhang.

In der über 800-jährigen Geschichte der deutsch-afrikanischen Begegnung sind die „heroischen Schwarzen" Peiners, die so an einer bestimmten Stelle der nationalsozialistischen Ära nur scheinbar überraschend hinter dem bis dahin vorherrschenden negativen Stereotyp des „schwarzen Wilden" auftauchten, lediglich ein besonders bemerkenswertes Beispiel in einer langen Kette von positiven Darstellungen schwarzer Afrikaner. Wenn die konkreten historischen Umstände es nahelegten und als zweckmäßig erscheinen ließen, haben vor allem die Mächtigen und Reichen Deutschlands selten gezögert, auch Schwarze zum Instrument ihrer politischen und sozialen Artikulation zu machen. Wie im Fall Peiners wurde die Gestalt des exotischen Afrikaners gern herangezogen, wenn Aspekte sichtbar gemacht werden sollten, die über den völkisch-nationalen Rahmen hinauswiesen. Die christliche Mission stilisierte den schwarzen Proselyten zu einem Symbol der alle Menschen vereinenden Universalkirche (*universa Ecclesia Gentium*); Kaiser und Fürsten machten den „Hofmohren" zu einem Sinnbild für ihre bis in ferne Länder reichenden Beziehungen und ihre weitgesteckten territorialen Ansprüche; aufstrebende mächtige Fernhändler haben im Zeitalter der Entdeckungen ihren schwarzen „Burschen" (*satelles aethiops*) benutzt, um auf ihre alle Grenzen überwindenden wirtschaftlichen Aktivitäten hinzuweisen und ihren daraus abgeleiteten neuen Adel zu demonstrieren; in der Aufklärung und in den Zeiten der bürgerlichen Revolutionen galt die Freundschaft

Peter Martin

zu Schwarzen als Beweis einer „weltbürgerlichen" Gesinnung, zu deren Grundlage das Axiom einer monogenetischen Einheit aller Menschen gehörte, und auf deren Fahne neben „Freiheit" auch „Gleichheit" und „Brüderlichkeit" geschrieben stand; nach den bedrückenden Erfahrungen in der repressiven Wilhelminischen Zeit und dem traumatisierenden ersten Weltkrieg der europäischen Nationalstaaten wurde der Schwarze in avangardistischen und liberalen Kreisen von Metropolen wie Paris und Berlin zum Zeichen neuer Freiheiten und einem Emblem der internationalen „Moderne". Es ist dieser vorwärts treibende „internationalistische" Charakter, der dem Schwarzen so lange wesentlich anhaftete, welcher ihn in Gegensatz zu allem Bodenständigen brachte, wo er noch immer dumpfe Ängste beschwor.

Anmerkungen

1 Vgl. BAUR o. J., 58. In einem Gespräch mit dem Hamburger Schriftsteller und Journalisten Eckart Kleßmann bestätigte Peiner, dass die Afrika-Bilder von verschiedenen Kritikern als „undeutsch" angesehen worden waren, bevor Hitler einige der Gemälde kaufte (vgl. KLEßMANN 1973).

2 Andere sahen das seinerzeit ebenso, vgl. LAUBE 1986, 21 ff. (Vorstellungen der Europäer über die Massai).

3 Peiner kannte wahrscheinlich das Buch des englischen Afrikaforschers Joseph Thomson, der 1882 eine Reise in das Land der Massai unternommen hatte. THOMSON (1882, in der Ausg. v. 1885, 366 f.) hatte geschrieben: *„The Masai tribe is divided into clans, some clans having more >blue< blood, and being reckoned of purer breed than others. The most aristocratic of these clans are the Ngyjè-Masai, Mililian, Lyserè, and Leyeto. These have the finest physical development, and are undoubtedly superiour to the others in the shape of the head, the less depressed nose, the thinner lips. Indeed – but for the prominence of the cheek-bones, a tendency to a Mongolian shape and upward slant of the eyes, the chocolate-coloured skin, and the hair with a tendency to become frizzy – they might pass muster as very respectable and commonplace European."*

4 Der Ausdruck „afrikanische Normannen" wurde u. a. auch in einem 1944 von Walter Schatz in Berlin unter dem Titel Soltan Kahigi von Kianja herausgebrachten Kolonialschinken verwendet (vgl. dort S.143).

5 Bei SCHULZE-NAUMBURG 1943, 145, heißt es zum Beispiel: *„Der Künstler wird immer bestrebt sein, ganz besonders die Bilder seiner Sehnsucht sinnfällig zu gestalten. Und diese Sehnsucht richtet sich im Zwange des Erlebens des eigenen Artgesetzes immer auf das Sichtbarmachen des schönen Menschen, schön im Sinne seiner Rasse."*

Literatur

BAUR, O. o. J.: Werner Peiner und die Meisterschule für Malerei in Kronfeld/Eifel. Sonderdruck, o. O., o. J.

FORGEY, E. 1994: Die große Negertrommel der kolonialen Werbung: Die Deutsche Afrika-Schau 1935-1943. Werkstatt Geschichte 9, 1994, Afrika-Europa.

GERHARDT, L. 1986: Das Seminar für Afrikanische Sprachen im Nationalsozialismus. In: H. Meyer-Bahlburg und E. Wolff, Afrikanische Sprachen in Forschung und Lehre. 75 Jahre Afrikanistik in Hamburg (1909-1984). Hamburg 1986.

GIORDANO, R. 1989: Wenn Hitler den Krieg gewonnen hätte. Die Pläne der Nazis nach dem Endsieg. Hamburg 1989.

GÖRING, H. 1938: Rede anlässlich der Eröffnung einer Ausstellung der Werke Peiners im Jahr 1938. Zitiert in: Deutsche Allgemeine Zeitung vom 6. Februar 1938.

HESSE, A. 1995: Malerei des Nationalsozialismus: Der Maler Werner Peiner (1897-1984). Hildesheim-Zürich-New York 1995.

KANTOROWICZ, E. 1927: Kaiser Friedrich II. 2 Bde., Düsseldorf und München 1973 (1. Aufl. 1927).

KLEßMANN, E. 1973: Gespräch mit dem Maler Werner Peiner. Zeit-Magazin Nr. 15, 1973.

KUM'A N'DUMBE, A. 1980: Hitler voulait l'Afrique. Le projet du 3e Reich sur le continent africain. Édition L'Harmattan. Paris 1980.

LAUBE, R. 1986: Maasai-Identität und sozialer Wandel bei den Maasai. Basel 1986.

MARTIN, P. 1993: Schwarze Teufel, edle Mohren. Afrikaner in Geschichte und Bewußtsein der Deutschen, 1. Aufl. Hamburg 1993. 2. Aufl. 2001.

MARTIN, P. 1999: „Kulturpest. Der Kampf der Nazis gegen die negerische Unkultur." In: Mittelweg 36, 8. Jg., Hamburg, Februar/März 1999, 66-77.

PEINER, W. 1937: Das Gesicht Ost-Afrikas. Eine Reise in 300 Bildern. Frankfurt am Main 1937, 11.

PEINER, W. o. J., o. O.: Ein Künstlerleben in Sturm und Stille. O. J., o. O.

SCHATZ, W. 1944: Soltan Kahigi von Kianja. Berlin 1944.

THOMSON, J. o. J.: Through Masai Land. London o. J.

THOMSON, J. 1885: Durch Massai Land. Forschungsreise in Ostafrika. Leipzig 1885.

SCHULZE-NAUMBURG, P. 1937: Nordische Schönheit. Ihr Wunschbild im Leben und in der Kunst. Berlin 1937, 2. Vermehrte Aufl. 1943.

„Jenes eigentliche Afrika…"

Eigen- und Fremdwahrnehmung der Sendboten europäischer Zivilisation*

Henning Melber

„Jenes eigentliche Afrika ist, soweit die Geschichte zurückgeht, für den Zusammenhang mit der übrigen Welt verschlossen geblieben; es ist das in sich gedrungene Goldland, das Kinderland, das jenseits des Tages der selbstbewußten Geschichte in die schwarze Farbe der Nacht gehüllt ist. [...] Der Neger stellt, wie schon gesagt worden ist, den natürlichen Menschen in seiner ganzen Wildheit und Unbändigkeit dar; von aller Ehrfurcht und Sittlichkeit, von dem, was Gefühl heißt, muß man abstrahieren, wenn man ihn richtig auffassen will: es ist nichts an das Menschliche Anklingende in diesem Charakter zu finden."
(aus: G. W. F. Hegel 1970, Philosophie der Geschichte, S. 120 und 122)

Diese Eingangszitate aus den Vorlesungen zur „Philosophie der Geschichte" belegen, dass selbst ein solch herausragender Protagonist der deutschen Geistesgeschichte von neuzeitlicher Relevanz, wie es Georg Wilhelm Friedrich Hegel (1770-1831) zweifelsohne gewesen ist, gegen die dunklen Seiten der Aufklärung – wie sie sich gerade auch im unverhohlenen Rassendünkel des eurozentrischen Herrenmenschentums äußerten – keinesfalls gefeit gewesen ist (vgl. hierzu auch den Beitrag von Hentges). Politisch gewendet schlug sich diese naturrechtliche Sicht in den Schlussabschnitten seiner „Rechtsphilosophie" zum äußeren Staatsrecht nieder. Als *„Bestimmung"* gilt für ihn dort in § 351, *„daß zivilisierte Nationen andere, welche ihnen in den substantiellen Momenten des Staats zurückstehen [...] als Barbaren mit dem Bewußtseyn eines ungleichen Rechts, und deren Selbständigkeit als etwas Formelles betrachten und behandeln"* (Hegel 1968, 318). – Wen wundert es da noch, dass auch die späteren Fortschrittsphilosophien nur in den seltensten Fällen (selbst innerhalb der marxistischen Denkrichtungen) den Kolonialismus prinzipiell verwarfen. Vielmehr brach sich ein „kolonialer Blick" Bahn, der den meisten Perspektiven innewohnte und bis heute in vielerlei Hinsicht auch in durchaus wohlmeinenden Entwicklungs-Einbahnstraßen noch festzustellen ist (vgl. Melber 1992 und 2000).

Die von Hegel nur stellvertretend zum Ausdruck gebrachte Denkweise in Gegensätzen von „wild" und „zivilisiert" transportiert fundamentale Wertigkeiten einer eurozentrischen Weltsicht. In ihrer naturräumlichen Zuordnung sind Oppositionspaare solchen Zuschnitts – wie z. B. Begierde vs. Vernunft, Körper vs. Seele, böse vs. gut, Tiere vs. Menschen, Kinder vs. Erwachsene und Frauen vs. Männer – zugleich Zustandsreduktionen, die dem abstrakten Niveau der evolutionistischen Diskussion seit dem Zeitalter der Aufklärung entsprechen. Solche Dichotomien wurden im Zuge eines Zivilisationsprozesses herausgebildet, *„in dessen Verlauf die inneren und äußeren Formationen des Menschen vollständig neu organisiert werden"* (vgl. TODOROV 1985, 185). Zu ihnen gehören u. a. männliche Beherrschtheit – weibliches Chaos, Kultur – Natur, Wissen – Wahn. *„Immer wirkt in solchen Dichotomien Macht. Die Demarkierungsprozesse setzen das, was als Vernunft sich nicht versteht, als das Inferiore, das in Regie, an die Kandare oder unter Verschluss genommen werden muss"* (BÖHME u. BÖHME 1985, 15 und 17).

Auch Immanuel Kant (1724-1804) – der immerhin solch grundlegend humanistische Schriften wie „Zum Ewigen Frieden" verfasste, die jenseits eines Zeitgeistes Bestand reklamieren können – teilte diesen diskriminierenden Paternalismus. Er, der sein Studierzimmer in Königsberg nur selten verließ, eignete sich die restliche Welt vorwiegend durch Lektüre auch der mannigfaltigen Reiseliteratur an. In seiner „Physischen Geographie" schlägt sich diese Kenntnis in einem Naturdeterminismus nieder, der eine Ausbreitung (Mittel-)Europas auf die übrige Welt auch in Form gezielter Unterwerfungskriege rechtfertigt: *„Der Einwohner des gemäßigten Erdstriches* (gemeint ist Europa, H.M.), *vornehmlich des mittleren Theiles desselben, ist schöner an Körper, arbeitsamer, scherzhafter, gemäßigter in seinen Leidenschaften, verständiger, als irgendeine Gattung der Menschen in der Welt. Daher haben diese Völker zu allen Zeiten die andern belehrt, und durch die Waffen bezwungen"* (KANT 1985, 18).

Diese Phantasien und Projektionen hinsichtlich der Minderwertigkeit außereuropäischer Gesellschaften und derer Menschen enthielten zugleich einen realen Kern an Erkenntnis bezogen auf die Zustände innerhalb der eigenen Gesellschaft als dem Standort des Beobachtenden und Bewertenden. Der disziplinierte Mensch, seiner „natürlichen Ursprünglichkeit" beraubt, wurde ja zu jener Zeit tatsächlich in den sich vollziehenden frühen Industrialisierungsprozessen der sich herausbildenden europäischen (National-)Staaten im Zuge des Übergangs von der höfischen (Feudal-)Gesellschaft zur kapitalistischen (Bürger-)Gesellschaft über Generationen hinweg abgerichtet. Die „Erfindung des anderen" ist so besehen die Kehrseite der „Erfindung des modernen Menschen". So setzt mit dem 17. Jahrhundert ein Prozess ein, in dessen Verlauf die *„Zivilisierten"* das Volk *„nicht mehr riechen"* können: *„Alles, was ihnen wild, schmutzig, gewalttätig oder lüstern erscheint, weisen sie von sich, um solche Versuchungen in sich selbst besser bezwingen zu können"* (MUCHEMBLED 1990, 13, zit. nach WALD-HOFF 1995, 82).

Mit der Ausbreitung Europas auf die übrige Welt findet eine Übertragung dieser Mechanismen der Aus- und Abgrenzung auf als anders wahrgenommene Menschen auch in anderen Regionen der Erde statt. So lässt sich in der Reiseliteratur eine Verschiebung ursprünglich relativ offener, entdeckungsgeschichtlicher Neugierde hin zu stärker wertenden und zuletzt krass rassistischen Deutungsmuster erkennen, die selbst eine gezielte Vernichtung anderer menschlicher Daseinsformen billigend in

Kauf zu nehmen bereit ist, ja nachgerade als zivilisatorische Notwendigkeit begreift. *„Die auf zugleich Machtschwächere gelenkten Aggressionen der 'Zivilisierten' gegen ihr eigenes Disziplinierungsschicksal"*, so WALDHOFF (1995, 82) in seinen Studien zur Verarbeitung von Fremdheitsgefühlen, *„begleitet diese blinde Fremdheitsproduktion von nun an wie ein Schatten. Die zivilisatorisch Ausgegrenzten tragen den wissenschaftlich weniger beleuchteten Anteil an den Kosten des Zivilisierungsprozesses."*

So spiegelte das Zeitalter der Aufklärung als Wegbereiter von Kolonialismus und Imperialismus auch gravierende Auswirkungen und Konsequenzen hinsichtlich der binnengesellschaftlichen Sozialisationsprozesse in Europa wider, in deren Verlauf sich die Trennung zwischen innerer und äußerer Natur verfestigt. MEYER verdeutlicht die Analogie zwischen staatlichen Erziehungsmaßnahmen innerhalb Europas und dem kolonialem Denken. In einer Beschreibung illustriert er die staatliche Kontrolle des städtischen „Pöbels" in Paris Mitte des 19. Jahrhunderts folgendermaßen: *„[...] das ganze Unternehmen hat die Dimension eines Kolonialkrieges"* (MEYER 1981, 16). Menschen wurden zu Bürgern und Produktivkräften gemäß der neuen wirtschaftlichen Maxime und den damit korrespondierenden sozialen wie individuellen Werten und Normen erzogen. Die Verinnerlichung entsprechender Werte trug dem Erfordernis der neu entstehenden ökonomischen, sozialen und politischen Ordnung Rechnung. Neue Persönlichkeitsmerkmale und Charaktereigenschaften wurden geschaffen und verfestigt, die sich als dominante soziale Normen etablierten. Anders ausgedrückt: Menschen wurden in Aussonderungs- und Integrationsprozessen abgerichtet und eingepasst.

Zu dem über Generationen hinweg erworbenen Ensemble an Verhaltensweisen gehörten (Arbeits-)Tugenden wie Ordnung, Fleiß und Pünktlichkeit als Ausdruck tiefgreifender Affektkontrolle. Während Norbert ELIAS (1976) mit dem *Prozess der Zivilisation"* eher eine (Selbst-)Abrichtung der Menschen im individuell-informellen Sinne beschreibt, versucht der Begriff der „Sozialdisziplinierung" den herrschaftlichen Aspekt auch stärker im formellen, institutionalisierten Sinne bürokratischer Instanzen zu betonen. Beide Begrifflichkeiten aber haben ihre Wurzeln im Werk Max Webers und kennzeichnen Prozesse der Rationalisierung, Disziplinierung und Moralisierung (vgl. BUCHHOLZ 1991, 134).

Am Beispiel der Esskulturen lässt sich die Herausbildung der „Ordnung der Dinge" veranschaulichen. Ursprünglich als Selbstbeherrschungstheorien der Renaissance und des Absolutismus durch die Pädagogik popularisiert, breitet sich die reglementierte Ernährungsweise allmählich auch über die höfische Gesellschaft hinausgehend auf das Bürgertum aus: *„Für das sich herausbildende bürgerliche Individuum zu Beginn der Industrialisierung wird der Verzicht, der Aufschub, die Möglichkeit, sich an die gegebenen Ressourcen anzupassen [...] konstitutiv. Diese Tugenden [...] tragen auch durch Kontrolle und Selbstbeherrschung zur Stabilität des bürgerlichen Ichs bei. Eine Stabilität allerdings, die in dem Maße labil sein muss, in dem Affekte kontrolliert und Triebe verschoben wer-*

den müssen" (KLEINSPEHN 1987, 282). – Ähnliches gilt natürlich mindestens ebenso sehr für den Bereich der Sexualität und den mit Tabuisierungsprozessen einhergehenden Kanon an Tugenden und moralischen Regeln. Deren explosives Potenzial wurde nicht nur durch Sigmund Freud tiefenpsychologisch erkundet, sondern in seiner Bedeutung für die Ursprünge totalitärer Herrschaft im frühen 20. Jahrhundert in den Studien von REICH (1974) und THEWELEIT (1980) ausführlich dargestellt.

Es ist zweifellos das besondere Verdienst der Kritischen Theorie (insb. HORKHEIMER, ADORNO 1968), das Augenmerk auf den Aspekt von Naturbeherrschung als Beherrschung von äußerer und innerer Natur gerichtet zu haben. Denn die allmähliche Ausbreitung der (industrie-)kapitalistischen Produktion benötigte und beförderte ein Ensemble von Arbeitstugenden und verinnerlichten Persönlichkeitsmerkmalen, die sowohl Triebverdrängung und Beherrschung der inneren Natur, Selbstkontrolle und Eigen- wie auch Fremddisziplinierung des Menschen erforderlich machten. Dieser sich über Jahrhunderte erstreckende Prozess findet sich in Begrifflichkeiten wie „Affektmodellierung" (Norbert Elias) oder „Disziplinargesellschaft" (Michel Foucault; vgl. BREUER 1987 sowie VAN KRIEKEN 1991) zutreffend charakterisiert.

Der Fortschritts- und Entwicklungsbegriff, wie er durch die Rationalität der Aufklärung als Ausdruck des gesellschaftlichen Wandels mit dem Anspruch auf universelle Geltung versehen geprägt wurde, resultierte in einer qualitativ neuen Kosmologie. Sie verknüpfte die räumliche Distanz zu anderen Formen gesellschaftlicher Lebens- und Organisationsweise mit einer zeitlichen Distanz. Die ab Mitte des 18. Jahrhunderts entstehende „Verzeitlichung des räumlichen Nebeneinanders" (vgl. KOSELLECK 1985) produzierte eine „Dynamik der Negation". Damit wird der zielorientierte Außenbezug hergestellt, der für den neuzeitlichen Rassismus des eurozentrischen Zivilisationsmodells von zentraler Bedeutung ist. So werden seither den noch immer vorherrschenden Modellen menschlicher Entwicklung „territoriale Vorstellungen" zugeschrieben: *„Völker, wie auch einzelne Individuen, werden als politische Räume gedacht, als Territorien, die es zu erobern und zu besetzen, zu erforschen und zu missionieren gilt"* (GSTETTNER 1981, 8).

Die universelle Hierarchie des sich ausdehnenden Weltmarkts, der im Laufe des späten 19. Jahrhunderts nahezu vollständig herausgebildet war, ging mit einem tief verwurzelten kulturimperialistischen Weltbild einher: Kultur als spätes Entwicklungsprodukt wurde nur in Verbindung mit „höher entwickelten intellektuellen Fähigkeiten" eines (Bildungs-)Bürgertums begriffen, das sich als höchste menschliche Entwicklungsstufe versteht. *„Von diesem Standpunkt aus"*, so KNAPP (1984, 274), *„können die anderen Völker und Kulturen als zurückgeblieben, als 'Naturvölker', als 'primitiv' und 'unkultiviert' angesehen und dementsprechend behandelt werden"*.

Die „zivilisatorische Mission" legitimierte sich damit als parallele Aufgabe zur Fürsorge- und Erziehungspflicht in der jeweils eigenen Herkunftsgesellschaft, denn *„was lag näher als die Annahme, daß Menschen, die das Kindheits- oder Jugendstadium der*

Kulturgeschichte verkörperten, selbst 'kindlich' seien oder von ihren 'Eltern' eben wie Kinder behandelt werden müßten?" (HOBSBAWM 1980, 335). An „Fürsorgepflicht verantwortlicher Eltern" hingegen, um in diesem Bilde zu bleiben, mangelte es des Öfteren. Verweigerten sich die Objekte und Mündel der ihnen von den europäischen Sendboten der Zivilisation zugedachten Bestimmung, so bezahlten sie diese Resistenz häufig mit der Ausmerzung ihrer Existenz. Dies gipfelte in Feldzügen mit Ausrottungscharakter (vgl. LINDQVIST 1999) als Disziplinierungsmaßnahme bis zum Tod. Hier zeichnete sich besonders in den deutschen Kolonialkriegen im östlichen und südwestlichen Afrika zu Beginn des 20. Jahrhunderts eine Frühform totalitärer, auf dem Rassengedanken gründender Herrschaft als Vorwegnahme ähnlicher Prozesse im eigenen Land unter der nationalsozialistischen Diktatur ab, wie ARENDT (1975) offenlegt.

„Jenes eigentliche Afrika", dessen Darstellung und Bewertung gemäß der hier dargelegten Erklärungsansätze als zweifelhafte Zivilisationsperspektive mit dem kolonialen Blick identisch war, entsprang in erster Linie der (mittel-)europäischen Eigenwahrnehmung. Die Beschreibung „jenes eigentlichen Afrikas" verrät so am meisten über die Berichtenden selbst, deren Blickwinkel geprägt und geleitet ist von ihrem Selbstverständnis. *„Der Weg aus der Finsternis hinaus"*, so KOEBNER (1987, 264) über den Kontext exotischer Abenteuerromane, *„führt wohl in die Wildnis [...] im Menschen selbst. Und dort erwartet uns am Ende nicht der Schimmer fern lächelnder Gestade, [...] sondern das Grauen des Tieres in uns, das Grauen der Urzeit: the horror."*

Anmerkungen

* Zur Erinnerung an Gottfried Mergner, der bis zu seinem frühen Tod 1999 an der Universität Oldenburg lehrte und sich – nicht nur, aber auch in Form ähnlicher Texte – stets gegen „Schwarzweißheiten" engagierte und zur Wehr setzte.

Literatur

ARENDT, H. 1975: Elemente und Ursprünge totaler Herrschaft. 3 Bände. Frankfurt/Main 1975.

BÖHME, H., BÖHME, G. 1985: Das Andere der Vernunft. Zur Entwicklung von Rationalitätsstrukturen am Beispiel Kants. Frankfurt/Main 1985.

BREUER, S. 1987: Foucaults Theorie der Disziplinargesellschaft. Eine Zwischenbilanz. In: Leviathan 15, 1987, 319-337.

BUCHHOLZ, W. 1991: Anfänge der Sozialdisziplinierung im Mittelalter. Die Reichsstadt Nürnberg als Beispiel. Zeitschrift für Historische Forschung 18, 1991/2, 129-147.

ELIAS, N. 1976: Über den Prozeß der Zivilisation. 2 Bände. Frankfurt/Main 1976.

GSTETTNER, P. 1981: Die Eroberung des Kindes durch die Wissenschaft. Aus der Geschichte der Disziplinierung. Reinbek 1981.

HEGEL, G. W. F. 1968: Studienausgabe in drei Bänden. Band 2. Grundlinien der Philosophie des Rechts oder Naturrecht und Staatswissenschaft im Grundrisse. Frankfurt/Main 1968.

Tabakmohr als stummer Diener, Zinkguss, Museum Bünde - Deutsches Tabak- und Zigarrenmuseum in Bünde
Die puttenartige Gestalt spielt auf das gemutmaßte kindliche Gemüt der Afrikaner an, das nicht mündig zu werden vermag.

HEGEL, G. W. F. 1970: Philosophie der Geschichte. Werke in zwanzig Bänden. Band 12. Frankfurt/Main 1970.

HOBSBAWM, E. 1980: Die Blütezeit des Kapitals. Eine Kulturgeschichte der Jahre 1848-1875. Frankfurt/Main 1980.

HORKHEIMER, M., ADORNO, T. W. 1968: Dialektik der Aufklärung. Philosophische Fragmente. Amsterdam 1968.

KANT, I. 1985: Immanuel Kant's physische Geographie. Zweyter Band. Königsberg 1802. In: I. Kant, E. Henscheid, Der Neger (Negerl). Frankfurt/Main 1985, 9-33.

KLEINSPEHN, T. 1987: Warum sind wir so unersättlich? Über den Bedeutungswandel des Essens. Frankfurt/Main 1987.

KNAPP, G. 1984: Naturgeschichtliche Auffassung von Kultur bei Darwin und Haeckel. In: H. Brackert, F. Wefelmeyer (Hrsg.), Naturplan und Verfallskritik. Zu Begriff und Geschichte der Kultur. Frankfurt/Main 1984, 250-288.

KOEBNER, T. 1987: Geheimnisse der Wildnis. Zivilisationskritik und Naturexotik im Abenteuerroman. In: T. Koebner, G. Pickerodt (Hrsg.), Die andere Welt. Studien zum Exotismus. Frankfurt/Main 1987, 240-266.

KOSELLECK, R. 1985: Vergangene Zukunft. Zur Semantik geschichtlicher Zeiten. Frankfurt/Main 1985.

LINDQVIST, S. 1999: Durch das Herz der Finsternis. Ein Afrika-Reisender auf den Spuren des europäischen Völkermords. Frankfurt/Main und New York 1999.

MELBER, H. 1992: Der Weißheit letzter Schluss. Rassismus und kolonialer Blick. Frankfurt/Main 1992.

MELBER, H. 2000: Rassismus und eurozentrisches Zivilisationsmodell. In: N. Räthzel (Hrsg.), Theorien über Rassismus. Hamburg 2000, 131-163 (urspr. 1989).

MEYER, P. 1981: Das Kind und die Staatsräson oder die Verstaatlichung der Familie. Ein historisch-soziologischer Essay. Reinbek 1981.

MUCHEMBLED, R. 1990: Die Erfindung des modernen Menschen. Gefühlsdifferenzierung und kollektive Verhaltensweisen im Zeitalter des Absolutismus. Reinbek 1990.

REICH, W. 1974: Die Massenpsychologie des Faschismus. Frankfurt/Main 1974.

THEWELEIT, K. 1980: Männerphantasien. 2 Bände. Reinbek 1980.

TODOROV, T. 1985: Die Eroberung Amerikas. Das Problem des Anderen. Frankfurt/Main 1985.

VAN KRIEKEN, R. 1991: Die Organisierung der Seele. Elias und Foucault über Disziplin und das Selbst. Prokla 85, 1991, 602-619.

WALDHOFF, H.-P. 1995: Fremde und Zivilisierung. Wissenssoziologische Studien über das Verarbeiten von Gefühlen der Fremdheit. Frankfurt/Main 1995.

Dauerangriff auf die Bastion des Müßiggangs
Vom merkwürdigen Drang der Weißen, den Afrikanern das Arbeiten beizubringen

Reimer Gronemeyer, Guido Zakrzewski

Seit geraumer Zeit hört man wieder Stimmen wie – so scheint es – aus vergangenen Jahrhunderten, die behaupten, die Arbeitsgesellschaft Afrikas stehe einer besseren, schnelleren Wirtschaftsentwicklung in den Ländern Afrikas gegenüber, nein, eine Arbeitsgesellschaft sei dort überhaupt nicht zu etablieren, schon gar nicht nach westlichem Muster. Man müsse also dort hilfreich eingreifen, dann werde es schon werden. Dieses hilfreiche Eingreifen, heute als Hilfe zur Selbsthilfe deklariert, hat seit der Kolonialzeit eine traurige Tradition. Obgleich die Art und Weise der „Hilfe" eine andere Qualität hatte, ist der Anlass ähnlich, die Zielgruppe austauschbar und der Zweck der Übung bis heute der Gleiche geblieben: Der Afrikaner muss lernen, zu arbeiten und die Arbeit als höchstes Ideal überhaupt zu begreifen. Dann wird Wohlstand und Reichtum auch Afrika beglücken. „Making the lazy nigger work"[1] war die Botschaft, die in der Kolonialzeit auf der Fahne des weißen Sturmkommandos auf die traditionalistische Bastion Afrika eingebrannt war. Das Austreiben des schwarzen Müßiggangs und die Umerziehung zur modernen, westlich-kapitalistischen Arbeitsgesellschaft in Afrika sind aber auch heute immer wieder zwischen den Zeilen als Ziel von Hilfsanstrengungen herauszulesen. Für die Afrikaner aber gilt im Kern stets, die von den Weißen gezogene Ziellinie der Wirtschaftlichkeit zu erreichen – und zwar mit dem Rüstzeug der Weißen. Der mangelnde Erfolg des westlichen Systems, so die Behauptung, gründe auf der falschen Einstellung der Afrikaner.

Nach wie vor halten sich die Europäer und vor allem die US-Amerikaner für die Erfinder der Arbeit und nicht selten auch für den Nabel der Welt. Der Mythos des faulen Negers, heute noch genauso im Gebrauch wie vor 100 Jahren, hat noch lange nicht ausgedient. Der 1889 geborene Leslie Benjamin Fereday, von 1934-37 Bürgermeister von Salisbury, schrieb: *„Sehen Sie, die Afrikaner waren immer lethargisch, niemals bemüht, voranzukommen und ehrgeizig zu sein. Sie hatten keinen nennenswerten Ehrgeiz damals. [...] Wissen Sie, der Mashona-Afrikaner war allgemein als faul bekannt"*.[2] Die Weißen maßten sich an, schulmeisterlich über die Afrikaner zu urteilen, als wären es Kinder, obwohl sie selber vieles nicht besser können. Dazu gesellt sich dann stets ein mehr oder weniger großer Schuss Überlegenheitsempfinden. Im Laufe der Zeit kamen dann zu den Adjektiven wie „faul" und „unzuverlässig" noch „verlogen", „diebisch" oder „selbstsüchtig" hinzu. Cecil Rhodes´ Zitat, wie etwa *„Es ist unsere heilige Pflicht [...] diese Kinder aus Faulheit und Müßiggang herauszuholen"*, kennzeichnet eine Sicht der Dinge, die sich in nicht wenigen Köpfen der Gegenwart eingelagert hat und im Grunde das Verhaltensprinzip gegenüber den Afrikanern verdeutlicht. Diese „heilige Pflicht" scheinen Entwicklungshelfer noch heute allenthalben zu spüren, wenn sie sich, selbstaufgebend, hemdsärmelig und uneigennützig, für das Wohl der Afrikaner aufopfern.

Immer wieder ist es der weiße Mann, der dem Afrikaner zu Seelenheil und Glück mittels Arbeit verhelfen will. Der Grund ist klar: Als Erfinder der standardisierten und mechanischen Lohnarbeit halten sich die Weißen schon seit dem 18. Jahrhundert für Lehrmeister in Sachen Ökonomie und Wohlstand.

Ignoriert wird dabei so ziemlich die gesamte Geschichte – auch die Wirtschaftsgeschichte – des schwarzen Kontinents, dessen Menschen offenkundig auch in widrigsten Umständen der Natur und anderer Unbill jahrtausendelang trotzten und zahlreiche kulturelle und wirtschaftliche Höchstleistungen ihr Eigen nennen. Und das ganz ohne die Hilfe der Weißen.

Zwar war die afrikanische Arbeitsgesellschaft sicher auch kein Garten Eden. Doch schienen die Menschen ihr Tagwerk frei zu verrichten, ohne Mühe dabei zu haben, glaubt man den Berichten von Forschern und Abenteurern aus dem 18. und 19. Jahrhundert. Durch die Einführung von Arbeit als Lebenszweck wurde so nicht nur die tägliche Lebenswelt völlig umgekrempelt, sondern vor allem aus Dorfbewohnern, Bauern und Handwerkern ein Heer von Arbeitslosen produziert. Fortan erschien nämlich alles Tun als nutzlos und überflüssig, was bis dahin den Tagesablauf bestimmte, sich aber nicht in die nach europäischer Vorstellung geschnittene Form der Arbeit gießen ließ.

Das Ansehen der Afrikaner war in den Augen der Europäer ohnehin nicht sehr hoch – schon gar nicht hinsichtlich der Arbeitsamkeit. Aus Sicht der Kolonialherren fehlte ihnen so ziemlich alles, was man eben als Weißer so an Voraussetzungen für Wohlstand und Erfolg mitbringt. Schon in der offiziellen Ausdrucksweise im Deutschen Reich um die Jahrhundertwende waren die Afrikaner in den Kolonien allerhöchstens untergeordnetes „Arbeitsmaterial". Bestenfalls durften die Afrikaner als „tapfere Askari" in den Reihen kaiserlicher Schutztruppen ihren Kopf hinhalten, Schokoladentafeln mit ihrem Konterfei zieren oder wurden als Boys zu Frondiensten eingesetzt. Höchstens als Dienstpersonal oder Kindermädchen wurde den Afrikanern eine Art von Anerkennung zuteil, stets kam kein Zweifel daran auf, dass die weiße Rasse die überlegenere sei. Wo es unausweichlich war und tatsächlich für die Aufrechterhaltung und Steigerung der Produktion Arbeitskräfte notwendig waren, dort mussten die Afrikaner herhalten. Die Afrikaner schienen den Weißen aber zunächst nur begrenzt zur Arbeit geeignet, da sie eben aufgrund gemutmaßter psychologischer Defizite, religiöser Fehlhaltungen und mangelnder Einstellung grundsätzlich als unfähig galten, gut zu arbeiten. Pater Richartz schrieb 1902: *„Neben der notorischen Faulheit der Eingeborenen, die durch ihre Eltern gefördert wird, ist es die Unbeweglich-*

Kaloderma Rasierseife,
Reklameplakat von
Ludwig Hohlwein (1874-1949),
Sammlung Peter Weiss, Hamburg
Das koloniale Verhältnis zeigt sich
besonders in der Art der Dienst-
leistung, die Afrikaner für die
Kolonialherren verrichten mussten.

keit der Eingeborenen [...] und überhaupt eine mangelnde Bereitschaft, anderen zu helfen (ein besonders übler Zug des Eingeborenencharakters), die den Eingeborenen daran hindern, willig und kontinuierlich zu arbeiten.* Durch den fehlenden Willen und den Ehrgeiz seien sie höchstens für körperliche Arbeit und für einfachere Tätigkeiten zu gebrauchen. Genau für diesen Zweck wurden die Afrikaner „ausgebildet" und „zivilisiert". Und genau das reichte den Kolonialherren auch völlig aus. Ein Regierungsbeauftragter der Ostregion Rhodesiens beschrieb das im Jahr 1911 so: *„Tatsächlich sollte Erziehung dazu beitragen, die Lebensbedingungen des Eingeborenen in seinem Kraal zu verbessern, nicht aber, ihn zum Konkurrenten für weiße Handwerker anzuheben oder ihn unzufrieden zu machen mit seiner jetzigen Berufung zum ungelernten oder angelernten Arbeiter".*

Viel hat sich an der Einstellung gegenüber den Afrikanern nicht verändert. Noch immer sind es die vermeintlich bemitleidenswerten, hilfsbedürftigen Menschen, denen zur Arbeit zu verhelfen des weißen Mannes vornehmste Pflicht ist. Der Arbeitsstandard und die Arbeitsweise, die die Weißen mitbrachten, hat bis heute die traditionelle Ökonomie Afrikas unwiederbringlich zerstört und wird, nun von Experten und Wissenschaftlern, als Heil einer blühenden Zukunft weiter gepredigt.

Die Ankunft der Arbeit: Europäisches Arbeitsethos als Exportschlager?

Die Europäer hatten bei ihrer Ankunft in ihrem Handgepäck auch das Arbeitsethos Europas mitgeschleppt und waren mit voller Wucht gegen die Bastion des afrikanischen Müßigganges geprallt. Nicht eben zimperlich war deshalb die Vorgehensweise der selbsternannten Herren und Bringer von Zivilisation und Moderne mit den scheinbar arbeitsunwilligen, vor sich hinlebenden und nicht an Arbeit gewöhnten Schwarzen. Wie konnten diese nur einen Tag redend, singend und tanzend verbringen, ohne den Schweiß eines harten Werktages im Gesicht zu tragen? Wieso konnten Menschen so genügsam sein und nicht nach Arbeit streben?

Es schien den Kolonisten unerträglich zu sein, dass Menschen einen Tag ohne Arbeit verbringen können. Eine Gesellschaft, die anscheinend nicht mehr hervorgebracht hatte als vermeintlich primitive, archaische Lebens- und Arbeitsweisen, müsse doch zum Scheitern verurteilt sein. Das musste sich ändern. Genauso wie in Europa mussten die Afrikaner zur Arbeit verdammt werden – und auf die gleiche, qualvolle Weise.

Die Afrikaner kannten die Arbeit europäischer Art nicht. Sie wurden daher gezwungen, die Ideale der europäischen Arbeitsgesellschaft und der sogenannten „Zivilisation" zu erlernen. Beinahe mitleidig und scherzhaft äußerten sich Oberhäupter afrikanischer Völkerschaften über die ersten arbeitsamen Missionare, die scheinbar nur durch eigene Qual und ständiges Tun glücklich sein konnten. In Afrika war Arbeit im europäischen Sinn schlicht unbekannt, da unnötig. Tatsache ist, dass die Arbeitsgesellschaft, die die Europäer bei ihrer Ankunft antrafen, weder ausschließlich aus Jägern und Sammlern, noch aus nichtsnutzigen Faulenzern bestand. Bauern, Handwerker, Händler und andere Bewohner charakterisierten das Treiben auf dem schwarzen Kontinent. Im Gegensatz zu den Weißen aber war die Arbeit stets Mittel zum Zweck der Ernährung, nicht aber Lebenszweck mit dem Ziel der Konsummaximierung. Im Jahr 1854 gab der Missionar Robert Moffat (1795-1883) in einem Brief an seine Frau ein freundschaftliches Gespräch mit dem damaligen König des Matabelelandes, Mzilikazi, über die unterschiedlichen Ansichten von Arbeit wieder: *„Er äußerte seine Verwunderung darüber, wie ich den ganzen Tag arbeiten könne und warum ich nicht die Arbeit drei- oder viermal unterbrechen könne, um zu essen, obwohl er mich darum gebeten hätte. Er sagte: Du mußt entweder schreiben oder lesen, oder arbeiten, oder herumlaufen, oder reden. Als ich ihm erzählte, daß ich nicht müßig sein könne und daß alle Engländer so wären, ja daß sie von Kindesbeinen an so erzogen würden, meinte er, daß, wenn er nach England gehen würde und er sich seine Arbeit auswählen könne, er sich für das Viehhüten entscheiden würde; schließlich sei er außerstande, immer zu arbeiten".*
Diese Front aus Faulheit und Glückseligkeit galt es den Europäern zu zerbrechen. So ist die Ankunft der Weißen und ihrer Arbeit auch eine Geschichte der Gewalt, Peinigung und Unterdrückung. Die Versuche der Umerziehung und Gängelung der „faulen Neger" waren und sind vielfältig. Beim Kreuzzug gegen den Müßiggang werden niemals bestehende Strukturen analysiert, geschweige denn berücksichtigt oder akzeptiert.

Als beinah gottgewollte Aufgabe betrachteten die Weißen die Erziehung zur Arbeit und die gleichzeitige Missionierung der Afrikaner. Dass dabei die Afrikaner zwar zur Arbeit, aber noch lange nicht zum selbständigen Denken herangezogen werden sollten, war selbst bei Missionaren die Vorgabe. Erst einmal mühevoll zur Arbeit getrieben, so die Hoffnung, werde mit zunehmender Indoktrinierung europäischer Tugenden, Moralvorstellungen, Glaubensrichtungen und Werten die Arbeit, wie auch von den Europäern selbst, als selbstverständlicher und zentraler Bestandteil des

Lebens anerkannt. Die oberste Pflicht der Kolonialherren war es daher, die Afrikaner zur Arbeit zu bewegen. Sie sollten lernen, zu arbeiten und Geld zu verdienen. Dass diese aber nach jahrtausendealten Traditionen der Subsistenzwirtschaft sehr zufrieden lebten, war den Weißen offenbar entgangen.

Die Geschichte der Arbeit in Afrika ist auch eine Geschichte gescheiterter Versuche der „Zivilisierung", des Gefügigmachens, der Umerziehung und der Kapitalisierung der Menschen. Arbeit als Lebenselexier, als Element des Glücks und als Ziel allen menschlichen Daseins und Strebens den Afrikanern beizubringen, war die erklärte Aufgabe der Weißen. Dabei sollten die „Eingeborenen" nur soviel „zivilisiert" werden, wie es eben gerade zur Arbeit nötig war. Sie wurden allerdings nicht gefragt, wieso sie andere Regeln und Arbeitsweisen hatten. Selbstverständlich war, dass die „Eingeborenen" hilfsbedürftig sind. Um ihnen zu „helfen", wurden sie zur arbeitenden Bevölkerung transformiert, wo es nur ging. Der Mensch als verfügbare Arbeitsmasse, knetbar und formbar: Das ist die Art und Weise, wie mit den Afrikanern verfahren wurde. Die Apartheid stellte bekanntermaßen den traurigen Höhepunkt dieser Entwicklung dar: Die Afrikaner arbeiten als Hilfskräfte und Dienstboten mit dem einzigen Zweck, den Weißen zur Verfügung zu stehen. Gemeinsame Arbeit ist erlaubt, gemeinsames Leben aber nicht.

Die Methoden der Umerziehung zur Arbeit waren vielfältig. Sie reichten von der erzwungenen Migration der Wanderarbeiter zu den Minen und Farmen über die angesprochene Steuererhebung und Wegnahme des Bodens über schulische Maßnahmen und die Einrichtung von Compounds, die zur Fabrik gehörenden Arbeiterunterkünfte, bis hin zu Folter und Peitsche. Letztlich war nicht beabsichtigt, eine Veränderung im Denken zu erreichen, sondern eine schlichte Disziplinierung durchzuführen und die Afrikaner in einen Arbeitsmensch europäischen Zuschnitts umzuwandeln.

Von Beginn an wurden auch sehr strenge Maßnahmen eingesetzt, die die Afrikaner zur Arbeit zwangen. Frondienste; Hilfstätigkeiten und schwere körperliche Schuftereien waren das Arbeitsideal, zu dem sie nun gezwungen wurden. Versuche, durch Appelle, Sonderzahlungen oder anderweitige Anwerbekampagnen die Afrikaner buchstäblich von den Feldern zu holen, um sie zu stupiden und gleichförmigen Arbeiten einzusetzen, scheiterten meist kläglich, weil die Afrikaner keinen Sinn darin sahen, für die Weißen zu verdienen, solange sie zum Beispiel Einkünfte erzielten, indem sie selbst angebaute Nahrungsmittel an die Kolonisten verkauften.

Die Kontrolle und Disziplinierung zur Arbeit aber war selbst dann schwierig, wenn die Afrikaner sklavenähnliche Tätigkeiten ausübten. Dass das aber nicht an Freiheitsdrang, Faulheit oder Muße, sondern an kulturellen, religiösen und gesellschaftlichen Unterschieden lag, schienen die Weißen weder zu reflektieren noch zu verstehen. Anfangs griff man noch auf Freiwillige zurück, doch diese reichten bei weitem nicht aus, um den unersättlichen Bedarf der Kolonialherren nach Arbeitskräften zu stillen.

Spätestens dann wurde die hässliche Fratze der Weißen deutlich, wenn Kontingente an Dorfbewohnern den Weißen zur Arbeit abgestellt werden mussten. Allerdings war der Arbeitszwang nur in gewissen Grenzen möglich, da die weißen Herren in hohem Maße für die Plünderung der Minen, dem Raubbau der Erde in ihren Farmen und für allerlei andere Dienste massenweise schwarze und billige Arbeitskräfte brauchten. Diejenigen, die noch immer nicht arbeiteten, wurden später zu Arbeitseinsätzen weit abseits ihrer Heimatorte gezwungen. Oft war der Trennungsschmerz von den Familien schlimmer als die Qualen der Arbeit. Viele starben in Lagern oder den Compounds. Zahlreiche Afrikaner wurden in Arbeitshäuser, die Compounds, eingepfercht – meilenweit von ihrer Heimat entfernt. Durch die Arbeitsmigration wurden traditionelle Familien- und Dorfgefüge zerstört, wenngleich die Zerstörung der afrikanischen Großfamilie bis heute nicht gelungen ist.

Allerdings war der Arbeitszwang nur in gewissen Grenzen möglich. Um die breite Masse der Afrikaner zur Arbeit zu bringen, musste hingegen eher ein „Anreiz" geschaffen werden. Aber wie konnte das geschehen? Die Einführung der Kopf- und Hüttensteuer in den britischen Kolonien schien die adäquate Lösung. Dadurch führten die Kolonialherren nicht nur Geld als Zahlungsmittel ein, die Afrikaner mussten nun vor allem, statt subsistent zu wirtschaften und ihren Chiefs und Clans etwas von ihrer Ernte und ihren Erträgen abzugeben, einen Überschuss erwirtschaften und arbeiten, um Geld zu verdienen. Das bedeutete, dass sie weißer Arbeit nachgehen mussten, um die Steuer des weißen Mannes ableisten zu können. Vor allem aber wurde ihre eigentliche Arbeit als Bauer oder Handwerker nicht mit dem weißen Geld entlohnt, was zusätzlich zu Streit um die Tätigkeiten führte, die das nun begehrte Geld einbrachten. Gleichzeitig verdrängte der Bereich der monetarisierten und modernen Wirtschaft immer mehr die traditionellen Tätigkeiten. Es lohnte sich eben immer weniger oder wurde gar verboten, noch auf traditionelle Weise Einkünfte zu erzielen, wenn es doch für andere Arbeiten bare Münze gab. Auf diese Weise wurde nicht nur das weiße Wirtschafts- und Finanzsystem den Afrikanern eingebläut. Kenntnisse und Fähigkeiten, z. B. im Umgang mit dem kargen Land, verschwanden im Laufe der Jahre – bis heute. Im Ansehen stieg fortan nicht mehr derjenige, der etwa die größte Herde hatte oder der über die größten Heilungsfähigkeiten verfügte, sondern der, der den Weißen am einträglichsten Untertan war. Tatsächlich zeugen Familienbilder aus den frühen Jahren der Kolonialgeschichte von vermeintlich stolzen Afrikanern, die für die weißen Herren als Bote, Soldat, Knecht oder Handlanger tätig waren.

Das zweite Mittel war die Wegnahme von Grund und Boden und deren Aufteilung im Wesentlichen unter den weißen Siedlern, die den fruchtbarsten Boden bekamen. Ohne Boden konnten die Afrikaner nicht mehr die notwendigen Lebensmittel subsistent anbauen und mussten sich, alleine um sich zu ernähren, folglich nach geldwerten Alternativen umsehen. Das bestehende System brach zusammen.

Die breite Modernisierung hat zwar nicht in vollem Umfang die gesellschaftlichen Systeme ausgehebelt, doch hat sie auf dem afrikanischen Kontinent für die Zerstörung und unwiederbringliche Auflösung des Wirtschaftens und Zusammenlebens gesorgt. Bis heute ist die Kluft zwischen traditionellem und modernem Sektor in vielen Ländern unüberwindbar groß geblieben. Tatsächlich ist heute das Ansehen von Afrikanern, die in vermeintlich „weißen" Berufen wie Arzt, Anwalt oder Banker tätig sind, höher als von Heilern, Priestern oder Viehzüchtern. Die Versprechen, die früher Steuereintreiber als auch Kolonialbeamte und heute Unternehmer sowie Fachleute den Afrikanern im Zuge der Modernisierung gegeben hatten, sind nicht eingetreten: Wohlstand, ausreichende Versorgung und ein besseres Leben durch Arbeit (vgl. GROENEMEYER 1991). Davon sind die meisten Afrikaner weit entfernt. Das ihnen aufgezwungene System, auch in Europa vielerorts gescheitert, ließ sich nicht umsetzen. Heute ist Afrika zum globalen Pflegefall geworden. Schlimmer noch: Armut und Massenelend sind die Merkmale auf der Verliererseite der Erdkugel, die es in dieser Form in Jahrtausenden afrikanischer Geschichte so nie gegeben hatte. Und mit der sich beschleunigenden Globalisierung klafft der Spalt zwischen Gewinnern und Verlierern, zwischen Erfolgreichen und Erfolglosen immer weiter.

Globale Hilfsfeldzüge im Kleid der Zivilisierung[3]

Die Betrachtungsweisen des weißen Mannes haben sich im Grunde nicht besonders verändert: Auch heute sind viele Unternehmen auf dem weißen Kreuzzug gegen den schwarzen Müßiggang unterwegs – aber unter der Flagge der Globalisierung oder als Tugendritter zur Rettung des Elendskontinentes Afrika. Die Enkel der Kolonisatoren haben sich, bewaffnet mit Laptop, Krawatte und Privatjet, zur Aufgabe gemacht, den Afrikanern nun wirtschaftlich auf die Beine zu helfen. Solche Vorhaben sind nicht wirklich uneigennützig. Sie dienen doch neben dem Markteintritt der Markteroberung (!). Das dazu die Afrikaner ein gewisses Maß an Bildung, Geschick und Wohlstand brauchen, gerade soviel, um als Konsument an der Globalisierung teilnehmen zu können, ist eine wichtige Voraussetzung dieses Modells. Tatsächlich zeigen Projekte der Wirtschaft, wie wenig ernst man die Afrikaner nimmt. Projekte, die das „Unternehmertum" fördern, sollen den Afrikanern den Weg zum Pfad der modernisierten Tugendhaftigkeit weisen. Noch immer ist es das Gleiche: Den armen, bemitleidenswerten Afrikanern muss geholfen werden – ob sie wollen oder nicht.

Die europazentrierte Sichtweise und das Nichtverstehen anderer Kulturen sind, genauso wie der stets durchscheinende Alltagsrassismus, noch immer verbreitet. Tatsache ist, dass die Moderne nicht automatisch dem Rassismus, der Borniertheit und weißer Arroganz ein Ende gesetzt hat.

Wenn man erst einmal die Afrikaner zum Arbeiten bekommen habe, werde sich auch die Lage verbessern, so eine Meinung, die noch heute in Grundzügen das Denken und Handeln westlicher Experten und Politiker zu prägen scheint. Nachdem Kulturen zerstört, Gesellschaften gespalten und Wirtschaftsgrundlagen seit der Kolonialzeit geplündert wurden, muss nun also Afrika aus dem Schlamassel geholfen werden. Akzeptiert waren und sind die Afrikaner nur in der ihnen zugedachten Rolle als Hilfsempfänger. Weiterhin versucht man, ihnen europäische Tugenden einzubläuen, als sei dies die selbstverständlichste Sache der Welt. Die Erziehung geschieht unter dem Deckmantel der humanitären Hilfe. Diese Hilfe, bei der sich die Weißen immer noch im mutmaßlich aussichtslosen Kampf gegen den Müßiggang „opfern", wird weitere fatale Schäden in Afrika hinterlassen, die zu reparieren erneut die globalen Hilfstrupps anrücken lassen wird.

Anmerkungen

1   Übersetzung des englischen Schlagwortes: „den faulen Neger zur Arbeit bewegen"
2   Soweit nicht anders vermerkt, stammen die Zitate aus Dokumenten im National Archive of Zimbabwe, Harare. Sie wurden in einem Forschungsprojekt untersucht, das seinen Niederschlag gefunden hat in F. Gronemeyer (Hrsg.), Der faule Neger. Vom weißen Kreuzzug gegen den schwarzen Müßiggang. Reinbek 1993.
3   Vgl. zu alledem DIRMOSER, GRONEMEYER, RAKELMANN 1991 u. SACHS 1992.

Literatur

DIRMOSER, D., GRONEMEYER, R., RAKELMANN, G. A. (Hrsg.) 1991: Mythos Entwicklungshilfe. Gießen 1991.

GRONEMEYER, R. (Hrsg.) 1991: Der faule Neger. Vom weißen Kreuzzug gegen den schwarzen Müßiggang. Reinbek 1991.

SACHS, W. (Hrsg.) 1992: Wie im Westen so auf Erden. Ein polemisches Handbuch zur Entwicklungspolitik. Reinbek 1992.

Weiterführende Literatur

CHABAL, P., DALOZ, J. P. 1999: Africa Works. Disorder as Political Instrument. London 1999.

EISENBERG, G. 1990: „Wer nicht arbeitet, soll auch nicht essen!" In: psychosozial, Heft III, 1990, 100 ff.

ILLICH, I. 1992: In the Mirror of the Past. New York 1992.

KRÜGER, F., RAKELMANN, G. A., SCHIERHOLZ, P. 2000: Botswana. Alltagswelten im Umbruch. Münster 2000.

„Blutrünstige Kannibalen" und „wilde Weiber"

Extrembeispiele für Klischees in der Völkerschau-Werbung

Hilke Thode-Arora

„Der Charakter der Neger enthält viele Gegensätze. Von Natur aus lustig und mit scharfem Verstande begabt, ist er aber so träge, dass er nur aus Noth arbeitet, nicht um wohlhabend zu werden, sondern nur um sein Leben zu fristen. Er ist der Freund seiner Freunde und hält sein Wort so lange, als es Andere ihm gegenüber halten. Die Jugend verbringt er in Vergnügungen und mit Tanzen, welches ihm für das grösste Vergnügen gilt, im Mannesalter thut er nichts und als alter Mann schon gar nichts; er kennt nichts anderes als in den Tag hinein leben, wenn er genug Reis und Mais hat, so ist er zufrieden. Im Allgemeinen ist der Neger naiv und kindlich veranlagt, er lässt sich vom Momente hinreissen, bleibt aber Zeit seines Lebens gewissermassen kindisch. Alle, welche sich mit der Beobachtung des Charakters der Neger befasst haben, sind zu dem Resultate gekommen, dass ein schwarzes Kind das weisse gleich alte an Geisteskräften übertrifft, aber der Geist entwickelt sich nicht weiter; die Frucht gelangt nicht zur Reife; während sich der Körper entwickelt, bleibt der Geist stationär. Ein Neger, der uns in seinem zwölften Jahre noch sehr bildungsfähig erscheint, ist in seinem achtzehnten Jahre gegen Alles gleichgiltig. Man darf ihm daher nicht mehr zumuthen, als er begreifen kann, über einen gemachten Fehler mit ihm nicht rechten; er wird ihn aus Gefälligkeit einsehen, aber sofort wieder in denselben verfallen."

(aus: Der FRANZÖSISCHE SUDAN 1899, S. 14 u. 15)*

Die rassistischen Sätze des Eingangszitats finden sich am Ende der Programmbroschüre für eine Völkerschau mit dem Titel „Der französische Sudan" im Wiener Thiergarten. Das Heftchen enthält eine Kurzbeschreibung von Land und Leuten, die sich in Hinblick auf die Einheimischen eines allgemein überheblichen Tones befleißigt. Kein Absatz ist jedoch von so vernichtender Wortwahl wie der zitierte. Da an anderer Stelle stets von bestimmten Ethnien wie Wolof, Mandingo o. Ä. die Rede ist, fällt besonders auf, dass hier ganz verallgemeinernd „der Neger" genannt wird, so als halte der anonyme Autor es nicht der Mühe wert, Afrikaner verschiedenster Herkunft zu unterscheiden, wenn es um deren „Charakter" gehe.

Völkerschauen waren Zurschaustellungen von Menschen fremder Kulturen an Vergnügungsorten, etwa Zoos, Panoptiken, Theatern, Jahrmärkten u. Ä. – eine Form des Unterhaltungsgeschäftes, die sich in Mitteleuropa und Nordamerika vor allem im 19. und frühen 20. Jahrhundert großen Zulaufs erfreute. Eine Völkerschau-Truppe wurde für die Dauer mehrerer Monate, manchmal auch Jahre angeworben. Sie ging

auf Tournee durch mehrere Städte oder verblieb eine Saison lang an einem Gastspiel-
ort. Die meisten Veranstalter betrieben Völkerschauen als kommerzielle Unternehmen; es gab jedoch auch auf Gewerbe- und Kolonialausstellungen solche Schauen
zu sehen (THODE-ARORA 2002). Während die Organisatoren letzterer wohl eher eine
Belehrung des Publikums und Begeisterung für die koloniale Idee erreichen wollten,
lag es im Interesse ersterer, vor allem ein gutes Geschäft zu
machen – übrigens war dies auch das Hauptmotiv der
meisten Völkerschau-Darsteller, sich freiwillig auf solch
eine Unternehmung einzulassen. Sie nahmen die weite
Reise auf sich, um reich in ihre Heimat zurückzukehren.
Neben Veranstaltern, für die eine Anwerbung mit Vertrag,
in welchem die gegenseitigen Rechte und Pflichten geregelt
wurden, selbstverständlich war, gab es allerdings auch solche, die die Mitwirkenden, die sie für ihre einträglichen
Geschäfte brauchten, einfach nach Europa entführten.

J. Menges' Somali-Karawane.

Welches auch immer die Motive der Werber und Veranstalter waren – interessant konnte eine Schau nur dann für
das Publikum sein, wenn sie ein Gegenbild zum Eigenen,
zum Bekannten zeigte, mochte dies der „edle Wilde" oder
– wie im Eingangszitat – der „unzivilisierte Barbar" sein.
Das wurde schon bei der Auswahl der Ethnie deutlich, die
in der Völkerschau repräsentiert werden sollte. Ein beliebtes Auswahlkriterium der Veranstalter war das ungewohnte
körperliche Erscheinungsbild fremder Völker. Spektakulä-
res wie Kleinwüchsigkeit, kulturell bedingte Deformationen, z. B. künstlich beige-
brachte Schädelverformungen, spitz angefeilte Zähne oder riesige Lippenpflöcke, ver-
sprachen bei Völkerschauen ähnlich zugkräftig zu sein wie bei vergleichbaren
menschlichen „Attraktionen" auf dem Jahrmarkt (MALHOTRA 1979. SCHEUGL u.
ADANOS 1974). Aber auch besondere Schönheit in den Augen der europäischen
Betrachter erwies sich als vorteilhaft. So traten bei der Hamburger Firma Hagenbeck,
die über 60 Jahre lang Völkerschauen veranstaltete, jahrzehntelang immer wieder
Somali auf, deren hoher, schlanker Wuchs, wehende Gewänder und europide Gesichtszüge das Publikum stets aufs Neue begeisterten. Die Presse, welche ihre Informationen aus den Programmbroschüren oder Gesprächen mit den Veranstaltern bezog,
lobte die Selbstdisziplin beim Fasten und die strikte Abstinenz der muslimischen
Somali sowie ihre Freundlichkeit. Nicht wenige Zeitungsberichte stellten sie den
Mitteleuropäern sogar als Vorbild hin:

„The Somalis are fine, intelligent-looking people and the noble red man of the far West is
a mere savage in comparison. I am told that they are strict Mohammedans, eschewing
therefore animal food and strong drink, and that their morals are exemplary. It seems to

Idealisierendes Foto
eines Somali-Mannes aus einer
Völkerschau
Foto: Privatbesitz H. Thode-Arora

me that when their engagement at the Crystal Palace is over, the Somalis might do worse than remain in this country as ablebodied missionaries. It would only be a return of the favour we are always so anxious to extend to their continent and we really want something of the sort badly"[1] (PICK ME UP 17.8.1895).

Diese idealisierende Beurteilung steht im krassen Gegensatz zu jener des Anfangs-zitats über die dunkelhäutigen, negroiden Sudanesen und charakterisiert die Somali als „edle Wilde".

Viele Völkerschauen boten den Besuchern zweierlei Arten von Attraktionen. Zum einen wurden mehrmals am Tage Vorstellungen gezeigt, die bei manchen Veranstaltern eine Handlung mit Spannungsbogen, dramatischem Höhepunkt und Happy End beinhalteten, bei anderen hingegen nur eine Aneinanderreihung einzelner Sequenzen. Allen gemeinsam war, dass sie „Typisches" aus der Herkunftsregion der Fremden zeigen sollten. Gewöhnlich bestand dies allerdings zu einem großen Teil in Tänzen, Musikdarbietungen und Kampfszenen, und zwar ganz unabhängig davon, woher die Völkerschau stammte oder stammen sollte. Die zweite Attraktion bestand bei manchen Schauen in nachgebauten Dörfern, die das Publikum relativ frei durch-wandern konnte. Kontakte zwischen Besuchern und den Mitwirkenden der Völker-schau waren dabei unerwünscht. Die Veranstalter suchten die teilnehmenden Personen teilweise so aus, dass nur wenige eine europäische Sprache beherrschten.

Ausschnitt aus einem Plakat
für die Völkerschau „Wild-Afrika":
Der Gefangene,
Deutsches Plakatmuseum, Essen
Foto: H. Thode-Arora

Dennoch kam es immer wieder zu Kommunikationsversuchen, intimen Begegnungen und sogar vereinzelten Eheschließungen, wie viele Quellen belegen (THODE-ARORA 1989, 104 - 119).

Einige Veranstalter, so etwa Carl Hagenbeck, waren innerhalb bestimmter finanzieller und organisatorischer Grenzen um ein ihrer Zeit entsprechendes „Authentizitätsideal" bemüht. Eine gewisse „Echtheit" der dargebotenen Verhältnisse bei Völker-schau-Dörfern, Kleidung und Ausstattung sowie Teilen der Vor-führung sollte gewahrt werden. Nicht ohne Grund arbeiteten Sammler für völkerkundliche Museen oder langjährige Kenner der Herkunftsländer als Völkerschau-Werber in den Diensten Hagenbecks. Entsprechend „ethnographisch" waren auch die Plakate und Programmbroschüren für diese Schauen: Sie zeigten neben Menschen dörfliche Szenerien, Tiere und Bauwerke der entsprechenden Regionen. Andere Organisatoren, zum Beispiel Hagenbecks Neffe Heinrich Umlauff, Carl Marquardt oder der berüchtigte R. A. Cunningham – in seinem Auftrag wurden australische Aborigines entführt und so lange zur Schau gestellt, bis alle gestorben waren – appellierten in ihrer Werbung hingegen bewusst an die Sensationslust und die erotischen Phantasien des Publikums, allerdings oft, ohne diese „Versprechen" in den gezeigten Programmen einzuhalten.

So spielt Carl Marquardts Schau „Wild-Afrika" schon im Titel auf ein Gegenbild zum vorgeblich zivilisierten Europäer an. Die in den Plakaten gezeigten Szenen deuten auf einen typischen Programmablauf mit dramatischem Höhepunkt und Spannungsbogen hin, wie er auch in anderen Schauen üblich war: zu Beginn eine friedliche Dorfszene, dann ein Zwischenfall, der zu Kampf und Krieg führt, am Ende der Friedensschluss und Versöhnung – Tanz und Musik wurden irgendwo in dieser Sequenz eingebaut. Die Art der Darstellung ist jedoch recht reißerisch, vor allem, wenn man sie mit den von Hagenbeck verwendeten Plakaten – wie die für „Wild-Afrika" ebenfalls meist von der Firma Friedländer (MALHOTRA 1979) hergestellt – vergleicht. So tanzen auf einem Plakat drei halbnackte, fast kahlgeschorene Männer triumphierend mit geschwungenen Speeren um den entsetzten, zum Knien gezwungenen Gefangenen.

Eine ähnliche Tendenz zeigt die Serie der Plakate für eine Sudanesen-Schau; möglicherweise handelt es sich um das 1909 von Marquardt veranstaltete „Sudanesendorf". Auch hier gibt es dramatische Kampfszenen und einen die Phantasie beflügelnden „Frauenraub" zu sehen; beides dürfte vermutlich auch in den Vorführungen in Szene

gesetzt worden sein. Die „Wildheit" der Sudanesen wird hier wieder thematisiert – ganz im Gegensatz etwa zu den „edlen" Somalis, wie oben schon skizziert.

Grausamkeit und Wildheit „schwarzer" Menschen, wenn auch nicht aus Afrika, verwendete ebenfalls Cunningham, um für die Australier-Schau zu werben. Auf der Rückseite der Begleitbroschüre findet sich die Ankündigung: *„Der einzige Trupp jener wilden tückischen uncivilisirten Menschen, welche furchtbare Narben an ihrem Körper, und Knochen sowie große Ringe durch Nase und Ohren als Schmuck tragen. Wirklich blutdürstige Ungeheuer in abschreckend hässlich menschlicher Gestalt, mit äußerst wenigen Verstandeskräften und geringem Sprachvermögen begabt. [...] Niedrigststehende Menschengattung"* (CUNNINGHAM 1884)*.

Plakat für die
Völkerschau „Die Sudanesen":
Frauenraub
Deutsches Plakatmuseum, Essen
Foto: H. Thode-Arora

Plakat für die
Australier-Völkerschau:
Bumerang-Schleuderer
Historisches Museum, Frankfurt
Foto: H. Thode-Arora

Eines der Plakate zeigt eine Gruppe von nur mit Federröckchen bekleideten Bumerangschleuderern in Aktion; ein Verwundeter oder Toter wurde offensichtlich von ihnen niedergestreckt. Die ganze Szene ist in einer Waldlandschaft (!) mit hohen Bäumen angesiedelt und damit schon äußerlich von jeglicher „ethnographischen Authentizität" weit entfernt. Auf dem zweiten Plakat ist eine Gruppe von Kannibalen ums Feuer versammelt; abgenagte Knochen, ein gegrilltes Bein, tote und noch lebende weiße Gefangene, die der Schlachtung harren, vervollkommnen das gruselige Bild. Beide Plakate zeigen zudem deutlich mehr Personen als die tatsächlich nur sieben Teilnehmer der damaligen Völkerschau-Truppe.

Erotische Phantasien und verborgene Ängste des mitteleuropäischen Mannes dürften vor allem die Werbeplakate für die sogenannten Dahomey- Amazonen angesprochen haben. Diese Schau war offenbar von Anfang an mit dem Ziel zusammengestellt worden, die Sensationslust des Publikums zu wecken. Zwar gab es tatsächlich eine weibliche Truppe des Königs von Dahomey, die Mitglieder der Völkerschau stammten jedoch aus der deutschen Kolonie Togo und wurden nach Angabe eines Chronisten (STRAUCH 1900, 500) erst in Deutschland für die Vorstellungen gedrillt. Das Programmheft betont die militärische Effizienz, den Ehrenkodex und die Grausamkeit der „Amazonen" (Das AMAZONEN-CORPS o. J., 10-14)*. Ihre Kostüme bestanden aus einem um die Hüfte geschlungenen Tuch, einem mit Muschelschalen besetzten Leibchen und Waffen. Die Werbeplakate zeigen die Kriegerinnen beim Drill unter Führung der „Oberkriegerin Gumma" sowie Gumma sich bewegend oder stehend mit geschwungenem Säbel. Einige Plakate kündigen die Völkerschau unter dem Titel „33 wilde Weiber" an. Auf dem eindrucksvollsten ist eine Schlacht zwischen Europäern in weißen Tropenanzügen mit den offenbar überlegenen „Amazonen" zu sehen; eine von ihnen steht auf einem Hügel und schwingt triumphierend eine Fahne. SCHMIDT-LINSENHOFF (1986, 254) weist darauf hin, dass dieses Detail ein Bildzitat von Eugène Delacroix's „Freiheit auf den Barrikaden" ist und der bürgerliche weiße Mann sich hier einer dreifachen Bedrohung gegenübersehen würde: dem Aufstand des weiblichen Geschlechts, dem der Kolonialvölker als

Plakat für die Australier-Völkerschau: Kannibalen
Historisches Museum, Frankfurt
Foto: H. Thode-Arora

auch dem der Demokraten. Die „Amazonen"-Plakate verknüpfen somit erotische Verlockung mit Bedrohung. In den Vorführungen hingegen überwog mit den leicht-bekleideten Frauen sicherlich der sinnliche Reiz. Von Gumma ist überliefert, dass sie nach den Vorstellungen Nacktfotos von sich verkaufte, die trotz des damals außer-ordentlich hohen Preises von zwei Mark reißenden Absatz fanden (THINIUS 1975, 37).

Das in den Völkerschauen entworfene Gegenbild zum Mitteleuropäer konnte in dieser kurzen Darstellung anhand einiger weniger Extrembeispiele nur skizziert werden. Sie deuten allerdings darauf hin, dass weniger krasse, subtilere Gegenbilder sich auch in den Völkerschauen suchen und finden lassen, die sich um Echtheit und Zuverlässigkeit der Darstellung bemühten. Denn im Grunde genommen machte nicht Identifizierung, sondern Abgrenzung den Reiz für das Publikum aus – sei es gegenüber dem rohen Barbaren oder dem edlen Wilden.

Anmerkungen

1   Übersetzung des engl. Zitats: *„Die Somalis sind schöne, intelligent-aussehende Menschen und der edle rote Mann des weiten Westens ist im Vergleich zu ihnen nur ein Wilder. Man erzählte mir, sie seien strenge Mohammedaner, weshalb sie Fleisch und starke Getränke meiden, und ihre Sitten sind vorbildlich. Mir scheint, dass die Somalis, sobald ihre Anstellung am Crystal Palace vorüber ist, schlechter dran sein könnten als hier in diesem Land als fähige Missionare zu verbleiben. Dies wäre lediglich die Gegenleistung für die Gefälligkeiten, die wir stets auf ihrem Kontinent auszubreiten bemüht waren, und wir würden in der Tat etwas in dieser Art und Weise dringend brauchen"* (PICK ME UP 17. 8. 1895).

*   Programmheft im Jacobsen-Archiv des Hamburgischen Museums für Völkerkunde.

Literatur und Quellen

Das AMAZONEN-CORPS* o. J. [1890]: Eine kurze Skizze von Land und Leuten des Negerreiches Dahome. Köln o. J.

CUNNINGHAM, R. A. 1884*: Geschichte von R. A. Cunningham's Austral-Ureinwohnern. Tätowirte Kannibalen, Schwarze Pfadfinder und Bumerang-Schleuderer. Bestehend aus 2 Stämmen, Männer und Frauen. Köln 1884.

Der FRANZÖSISCHE SUDAN* 1899: Ethnographische Schaustellung 1899. Wien 1899.

MALHOTRA, R. 1979: Manege frei. Artisten- und Circusplakate von Adolph Friedländer. Dortmund 1979.

PICK ME UP 17. 8. 1895, Archiv der Firma Carl Hagenbeck.

SCHEUGL, H., ADANOS, F. 1974: Show Freaks & Monster. Köln 1974.

SCHMIDT-LINSENHOFF, V. 1986: Völkerschauen. In: V. Schmidt-Linsenhoff, K. Wettengl, A. Junker: Plakate 1880-1914. Inventarkatalog der Plakatsammlung des Historischen Museums Frankfurt. Frankfurt 1986, 224 - 267.

STRAUCH, 1900: Zur Frage der Ausfuhr von Eingeborenen aus den deutschen Kolonien zum Zwecke der Schaustellung. In: Deutsche Kolonialzeitung 1900, 500 f., 511 f., 520.

THINIUS, C. 1975: Damals in St. Pauli. Lust und Freude in der Vorstadt. Hamburg 1975.

THODE-ARORA, H. 1989: Für fünfzig Pfennig um die Welt. Die Hagenbeckschen Völkerschauen. Frankfurt - New York 1989.

THODE-ARORA, H. 2002 [im Druck]: Völkerschauen. In: U. van der Heyden, J. Zeller (Hrsg.), Reichs(kolonial)hauptstadt Berlin. Eine kolonialgeschichtliche Spurensuche. Berlin 2002.

Ausschnitte aus dem Plakat für die „Amazonen"-Völkerschau:
Sieg über die weißen Angreifer
Historisches Museum, Frankfurt
Foto: H. Thode-Arora

„ … nichts an das Menschliche Anklingende …“
Rassismus und Aufklärung – ein Widerspruch in sich?

Gudrun Hentges

Was haben Rassismus und Aufklärung miteinander zu tun? Stehen sie nicht in einem unaufhebbaren Widerspruch zueinander, schließen sie sich nicht wechselweise aus? Die französische Revolution – angetreten mit der Parole „Liberté, Egalité, Fraternité" – beseitigte die feudalen Abhängigkeitsverhältnisse in Frankreich. Die Angehörigen des dritten Standes – besitzende (männliche) Bürger – rebellierten gegen die Vorrechte der bislang privilegierten Stände – Adel und Klerus – und erhoben den Anspruch, eine „vollständige Nation" (SIEYÈS 1789) zu sein. Mit dem Sturm auf die Bastille wurde der feudale Ständestaat beseitigt und eine neue – bürgerliche – Gesellschaft entstand. Die Forderungen des Bürgertums wiesen jedoch über die nationalen Grenzen hinaus; es erhob den Anspruch, die gesamte Menschheit zu befreien. So bekannte sich die französische Nationalversammlung am 26. August 1789 mit Verabschiedung der „Erklärung der Menschen- und Bürgerrechte" (1789) zum *natürlichen, unveräußerlichen und heiligen Rechte der Menschen". „Die Menschen sind und bleiben von Geburt frei und gleich an Rechten. [...] Das Ziel jeder politischen Vereinigung ist die Erhaltung der natürlichen und unveräußerlichen Menschenrechte. Diese Rechte sind Freiheit, Eigentum, Sicherheit und Widerstand gegen Unterdrückung. "* – so der Wortlaut der einleitenden Artikel 1 und 2. Die Menschenrechtserklärung verstand sich als universell in dem Sinne, dass sie für alle Menschen Geltung beanspruchte – unabhängig von Religion, Hautfarbe oder Geschlecht.

Wie wurden die Ideen der Französischen Revolution – in erster Linie die der Menschenrechte – in den benachbarten deutschen Territorialstaaten rezipiert? Ging das Bekenntnis zu den universellen Menschenrechten einher mit einer Absage an rassistische Stereotypen und Argumentationsmuster? Wie ich in meinem Buch „Schattenseiten der Aufklärung" (HENTGES 1999) anhand der Schriften von Immanuel Kant, Johann Gottlieb Fichte und Georg Wilhelm Friedrich Hegel detailliert dargelegt habe, war das nicht der Fall. Vielmehr enthalten die Schriften der Philosophen der Aufklärung eine doppelte Botschaft: Auf abstrakter Ebene treten sie ein für das Postulat der Gleichheit aller Menschen; auf konkreter Ebene legitimieren sie auf unterschiedliche Weise Ungleichheiten und begründen Ungleichwertigkeiten. Am Beispiel des Philosophen Georg Wilhelm Hegel (1770-1831), erzogen im Sinne einer humanistischen Aufklärung und begeisterter Anhänger der Französischen Revolution, soll illustriert werden, dass auch die Aufklärungsphilosophen – ungeachtet ihres Plädoyers für menschliche Emanzipation – rassistische Stereotypen produzierten und reproduzierten.

Die Hegelsche Stufenleiter der „besonderen Naturgeister"

Auf der untersten Ebene der hierarchischen Rassenkonstruktion der Hegelschen „Philosophie des subjektiven Geistes" rangiert die *„amerikanische Race"*, nach seinen Angaben *„ein verschwindendes schwaches Geschlecht"* (HEGEL 1845, §393, 60, Z), welches sich zum Zeitpunkt der Eroberung des amerikanischen Kontinents auf einem mit der europäischen Kultur nicht vergleichbaren niedrigen Bildungsniveau bewegt habe. Die Tatsache, dass den Eroberern des amerikanischen Kontinents ein Genozid an den amerikanischen Ureinwohnern – in Hegels Worten: an den *„stumpfesten Wilden"* (HEGEL 1845, §393, 62) – gelingen konnte, wird auf deren schwache Konstitution und deren niedriges Bildungsniveau zurückgeführt. Lediglich die Kreolen – Nachkommen von amerikanischen Ureinwohnerinnen und spanischen Eroberern – seien dazu in der Lage gewesen, sich vom spanischen Mutterland unabhängig zu machen. Das Streben nach Überwindung des Kolonialstatus wird mit dem nach Unabhängigkeit strebenden spanischen Blut verknüpft. Dort, wo eine Vermischung zwischen den Ureinwohnern und den Eroberern nicht oder nur in einem unbedeutenden Maße stattfand, wie beispielsweise in Paraguay, hätten sich die Einwohner auf dem Niveau unmündiger Kinder bewegt und seien zu Recht von den Jesuiten als solche behandelt worden.

Die Vorlesungsmitschriften von Griesheim und Kehler ergänzen die hier dargestellte Position Hegels: In Brasilien treffe man auf *„dumpfe, stumpfsinnige und unthätige Menschen"* (HEGEL 1845, §393, 62, G/K), deren langjährige Verbindung mit Spanien und Portugal *„sie nur sehr wenig vorwärts gebracht"* (HEGEL 1845, §393, 62, G/K) habe. Im Gegensatz zu den *„Negern"*, unter denen man mitunter Ärzte, Künstler, Geistliche und Handwerker finden könne, seien die amerikanischen Ureinwohner nicht dazu in der Lage, europäische Kenntnisse zu adaptieren. Ihre Lethargie sei derart tiefgreifend, dass man sie sogar dazu auffordern müsse, sich fortzupflanzen: *„es fand sich sogar nöthig des Nachts um 12 Uhr die Glocken zu läuten, um sie zur Erfüllung der ehelichen Pflichten anzuleiten"* (HEGEL 1845, §393, 64, G/K). Die *„amerikanische Race"* sei aufgrund ihrer körperlichen und vor allem ihrer geistigen Charaktermerkmale zum Untergang verurteilt: *„Für sich selbst sind die Amerikaner für eine [...] geistig schwache Nation anzusehen, die mehr oder weniger das Schicksal gehabt hat, sich nicht zu europäischer Kultur erheben zu können, sondern sie nicht aushalten und vertragen kann und so weichen mußte"* (HEGEL 1845, §393, 64, G/K).

Die Charakterisierung, die sich für Menschen schwarzer Hautfarbe finden lässt, ist ähnlich abfällig wie die der amerikanischen Ureinwohner. Der entscheidende Unterschied besteht lediglich darin, dass Hegel jenen nicht das Recht auf Leben abspricht. Ebenso wie die Bewohner Paraguays – in den Vorlesungsmitschriften auch Brasiliens – als unmündige Kinder bezeichnet worden sind, erscheinen die *„Neger"* als *„eine aus ihrer uninteressirten und interesselosen Unbefangenheit nicht heraustretende Kinder-*

nation" (HEGEL 1845, §393, 52, Z). Da sie über keinerlei Rechts- oder Unrechtsbewusstsein verfügten, störe sie die Sklaverei auch nicht weiter: *„Sie werden verkauft und lassen sich verkaufen, ohne alle Reflexion darüber, ob dieß recht ist oder nicht"* (HEGEL 1845, §393, 52, Z). Auch ihre Religion sei durch das Kinderhafte gekennzeichnet. Höhere Empfindungen würden von ihnen nicht festgehalten, sondern sie übertrügen diese auf einen beliebigen Gegenstand und machten diesen vorübergehend zum Fetisch, der wieder verworfen werde, wenn er nicht genutzt habe. Hegel kennzeichnet die Schwarzen als unberechenbar und launenhaft: *„In ruhigem Zustand ganz gutmütig und harmlos, begehen sie in der plötzlich entstehenden Aufregung die fürchterlichsten Grausamkeiten"* (HEGEL 1845, §393, 52, Z).

Hatte Hegel in seinen Vorlesungen den Schwarzen – in Abgrenzung zu amerikanischen Ureinwohnern – eine gewisse Bereitschaft und Fähigkeit der Übernahme europäischer Bildung zugesprochen, so hält er ihnen außerdem zugute, dass sie das *„Christenthum mit der größten Dankbarkeit angenommen, und mit Rührung von ihrer durch dasselbe nach langer Geistesknechtschaft erlangten Freiheit gesprochen"* (HEGEL 1845, §393, 52 ff, Z) und ferner in Haiti einen Staat nach christlichen Prinzipien aufgebaut hätten. Darüber hinaus seien der Übernahme europäischer Bildung jedoch enge Grenzen gesteckt, denn *„einen inneren Trieb zur Kultur zeigen sie nicht"* (HEGEL 1845, §393, 54, Z).

Dies komme auch darin zum Ausdruck, dass auf dem afrikanischen Kontinent der Despotismus vorherrsche und sich das *„Gefühl der Persönlichkeit des Menschen"* (HEGEL 1845, §393, 54, Z) nicht entwickelt habe. Hier zeige sich der *„Schlaf des Geistes"*, der in Einklang stehe mit der geographischen Beschaffenheit des afrikanischen Kontinents: *„[...] da ist ihr Geist ganz schlummernd, bleibt in sich versunken, macht keinen Fortschritt und entspricht so der compacten, u n t e r s c h i e d s l o s e n Masse des afrikanischen Landes"* (HEGEL 1845, §393, 54, Z; Herv. i. O.).

Hegel gesteht der *„äthiopischen"* im Gegensatz zur *„amerikanischen Race"* zwar eine Existenzberechtigung zu, schreibt ihr jedoch einen noch schlummernden Geist zu, welcher sich auf Kultur und Fortschritt hemmend auswirke. Dieser noch nicht entwickelte Geist entspreche den geographischen und klimatischen Bedingungen des afrikanischen Kontinents.

Die *„mongolische Race"* schließlich fungiert innerhalb der Hegelschen Rassenkonstruktion als Bindeglied zwischen der *„äthiopischen"* und der *„kaukasischen Race"*[1]: *„In der asiatischen Race beginnt also der Geist allerdings schon zu erwachen, sich von der Natürlichkeit zu trennen"* (HEGEL 1845, §393, 54, Z). Im Zuge dieses Prozesses liegen die Extreme eng beieinander: *„[...] in ihnen offenbart sich als das Charakteristische eine unruhige, zu keinem festen Resultate kommende Beweglichkeit, welche sie treibt, sich wie ungeheure Heuschreckenschwärme über andere Nationen auszubreiten, und die dann doch wieder der gedankenlosen Gleichgültigkeit und dumpfen Ruhe weicht, welche jenem Hervorbrechen vorangegangen war"* (HEGEL 1845, §393, 54, Z).

Als Fortschritt wertet Hegel, dass in der Religion Gott bereits als ein Allgemeines, wenngleich noch nicht als unsichtbar, verehrt werde. Der Trennungsprozess des Geistes von der Natur kennzeichnet das Entwicklungsniveau der *„mongolischen Race"*, auch wenn dieser Prozess des Herausarbeitens des Geistes aus der Natur immer wieder durch Rückschläge gekennzeichnet sei: *„In dieser Identität des Geistes mit der Natur ist die wahre Freiheit nicht möglich"* (HEGEL 1845, §393, 56, Z).

Die „kaukasische Race" erfülle schließlich alle Bedingungen für die Realisierung der wahren Freiheit: *„Erst in der kaukasischen Race kommt der Geist zur absoluten Einheit mit sich selbst, – erst hier tritt der Geist in vollkommnen Gegensatz gegen die Natürlichkeit, erfaßt er sich in seiner absoluten Selbstständigkeit, [...] gelangt zur Selbstbestimmung, zur Entwicklung seiner selbst, und bringt dadurch die Weltgeschichte hervor"* (HEGEL 1845, §393, 56, Z).

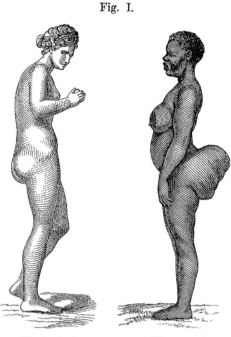

Fig. I.

Kaukasierin.   **Hottentottin.**

Statur einer Südafrikanerin als Gegenbild zum ästhetischen Ideal der Europäer
aus: Hubert Luschka, Das Becken, in: Die Anatomie des Menschen, 2. Bd., 2. Abtlg., Tübingen 1864, S. 8
Die gemutmaßte Rangabfolge zwischen verschiedenen Menschengruppen begründete sich vor allem in der Annahme, dass Äußeres und Inneres übereinstimmen. Das ästhetische Ideal der Europäer wurde mit einem vollkommenen Geist in Verbindung gebracht. Den Menschen, die äußerlich von den europäischen Schönheitsvorstellungen abwichen, wurde ein minderer Verstand und Naturhaftigkeit unterstellt (M. J.).

Hochland – Talebenen – Uferland: Die Weichenstellungen menschlicher Entwicklung

Seinen „Vorlesungen über die Philosophie der Geschichte" (HEGEL 1837) stellt Hegel die „Geographischen Grundlagen der Weltgeschichte" voran. Der *„Naturzusammenhang des Volksgeistes"* (HEGEL 1837, 120) scheint zunächst etwas Äußerliches zu sein, gilt jedoch bei Hegel als wesentlicher Bestimmungsfaktor der Entwicklung des Geistes und des Verlaufs der Weltgeschichte. Hegels Interesse gilt nicht der Geographie als solcher, sondern dem Zusammenhang zwischen den geographischen Voraussetzungen und dem *„Typus und Charakter des Volks"*. Man dürfe den Einfluss der Natur, so Hegel, weder zu groß noch zu klein einschätzen; dennoch gelte folgende Feststellung: *„[...] in der kalten und in der heißen Zone kann der Boden weltgeschichtlicher Völker nicht sein. [...] In den äußersten Zonen kann der Mensch zu keiner freien Bewegung kommen, Kälte und Hitze sind hier zu mächtige Gewalten, als daß sie dem Geist erlaubten, für sich eine Welt zu erbauen"* (HEGEL 1837, 121). In der gemäßigten Zone, genauer: dem nördlichen Teil der gemäßigten Zone, habe der Geist die idealen Entwicklungsmöglichkeiten, sodass sich hier die Weltgeschichte abspielen könne (vgl. Hegel 1837, 122).

Für die Entwicklung der geographischen Bedingungen reiche es jedoch nicht aus, die Kontinente voneinander zu unterscheiden. Vielmehr benennt Hegel drei geographische Typologien: *„1) das wasserlose Hochland mit seinen großen Steppen und Ebenen, 2) die Thalebenen, das Land des Ueberganges, welche von großen Strömen durchschnitten und bewässert werden, 3) das Uferland, das in unmittelbarem Verhältnisse mit dem Meer steht"* (Hegel 1837, 131).

Betrachte man die Kontinente der Alten Welt, so stelle man fest, dass Afrika vor allem vom ersten der oben angeführten Merkmale, dem wasserlosen Hochland, geprägt sei, Asien sich charakterisieren lasse durch den krassen Gegensatz zwischen Hochland und Talebenen und in Europa zwar auch Hochland und Talebenen vorzufinden seien, jedoch nicht im Sinne eines krassen Gegensatzes, sondern als *„Vermischung der Unterschiede"* (Hegel 1837, 135).

Afrika – das „Kinderland, [...] in die schwarze Farbe der Nacht gehüllt"

Den afrikanischen Kontinent unterteilt Hegel in das wasserlose Hochland (das er als das „eigentliche Afrika" bezeichnet), die Talebene (das Nildelta) und das Uferland (Nordafrika). Über das Landesinnere Afrikas urteilt Hegel folgendermaßen: *„Jenes eigentliche Afrika ist [...] das Kinderland, das Jenseits des Tages der selbstbewußten Geschichte in die schwarze Farbe der Nacht gehüllt ist"* (Hegel 1837, 135).

Den *„eigenthümlich afrikanische(n) Charakter"* (Hegel 1837, 137) beschreibt Hegel mit den Worten: *„Der Neger stellt, wie schon gesagt worden ist, den natürlichen Menschen in seiner ganzen Wildheit und Unabhängigkeit dar: von aller Ehrfurcht und Sittlichkeit, von dem was Gefühl heißt muß man abstrahieren, wenn man ihn richtig auffassen will; es ist nichts an das Menschliche Anklingende in diesem Charakter zu finden"* (Hegel 1837, 137).

Der Maßstab zur Beurteilung dessen, ob ein Charakter Züge aufweist, die *„an das Menschliche"* anklingen, ist die Entwicklung des menschlichen Geistes und letztlich das kulturelle und geistige Niveau der europäischen Philosophie. Ins Zentrum der Kritik stellt Hegel, dass die Afrikaner nicht an Gott glaubten, sondern die Zauberei praktizierten. Selbst ihr Totendienst sei eine Form der Zauberei, da die Macht der Toten über die Lebendigen nicht geachtet, sondern den Toten befohlen und sie bezaubert würden. Wenn der *„Mensch als das Höchste gesetzt ist"*, so Hegels Schlussfolgerung aus den religiösen Praxen, *„folgt, daß er keine Achtung vor sich selbst hat, denn erst mit dem Bewußtseyn eines höheren Wesens erlangt der Mensch einen Standpunkt, der ihm eine wahre Achtung gewährt"* (Hegel 1837, 139).

Die Missachtung des Menschen, die Hegel bei den Afrikanern nachgewiesen zu haben glaubt, äußere sich schließlich auch in ihrem angeblichen Kannibalismus: *„Die Werthlosigkeit der Menschen geht ins Unendliche; [...] und es ist als etwas ganz Verbreitetes und Erlaubtes betrachtet, Menschenfleisch zu essen. Bei uns hält der Instinct davon ab, wenn man überhaupt beim Menschen vom Instinct sprechen kann. Aber bei dem Neger ist dieß nicht der Fall, und den Menschen zu verzehren hängt mit dem afrikanischen Prinzip überhaupt zusammen; für den sinnlichen Neger ist das Menschenfleisch nur Sinnliches, Fleisch überhaupt"* (HEGEL 1837, 140).

Sklaverei – Ausdruck der niedrigen Entwicklungsstufe des Geistes der Unterjochten

Zwar würden die „Neger" von Europäern versklavt und nach Amerika verkauft, doch die in Afrika selbst praktizierte Sklaverei sei fast noch schlimmer, *„denn es ist die Grundlage der Sclaverei überhaupt, daß der Mensch das Bewußtseyn seiner Freiheit noch nicht hat, und somit zu einer Sache, zu einem Werthlosen herabsinkt"* (HEGEL 1837, 140).

Da bei den *„Negern"* die sittlichen Empfindungen besonders schwach seien, finde sich bei ihnen – nicht etwa bei den Europäern – die eigentliche kulturelle und geistige Grundlage der Sklaverei. Als Beispiel wird angeführt, dass Eltern ihre Kinder und Kinder ihre Eltern verkauften. Mit der Polygamie werde der Zweck verfolgt, dass möglichst viele Kinder geboren werden, um diese als Sklaven verkaufen zu können.

Hegel wendet sich in den „Grundzügen der Philosophie des Rechts" gegen die Behauptung, Sklaverei und Herrschaft seien berechtigt, denn diese Position gehe von der Prämisse aus, dass der Mensch ein Naturwesen sei und betrachte ihn lediglich hinsichtlich seiner bloßen Existenz. Doch auch die Position des *„absoluten Unrechts der Sklaverei"* (HEGEL 1820, §57, 111) kann Hegel nicht teilen: *„Die Behauptung des absoluten Unrechts der Sklaven hingegen hält am B e g r i f f e des Menschen als Geistes, als d e s a n s i c h freien, fest und ist einseitig darin, daß sie den Menschen als v o n N a t u r f r e i , oder, was dasselbe ist, den Begriff als solchen in seiner Unmittelbarkeit, nicht die Idee, als das Wahre nimmt"* (HEGEL 1820, §57, 111; Herv. i. O.).

Hegel widerspricht demnach sowohl der Berechtigung der Sklaverei als auch dem absoluten Unrecht der Sklaverei. Es handele sich bei diesen konträren Behauptungen um zwei Seiten einer Antinomie[2], denen beiden nicht zuzustimmen sei. Die behauptete Position der natürlichen Freiheit der Menschen enthalte allenfalls den *„absoluten Ausgangspunkt"* (HEGEL 1820, §57, 111) für die Wahrheit, die behauptete Position der Berechtigung der Sklaverei hingegen verweile bei der begriffslosen Existenz des Menschen und beinhalte weder Vernünftigkeit noch Recht.

Hegel geht von der Annahme aus, dass der Wille einer Person oder eines Volkes verantwortlich dafür sei, wenn es versklavt werde: *„Aber daß jemand Sklave ist, liegt in seinem eigenen Willen, so wie es im Willen eines Volkes liegt, wenn es unterjocht wird"* (HEGEL 1820, §57, 112). *„Der Sklave weiß nicht sein Wesen, seine Unendlichkeit, die Freiheit, er weiß sich nicht als Wesen; – und er weiß sich so nicht, das ist, er d e n k t sich nicht"* (HEGEL 1820, §21, 73; Herv. i. O.).

Das Unrecht sei demnach nicht bei denjenigen zu suchen, die andere versklavten, sondern bei den *„Sklaven und Unterjochten"* (HEGEL 1820, §57, 112) selbst. In die Phase des Übergangs zwischen der Natürlichkeit des Menschen und seiner Sittlichkeit falle die Sklaverei, d. h. in eine Phase, in der Unrecht notwendig rechtens sei.

In Anbetracht dessen, dass der Mensch nicht von Natur aus frei sei, sondern erst für die Freiheit reif werden müsse, die Sklaverei jedoch an und für sich ein Unrecht sei, plädiert Hegel für folgende Lösung: *„Die Sklaverei ist an und für sich Unrecht, denn das Wesen des Menschen ist die Freiheit, doch zu dieser muß er erst reif werden. Es ist also die allmählige Abschaffung der Sclaverei etwas Angemesseneres, und Richtigeres, als ihre plötzliche Aufhebung"* (HEGEL 1837, 144).

Da der afrikanische Kontinent von Hegel als geschichtsloser betrachtet wird, findet er in der „Philosophie der Geschichte" auch keinerlei Erwähnung mehr. Afrika als vermeintlich geschichtsloser Kontinent wird ausschließlich in Zusammenhang mit den „Geographischen Grundlagen der Weltgeschichte" abgehandelt. Mit einer Behandlung Asiens und Europas bewege man sich nun *„auf dem wirklichen Theater der Weltgeschichte"* (HEGEL 1837, 145).

„Möglichkeit der Gleichheit des Rechtes aller Menschen"

Der Streifzug durch das Werk Hegels sollte genügen, um die von ihm vorgenommene Rassenkonstruktion und -hierarchisierung nachvollziehen zu können. Rassistische Argumentationen finden sich nicht nur in einer, sondern in zahlreichen seiner Schriften. Hegel jedoch, überzeugter Anhänger der Aufklärung und der Französischen Revolution, hält fest am Postulat der „Möglichkeit der Gleichheit des Rechtes aller Menschen": *„Der Mensch ist an sich vernünftig; darin liegt die Möglichkeit der Gleichheit des Rechtes aller Menschen, – die Nichtigkeit einer starren Unterscheidung in berechtigte und rechtlose Menschengattungen"* (HEGEL 1845, §393, 46).

Offenbar betrachtet Hegel die „Gleichheit des Rechtes aller Menschen" nicht als natürliches und unveräußerliches Recht der Menschen, sondern als mögliches Ergebnis einer historischen Entwicklung, als historische Möglichkeit. Damit befindet er sich in Widerspruch zum Postulat der natürlichen Gleichheit, wie u. a. von Jean Jacques Rousseau oder in der Erklärung der Menschen- und Bürgerrechte (1789) vertreten.

Es wäre eine Illusion zu glauben, die Philosophie der Aufklärung sei frei von Ideologien, die die Ungleichheit resp. Ungleichwertigkeit zwischen sogenannten Rassen, zwischen Juden und Christen oder etwa Frauen und Männern begründen. Ebenso verfehlt wäre es jedoch auch, solche Äußerungen lediglich als „zeitgemäß" abzutun. Von Interesse ist vielmehr die Frage, in welchem Verhältnis Gleichheit und Ungleichheit, Universalismus und Partikularismus, menschliche Emanzipation von Herrschafts- und Unterdrückungsverhältnissen und deren Legitimation zueinander stehen. Hegels Verdienst besteht in diesem Kontext darin, dass er für die Forderung nach Gleichheit aller Menschen eine theoretische Legitimation geschaffen hat.

Nicht nur unter rassismustheoretischen Gesichtspunkten ist die Lektüre Hegels von Bedeutung, sondern auch im Kontext eines antikolonialen Befreiungskampfes oder antirassistischer Strategien. Im Kapitel *„Selbständigkeit und Unselbständigkeit des Selbstbewußtseins; Herrschaft und Knechtschaft"* (HEGEL 1807, 145-155) arbeitet Hegel heraus, unter welchen Voraussetzungen Selbstbewusstsein entstehen kann. Ausgangspunkt sind *„zwei entgegengesetzte Gestalten des Bewußtseins; die eine das selbständige, welchem das Fürsichsein, die andere das unselbständige, dem das Leben oder das Sein für ein anderes das Wesen ist; jenes ist der Herr, dies der Knecht"* (HEGEL 1807, 150). Ausgehend von Hegels Konzept von Herrschaft und Knechtschaft übertrug Frantz Fanon (1924-1961) – geboren auf Martinique – in seinem Buch „Schwarze Haut, weiße Masken" (FANON 1952, 154-158) Hegels Herr-Knecht-Dialektik auf das Verhältnis zwischen Weißen und (insbesondere französischen) Schwarzen nach dem Ende des Kolonialismus. Fanons These lautet, dass eine tatsächliche Anerkennung immer eine beidseitige sein müsse – *„sie anerkennen sich als gegenseitig sich anerkennend"* (HEGEL 1807, 147). Wenn nun jedoch – wie in dem von Fanon beschriebenen Fall – *„eines Tages [...] der weiße Herr den Negersklaven kampflos anerkannt"* hat (FANON 1952, 154), der *„Neger"* vom Herrn befreit wurde, ohne für seine Freiheit zu kämpfen, so ist die großzügig gestattete Freiheit ebensowenig eine tatsächliche Freiheit wie die einseitig erfolgte Anerkennung eine tatsächliche Anerkennung ist. Fanon, der sich 1956 der nationalen Befreiungsfront in Algerien anschloss, formuliert die Zielstellung einer antikolonialen Bewegung folgendermaßen: *„Den Menschen dazu zu bewegen, a k t i v zu sein und dabei die Achtung vor den Grundwerten zu bewahren, dies ist die vordringliche Aufgabe desjenigen, der, nachdem er nachgedacht hat, sich anschickt zu handeln"* (FANON 1952, 158; Herv. i. O.).

Hegel hat mit der Entwicklung der Dialektik von Herrschaft und Knechtschaft theoretische Überlegungen über die Funktionsweise und Verinnerlichung von Macht- und Herrschaftsverhältnissen angestellt, aber auch die Bedingungen herausgearbeitet, unter denen es möglich ist, die Knechtschaft zu überwinden und ein Selbstbewusstsein zu erlangen. Damit hat er ein theoretisches Konzept der Befreiung aus Abhängigkeitsverhältnissen entwickelt, das 150 Jahre später in Zusammenhang mit der Entkolonialisierung eine neue Bedeutung erlangen sollte.

Anmerkungen

1   Der Göttinger Professor Johann-Friedrich Blumenbach (1751-1840) führte die Kategorie der „kaukasischen Rasse" in die Rassentheorien ein. *Auf dem Umweg über das ästhetische Urteil"* (POLIAKOV 1993, 198) pries er die Gesichtszüge und die Schädelform der Weißen und verlieh ihnen den Namen des Kaukasus-Gebirges, weil in dieser Gegend seiner Meinung nach die „schönste Menschenrasse" (Blumenbach) lebte. Die „kaukasische Rasse" fand Eingang in weitere Rassenkonzepte und galt als Äquivalent zur „europäischen Rasse". In der ersten Hälfte des 20. Jahrhunderts fungierte sie sogar als Auswahlkriterium für die Einwanderung in die USA und wird von Léon Poliakov als das „transatlantische Äquivalent" zur „arischen Rasse" gewertet, da sie neben farbigen Menschen auch die „hebrew race" ausschloss (POLIAKOV 1993, 199).

2   Antinomie: Widerspruch eines Satzes in sich oder zweier Sätze, von denen jeder Gültigkeit beanspruchen kann.

Literatur

Erklärung der Menschen- und Bürgerrechte 1789. In: W. Grab (Hrsg.), Die Französische Revolution. Eine Dokumentation. München 1973, 78-123.

FANON, F. 1952: Schwarze Haut, weiße Masken (aus dem Französischen von Eva Moldenhauer). Frankfurt am Main 1985.

HEGEL, G. W. F. 1807: Phänomenologie des Geistes. Nachdruck. Frankfurt am Main 1984.

HEGEL, G. W. F. 1820: Grundlinien der Philosophie des Rechts oder Naturrecht und Staatswissenschaft im Grundrisse. In: Sämtliche Werke. Jubiläumsausgabe in zwanzig Bänden. Band 7, neu herausgegeben von Hermann Glockner. Stuttgart 1952.

HEGEL, G. W. F. 1837: Vorlesungen über die Philosophie der Geschichte. In: Sämtliche Werke. Jubiläumsausgabe in zwanzig Bänden. Band 11, neu herausgegeben von Hermann Glockner. Stuttgart 1949.

HEGEL, G. W. F. 1845: Hegels Philosophie des subjektiven Geistes 1845, herausgegeben und übersetzt mit einer Einleitung und Erläuterungen von M. J. Petry. Bd. 2. Anthropologie [deutsch-englisch]. Dordrecht/Boston 1979.

HENTGES, G. 1999: Schattenseiten der Aufklärung. Die Darstellung von Juden und „Wilden" in philosophischen Schriften des 18. und 19. Jahrhunderts. Schwalbach im Taunus 1999.

POLIAKOV, L. 1993: Der arische Mythos. Zu den Quellen von Rassismus und Nationalismus. Hamburg 1993, 198.

SIEYÈS, E. 1789: Was ist der dritte Stand? In: W. Grab (Hrsg.), Die Französische Revolution. Eine Dokumentation. München 1973, 31-38.

Die Erfindung der gelben und der roten Rasse

Walter Demel

Farben entsprechen bestimmten Wellenlängen des Lichts. Wie solche Wellenlängen jedoch begrifflich zu Einheiten zusammengefasst werden, wird zwar grundsätzlich von einem gewissen psychophysiologischen Mechanismus gesteuert, hängt aber im Detail von der kulturellen Entwicklung einer Sprachgemeinschaft ab. Eine im südlichen Afrika gesprochene Sprache fasst beispielsweise unser Gelb und Grün in dem Wort *cicena* zusammen, eine andere, aus Westafrika, Gelb, Orange und Rot zu *ziza*. Auch das chinesische *huang* deckt einen größeren Bereich ab als unser Gelb, dafür ist es bei dem chinesischen Wort, das am ehesten unserem Braun entspricht, umgekehrt (FAN 1996, 43, 66, 157). Schon allein deshalb ist es problematisch, in globaler Perspektive Menschengruppen nach „Hautfarben" unterscheiden zu wollen – so als würde man überall auf der Welt eine „gelbe" Haut als „gelb" identifizieren können.

Aber die Sache ist noch viel fragwürdiger. Auch das Wort „Rasse" hat nämlich seine Geschichte. Ursprünglich wahrscheinlich von arabisch „räz" (= „Haupt", „Oberhaupt" und in übertragener Bedeutung „Abstammung") zunächst in die südeuropäischen Sprachen eingedrungen, wurde es erst 1684 durch einen kurzen Aufsatz des französischen Arztes und Weltreisenden François Bernier in die gelehrte Diskussion eingeführt, um damit die bis dahin gebräuchliche Einteilung der Menschen nach deren Herkunft aus bestimmten Erdteilen durch eine neue Klassifikation nach – zunächst vielfältigen – äußeren Merkmalen zu ersetzen. Dies wurde jedoch nur zögernd aufgegriffen (CONZE, SOMMER 1984, 135 ff. GEISS 1988, 16 f.). Noch der große Klassifikator Carl v. Linné (1707-1778), auf den letztlich unser heutiges Einteilungsschema in der Tier- und Pflanzenwelt zurückgeht, kannte lediglich einen Homo Europaeus, Americanus, Asiaticus und Africanus – Australien war als Kontinent damals noch nicht im europäischen Bewusstsein. Immerhin bezeichnete er in anfänglichen Auflagen seines 1735 erstmals erschienenen „Systema Naturae" den Europäer als *albescens* – was man, unter Berücksichtigung der obigen Ausführungen, mit weißlich übersetzen könnte –, den Afrikaner als schwarz (*niger*), den Amerikaner (Indianer) als rötlich (*rubescens*) und den Asiaten als *fuscus*, was das Wörterbuch mit dunkel, dunkelbraun, schwarzgelb, schwärzlich wiedergibt. Die eindeutige Zuordnung war insofern merkwürdig, als etwa noch viel spätere Anthropologen einräumten, dass unter den Europäern z. B. Spanier und Skandinavier im Schnitt eine unterschiedliche Hautfärbung aufweisen – von saisonalen Variationen ganz abgesehen. Noch merkwürdiger, dass er die Tatsache übersah oder überging, dass die in

Karl Bodmer: Mató Tópe, Mandan, handkolorierter Stich, 1839, Staatliche Museen zu Berlin, Preußischer Kulturbesitz, Ethnologisches Museum
Bodmers Darstellungen von Indianern zeichnen sich durch eine sehr genaue Wiedergabe der Wirklichkeit aus. Körper und Arme von Mató Tópe sind mit rotbräunlichen Streifen bemalt; die dunklen Streifen sind die Farbe, die helleren zeigen seine Haut. Stirn und Kieferpartie sind rot bemalt.

Wirklichkeit eher (verschiedenartig) „bräunlichen" Indianer ihre vermeintlich rötliche Farbe nach Mitteilung mancher Berichterstatter lediglich den Ölen bzw. Farben verdankten, mit denen sich viele Stämme einzureiben bzw. zu bemalen pflegten. Der mit Abstand Wichtigste von ihnen, der französische Kanadamissionar Lafitau, machte dafür allerdings auch den – irgendwie realisierten – Wunsch indianischer Mütter, ihrer „Leibesfrucht" die als schön empfundene rote Farbe zu verleihen, verantwortlich. Am merkwürdigsten aber war, dass Linné in den späteren Auflagen seines Werks den Indianer kategorisch zum *rufus* = Roten, Fuchsroten erklärte, und sein Asiate chamäleonartig sogar zu einem *luridus* mutierte, einem Blassgelben bzw. Gelben, an dem nur noch die Augen *fusci* = dunkel sein sollten (DEMEL 1997, 30 f. HUND 1999, 18. VAUGHAN 1982, 945 f.)

Wie kam es zu diesen erstaunlichen Veränderungen? Bis ins 18. Jahrhundert hinein hatten die meisten Reisenden die Japaner und Chinesen – meist mit Ausnahme der wie viele andere Asiaten als „bräunlich" beschriebenen Kantonesen – als mehr oder minder weiß geschildert. Wenn einerseits vereinzelt andere Farbtöne wie gelblich oder olivfarben genannt wurden, so behaupteten andererseits nicht wenige Reiseberichterstatter, diese Ostasiaten hätten genau oder fast genau die gleiche Hautfarbe wie die Europäer oder jedenfalls die meisten davon. Das Gleiche gilt, bis weit ins 17. Jahrhundert hinein, für „die" Indianer – ohnehin alles andere als eine sprachliche und sehr wahrscheinlich auch keine herkunftsmäßige Einheit. Kolumbus erschienen sie 1492 zwar in der Karibik als „weder schwarz noch weiß", Verrazzano 1524 im Süden der Ostküste der heutigen USA als „schwarz", weiter nördlich als „bronzefarben" (mit teilweiser Neigung zu „weiß" einerseits, „goldgelb" andererseits), de Soto 1539 im Mittleren Westen als braun, Ingram 1568 im südlichen Nordamerika als oliv, im nördlichen als gelbbraun bzw. lohfarben – *tawny* wurde später zur Hauptbezeichnung der Engländer für die Hautfarbe ihrer indianischen Nachbarn. Aber über Vespucci (1502) und Best (1578) bis zu zahlreichen Autoren des 17. Jahrhunderts (kaum mehr aber des 18.!)

stimmte schließlich die Mehrheit der Berichterstatter darin überein, dass auch die Indianer von Natur aus „weiß" seien (Demel 1997, 7 ff., 48 ff. (auch zum Folgenden); Hund 1999, 16 f. Vaughan 1982, 921 ff.).

Dass die in den klimatisch noch „gemäßigten", aber südlicher gelegenen Gebieten der Nordhalbkugel lebenden Völker – egal ob in Südeuropa, Nordafrika, der Karibik oder im südlichen China – eine bräunlichere Haut annehmen müssten als jene in nördlicheren Breiten, erschien damals als ganz einleuchtend, nämlich als eine Folge höherer Sonneneinstrahlung. Nicht zuletzt in diesem Zusammenhang stand es, wenn auch in Bezug auf die Ostasiaten in einigen Reisebeschreibungen als Übergangston zwischen „Weiß" und „Braun" ein „Gelbbraun" oder „Gelb" auftaucht. Aber das war, wie gesagt, eher selten der Fall.

Nun waren, nachdem der Seeweg zu ihnen während der ersten Hälfte des 16. Jahrhunderts erschlossen worden war, die Japaner und bald mehr noch die Chinesen von den (katholischen) Missionaren, von denen die weitaus meisten Berichte stammten, fast durchweg sehr bewundert worden, und zwar wegen ihrer Höflichkeit und ihres Intellekts, die Japaner zudem wegen vieler guter Charaktereigenschaften (wie Ehrlichkeit und Mut), die Chinesen jedoch vor allem wegen ihres hohen Lebensstandards, ihrer vorbildlichen politischen Ordnung und, als deren Grundlage, der Moral- und Sozialphilosophie des „weisen Konfuzius". Dahinter stand natürlich die Erwartung, diese beiden kulturell hochentwickelten Völker würden schnell erkennen, dass im Gegensatz zu ihren bisherigen mutmaßlich abergläubischen Vorstellungen – sprich: Buddhismus, Taoismus, Shintoismus – das Christentum der „natürlichen Vernunft" entspräche, und sie würden sich dementsprechend bald dazu bekehren. Doch diese Hoffnungen zerschlugen sich – in Japan schon 1613/39, in China endgültig ab etwa 1720 (Demel 1992, 188 ff.). Die Shogune verfolgten alle Katholiken mit brutaler Gewalt und ließen ab 1639 fast überhaupt keine Europäer mehr ins Land. Bis zur erzwungenen „Öffnung" Japans (1853) saßen nur einige im Dienste der niederländischen Ostindienkompanie stehende Europäer, lange streng abgeschirmt, auf der künstlichen Halbinsel Deshima im Hafen von Nagasaki und durften gerade einmal alle ein oder zwei Jahre dem Shogun in Edo (Tokyo) ihre Aufwartung machen. Die chinesischen Kaiser ihrerseits hielten sich in Peking auch im 18. Jahrhundert zwar noch eine Handvoll Jesuiten als Hofastronomen bzw. -maler, unterdrückten jedoch ebenfalls das Christentum auf dem Lande.

Das hatte Folgen für die Berichterstattung. Die Missionare fanden keinen Grund oder gar keine Gelegenheit mehr, besonders positiv über Chinesen oder Japaner zu berichten. Statt dessen traten nun die Schilderungen nicht zuletzt englischer Kaufleute und Seefahrer in den Vordergrund, die gerade einmal Kanton kennen lernten, auf das sich der europäische Ostasienhandel, dem Willen des Himmelssohnes entsprechend, zu konzentrieren hatte. Sie aber schilderten ihre chinesischen Geschäftspartner gerne als betrügerisch – und natürlich nicht unbedingt als „weiß" (vgl. S. 2).

Walter Demel

Außerdem verstanden sie immer weniger, warum die chinesischen Behörden ihnen enge Beschränkungen auferlegten, statt ihnen freien Handel zu gewähren. Denn im 18. Jahrhundert häuften sich die Berichte über Hungersnöte in China – die ökonomische Situation verschlechterte sich dort tatsächlich erheblich, während in Europa Hungerkatastrophen seltener wurden. Schließlich sah Montesquieu das, was aus Sicht Voltaires in China eine Art idealer „aufgeklärter Absolutismus" darstellte, schon als Erscheinungsform von „asiatischer Despotie" an – eine Auffassung, die sich im Zuge der Ausbildung frühliberaler Absolutismuskritik bald durchsetzte. Den europäischen Beobachtern erschienen die Ostasiaten dementsprechend immer weniger als vorbildlich. Das wirkte offenbar auch auf die Wahrnehmung der Augenzeugen zurück (vgl. DEMEL 1991).

Und im östlichen Nordamerika? Statt sich dem Protestantismus und der englischen *civilization* zu öffnen, weigerte sich die Masse der dortigen Indianer, die zuvor noch gerne als Nachkommen der verlorenen Stämme Israels gegolten hatten, ihre barbarische, heidnische Identität aufzugeben, um die christliche Religion und die Kultur der Europäer zu übernehmen. Im Gegenteil: Zunächst in Virginia, seit 1675 auch in den Neuenglandkolonien zeigten sich die einheimischen Stämme gegenüber dem anschwellenden Strom neuer Siedler keineswegs, wie ursprünglich von diesen erwartet, freundlich, sondern immer feindlicher. Es häuften sich die Überfälle, an denen die Kolonisten regelmäßig den „Barbaren" die Schuld gaben. Als einige Kolonien frühzeitig begannen, unter rassischen Gesichtspunkten „Missheiraten" zu verbieten, wurde deshalb bald – in Virginia seit 1691 – den Siedlern ebenso untersagt, ein Mitglied der Urbevölkerung zu ehelichen wie jemanden aus der (bis dahin gesetzlich ganz getrennt behandelten) Gruppe der „Schwarzen", Mulatten oder Mestizen (VAUGHAN 1982, 934 f., 940 f.).

Nun galten Europäern gerade des 18. Jahrhunderts „Barbaren" oder „Halbzivilisierte" generell leicht als dunkler als die „fortschrittlichen Nationen", als die sich speziell die immer mehr als Kolonialmächte aufsteigenden europäischen Völker selbst empfanden. Etwa der große Naturforscher Buffon deutete an, dass sich eine solche Parallele wissenschaftlich beweisen ließe. Untergründig spielte dabei indes vermutlich der europäische Farbsymbolismus eine Rolle, in dessen Rahmen Gelb, anders speziell als Braun, stets durch eine besondere Ambivalenz gekennzeichnet war – vom warmen, strahlenden „Gold(-gelb)" als Kaiserfarbe bis hin zu einem kalten, grellen, grünstichigen oder schmutzigen Gelb, das als Warnzeichen (vor Juden, Huren etc. und bis heute im Straßenverkehr) dienen kann. Die ambivalente Haltung gegenüber den Ostasiaten – der „Weisheit des Ostens" einerseits, der erstmals nach ca. 1860 von US-amerikanischen, angesichts des Zustroms ostasiatischer Arbeitskräfte um ihre Löhne fürchtenden Arbeitnehmern entdeckten „Gelben Gefahr" andererseits – ließ sich gut damit ausdrücken. Ähnlich entsprach Rot dem zwiespältigen Verhältnis zum Indianer: zum „roten Mann" als einem „edlen Wilden" wie umgekehrt zu der grausamen, um dem Marterpfahl tanzenden „Rothaut".

Sich selbst definierten gerade die in Amerika lebenden Europäer – speziell in Abgrenzung zu afrikanischen Sklaven – tendenziell dagegen zunehmend als „Weiße" (das Christentum wäre angesichts der Taufe der meisten Sklaven kein Abgrenzungskriterium mehr gewesen). Zudem kam ihnen in beiden Fällen ein einheimischer Farbsymbolismus zu Hilfe. In der chinesischen Farbsymbolik spielte Gelb (oder besser: *huang*) immer eine besondere Rolle: vom „gelben Kaiser", einem mystischen Kulturbringer, über den „Gelben Fluß" bis hin zum „Kaisergelb" als der dem „Sohn des Himmels" exklusiv vorbehaltenen Farbe. Die Chinesen verbanden bei ihrer Kennzeichnung der fünf Weltregionen mit dem Reich der Mitte die Farbe Gelb. Dem Norden wiesen sie dagegen Schwarz zu, dem Osten Grün, dem Süden Rot und – wie passend – dem Westen Weiß (DEMEL 1997, 80 f.). Die im Südosten der heutigen Vereinigten Staaten lebenden Indianer, namentlich die Cherokees, bezeichneten sich ihrerseits spätestens seit den 1720er Jahren als „rot", und zwar zumindest im diplomatischen Verkehr mit den „Weißen", von denen (und von deren „schwarzen" Sklaven) sie sich damit abgrenzten. Anknüpfen ließ sich dabei an die Konnotationen von rot, wofür die Cherokees zwei Begriffe besaßen, von denen einer rotbraun, tonfarben, der andere eher hell- bzw. blutrot bedeutete. Rot mag mit der einen oder anderen Herkunftslegende eines Stammes verbunden gewesen sein, man assoziierte es mit Krieg bzw. Kriegstüchtigkeit, aber deshalb auch mit Jugend. Die Selbstbezeichnung als „roter Mann" sollte also möglicherweise signalisieren, dass man bereit war, sich als eine Art „Juniorpartner" der „Weißen" zu verstehen. Daraus, so jüngst eine amerikanische Forscherin (SHOEMAKER 1997, 639), hätten sich im Laufe der Zeit auch auf der indigenen Seite „nacent racial categories" entwickelt.

Die „rote Rasse" war, ebenso wie die „gelbe", jedoch weder eine Erfindung von Außereuropäern noch eine solche von Reisenden oder Kolonisten aus Europa. Sie waren eine Erfindung – oder, wenn man so will, eine Konstruktion – europäischer Gelehrter, von denen vielleicht kein einziger jemals einen Indianer oder einen Ostasiaten zu Gesicht bekommen hatte. Ohne irgendeinen „Rassen"-Begriff zu besitzen, machte damit ein im 17. Jahrhundert berühmter, aus der Oberpfalz stammender Leidener Theologe und Historiker namens Georg Horn (1620-1670) möglicherweise den Anfang. Er suchte nämlich die biblische Geschichte mit den Verhältnissen seiner Zeit in Beziehung zu setzen und leitete – wie andere vor ihm auch – deshalb

Yuan Jiang: Der Juicheng-Palast, Hängerolle, Tusche und Farben auf Seide, 1721,
Museum für Ostasiatische Kunst, Köln
Foto: Rheinisches Bildarchiv, Köln
Die gesamte Landschaft, die den Kaiserpalast umgab, wurde bei dieser Tuschmalerei in ein strahlendes Gelb getaucht.

Europäer, Asiaten und Afrikaner von den Söhnen bzw. Enkeln Noahs ab. In diesem Zusammenhang schrieb er in seiner „Arca Noae", man könne Noahs Nachkommen nach ihrer Hautfarbe auch in Weiße (albi), Schwarze (nigri) und Gelbe (flavi) einteilen. Gemeint waren damit Skythen/Jafetiten, Äthiopier/Hamiten bzw. Inder/Semiten. Die Chinesen erwähnte er dabei nicht. Er hielt sie für ein Mischvolk und damit schwerlich für „weiß". Das minderte indes seine Hochachtung vor ihnen keineswegs, nannte er sie doch *„aus der auserlesendsten Nachkommenschaft von Sem, Ham und Jafet zusammengesetzt"*. Warum er die Inder für „gelb" hielt, teilte Horn nicht mit, verwies jedoch auf den Farbsymbolismus orientalischer Völker (Horn 1666, 3, 5, 37 f., 427 f., zit. 440).

Nicht auf die Bibel, sondern auf die antike Lehre von den vier Temperamenten berief sich Linné, wenn er in späteren Auflagen seine vier „Rassen" nicht nur nach ihrer Farbe unterschied, sondern auch mit bestimmten festen Charaktereigenschaften ausstattete. Dabei schrieb er den Indianern ein cholerisches und den Asiaten ein melancholisches Temperament zu, sprach allerdings nicht von „Rassen", sondern von „Varietäten". Seine Zuschreibungen legten jedoch medizinische Deutungen nahe. Buffon, dessen monumentale „Histoire naturelle" in den Jahren von 1749 bis 1767 erschien, glaubte nämlich, von den gemäßigten Breiten ausgehend müsste sich die Haut der Völker über gelb und braun bis zu schwarz entwickeln. Überall würden die Säuglinge mit weiß-rötlicher Haut geboren werden, dann aber, je mehr das Klima von dem der gemäßigten Breiten abweiche, innerhalb weniger Tage mehr oder minder

Schachtel mit Schachfiguren, gelb lackiert, auf dem Deckel Asiaten, Europa, 19. Jh, Landesmuseum für Natur und Mensch, Oldenburg
Auch an alltäglichen Gegenständen ist erkennbar, dass in Europa Asiaten mit der Farbe gelb verknüpft wurden.

dunkler werden. Kälte oder Hitze wurden gleichsam zu Degenerationsfaktoren erklärt. Die sich infolge letztlich erblicher Fixierung dabei ergebenden „konstanten Varietäten" nannte Buffon „Rassen". Außerdem meinte er, in aller Regel eine Parallele zwischen dunkler Haut einerseits und Dummheit bzw. Unzivilisiertheit andererseits erkennen zu können. Das gab den Anstoß zur Entwicklung vielfältiger wissenschaftlicher – aus heutiger Sicht sicherlich eher pseudowissenschaftlicher – Rassentheorien bis weit ins 19. Jahrhundert hinein.

Der deutsche Philosoph Kant, um einen exakt definierten Rassenbegriff bemüht, fand nach einigem Schwanken schließlich ebenfalls vier Rassen: die Weißen, die Schwarzen, die „kupferroten" Indianer und die Gelben, die er, wie Horn, auf dem indischen Subkontinent lokalisierte. Dabei interpretierte er das „Olivgelb" der Inder als Folge einer durch die trockene Hitze hervorgerufenen Absonderung der ins Blut übergetretenen Gallenflüssigkeit, mithin als eine Art permanenter Gelbsucht. Zur gleichen Zeit, nämlich ab 1775, legte der später gern als „Vater der Anthropologie" gerühmte Göttinger Mediziner Johann Friedrich Blumenbach seine ersten Forschungsergebnisse vor. Er unterschied fünf Rassen: die später als „Europide" bezeichneten, „mehrentheils" weißen „Kaukasier" als Urrasse, die „meist gelbbraunen" Mongolen, die „schwarzen" Äthiopier, die „kupferroten" Indianer und die „schwarzbraunen" Malaien. Zunächst noch vorsichtig, fiel sein Urteil über die äußeren Unterschiede dieser Rassen mit der Zeit – sein „Handbuch der Naturgeschichte" erlebte zahlreiche Auflagen – immer apodiktischer aus: Die Kaukasier wurden allesamt (wenigstens „mehr oder weniger") „weiß", die Mongolen „meist waizengelb" – zwar nur „meist", aber durch ihren „gelben" Ton unterschieden sie sich nun doch eindeutig von den dann wieder als „lohfarben oder zimtbraun" beschriebenen Indianern wie auch von den „braunen" Malaien.

Noch in der ersten Hälfte des 19. Jahrhunderts wurde eine Fülle unterschiedlicher Rassentheorien entwickelt. Manche Forscher glaubten nur zwischen zwei Rassen differenzieren zu müssen, ein anderer meinte, 200 erkennen zu können. Doch setzte sich Blumenbachs Einteilung, aller Einwände zum Trotz, schließlich durch, und zwar sowohl in der in Westeuropa und den USA dominierenden, eher empirisch-quantifizierend (dabei höchst fehlerhaft) arbeitenden Anthropologie als auch in der besonders in Deutschland verbreiteten romantischen Naturphilosophie. Vor allem letztere steuerte – in der Regel höchst abstruse – entwicklungsgeschichtliche Erklärungsmodelle bei. „Gelbe", „Rote" und „Braune" wurden – oft in dieser Reihenfolge – irgendwo zwischen den in fast jeder Beziehung überlegen gedachten „Weißen" und den nicht selten in die Nähe von Affen gerückten „Schwarzen" angesiedelt. Selbstverständlich flossen dabei vom europäisch-nordamerikanischen Standpunkt aus getroffene ästhetische bzw. ethische Urteile ein, schrieb doch etwa sogar der sonst so kritische Kant in einer seiner Frühschriften: „… *dieser Kerl war vom Kopf bis auf die Füße ganz schwarz, ein deutlicher Beweis, daß das, was er sagte, dumm war*" (KANT 1764).

Walter Demel

Je mehr sich die Europäer und ihre amerikanischen Nachkommen zivilisatorisch-technisch wie auch kulturell überlegen fühlten, um so radikaler – und undifferenzierter – schrieben ihre Gelehrten und die Öffentlichkeit sich eine „weiße", der übrigen Menschheit aber eine irgendwie „(anders-)farbige" Identität und einen bestimmten biologisch definierten „Rassentypus" zu, und zwar unbekümmert um das weiterhin viel stärker differenzierte Bild, das Reisende lieferten (DEMEL 1997, 51 ff.).

Am Ende hieß es in einem aus dem Jahre 1907 stammenden, bemerkenswerterweise 1989 nachgedruckten Werk: *„Jeder Gebildete kennt den Blumenbachschen Nachweis von den fünf Menschenrassen, der uns lehrt, daß auf jedem Erdteil eine besondere, farbige Rasse wohnt. Die kaukasische (weiße) Rasse bewohnt Europa, die mongolische (gelbe) Asien, die indianische (rote) Amerika, die malayische (braune) Australien und die polynesischen Südseeinseln, schließlich die äthiopische (schwarze) Afrika"* (HUTER 1907/1989, 15). Dieses „Wissen" der „Gebildeten" wurde u. a. über den Schulunterricht (nicht nur des Nationalsozialismus!) schließlich zum „Allgemeinwissen". Es lebt gerade im sogenannten Neo-Rassismus noch heute fort, obwohl sich in der wissenschaftlichen Welt inzwischen fast ausnahmslos die Erkenntnis durchgesetzt hat, dass alle „Rassen"-Lehren, insbesondere wenn sie von bestimmten Hautfarben ausgehen und die äußere Erscheinung mit inneren Werten und Fähigkeiten in Verbindung setzen, jeglicher wissenschaftlichen Grundlage entbehren.

Literatur

CONZE, W. u. SOMMER, A. 1984: „Rasse". In: O. Brunner u. a. (Hrsg.), Geschichtliche Grundbegriffe. Historisches Lexikon zur politisch-sozialen Sprache in Deutschland, Bd. 5. Stuttgart 1984, 135-178.

DEMEL, W. 1991: Abundantia, Sapientia, Decadencia - Zum Wandel des Chinabildes vom 16. bis zum 18. Jahrhundert. In: U. Bitterli u. E. Schmitt (Hrsg.), Die Kenntnis beider „Indien" im frühneuzeitlichen Europa, Akten der Zweiten Sektion des 37. deutschen Historikertages in Bamberg 1988. München 1991, 129-153.

DEMEL, W. 1992: Als Fremde in China. Das Reich der Mitte im Spiegel frühneuzeitlicher europäischer Reiseberichte. München 1992.

DEMEL, W. 1997: Come i Cinesi divennero gialli. Alle origini delle teorie razziali. Vita e Pensiero, Bd. 8. Milano (Pubblicazioni dell'Università Cattolica del Sacro Cuore) 1997 – eine wesentlich erweitere Fassung in italienischer Sprache von: Wie die Chinesen gelb wurden. Ein Beitrag zur Frühgeschichte der Rassentheorien. Historische Zeitschrift 255, 1992, 625-666.

FAN Y. 1996: Farbnomenklatur im Deutschen und im Chinesischen. Eine kontrastive Analyse unter psycholinguistischen, semantischen und kulturellen Aspekten. Frankfurt am Main 1996.

GEISS, I. 1988: Geschichte des Rassismus. Frankfurt am Main 1988.

HORN(IUS), G. 1666: Arca Noae, Sive Historia Imperiorum et Regnorum a condito orbe ad nostra Tempora. Lugd[uni] Batav[orum] & Roterod[ami] 1666.

HUND, W. D. 1999: Rassismus. Die soziale Konstruktion natürlicher Ungleichheit. Münster 1999.

HUTER, C. 1907/1989: Die Naturell-Lehre als Grundlage der praktischen Menschenkenntnis. Detmold u. Leipzig, 4. Aufl. 1907 (Neudruck Zürich 1989).

KANT, I. 1764: Beobachtungen über das Gefühl des Schönen und Erhabenen. In: Kant's gesammelte Schriften. 1. Abt. 29 Bde. Berlin 1902-1983, hier Bd. 1/2, 255.

SHOEMAKER, N. 1997: How Indians Got to Be Red. American Historical Review 102/103, 1997, 625-644.

VAUGHAN, A. T. 1982: From White Man to Redskin: Changing Anglo-American Perceptions of the American Indian. American Historical Review 87/4, 1982, 917-953.

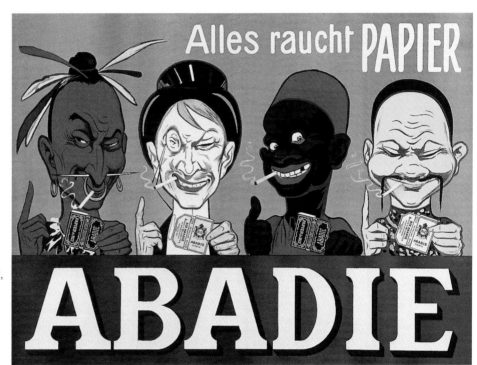

„Alles Raucht Papier. Abadie",
Plakat von Eugéne Ogè,
ca. 1910,
Museum für Gestaltung
Zürich,
Plakatsammlung

„Schwarzundweiße Halbbrüder"

Zum Wechselspiel zwischen der wissenschaftlichen Debatte und der Sklavenfrage im späten 18. Jahrhundert

Hans-Konrad Schmutz

Der neuzeitliche Aufbruch über die endlose Meereswüste, weit über die bekannten Küsten hinaus zu den unbehausten Erdrändern mit ihren Monstern und Mischwesen, gehört ohne Zweifel zu den großen nautischen und psychologischen Leistungen der europäischen Seefahrt. Bei all den frühen Entdeckungsfahrten fuhr die Angst im Bauch der Galeonen mit (GREENBLATT 1991). Dem lähmenden Erstaunen über die exotischen Landstriche und dem Erschrecken vor den fremdartigen Gesichtszügen der Eingeborenen folgte die ökonomische Ausbeutung und Schritt für Schritt die wissenschaftliche Aneignung der fremden Völker.

Die Entwurzelung und Versklavung der Afrikaner durch die Europäer gehören zu den radikalsten kolonialen Ausbeutungen. Die Sklavenhaltung war während langer Zeit ein wichtiges Element des kolonialen Wirtschaftsgefüges europäischer Großmächte gewesen und hat besonders die europäisch-westafrikanischen Beziehungen entscheidend geprägt. Allein in den 80er Jahren des 18. Jahrhunderts wurden 100 000 Afrikaner nach Amerika verschifft. Über das ganze Jahrhundert hinweg sind gegen sieben Millionen als Handelsware unter den erbärmlichsten Bedingungen verfrachtet worden. Dem monströsen Verbrechen fielen – zwischen der Mitte des 15. und dem beginnenden 19. Jahrhundert – gegen 20 Millionen Westafrikaner zum Opfer (zur Kolonialgeschichte vgl.: BITTLERI 1980. GRAY 1975).

Massive Kritik an den Sklavenfahrern und den Missständen auf den Plantagen regte sich erst in der zweiten Hälfte des 18. Jahrhunderts. Während den 1788 in Paris zusammengeschlossenen „Amis des Noirs" kaum Erfolg beschieden war, formierte sich in England eine schlagkräftige Opposition. Blieben die französischen Kritiker der Sklaverei nur ein literarischer Zirkel unter vielen, so entwickelten britische Gegner, wie Granville Sharp oder Thomas Clarkson, eine breit angelegte Propaganda. Traktate und Flugschriften wurden verfasst, Augenzeugenberichte gedruckt und der Schrecken zu Gedichten und Romanen verdichtet. Vieles entstand in direktem Bezug auf die bald einsetzende Parlamentsdebatte. Doch, obwohl Parlamentarier wie Edmund Burke, Fox oder der eng mit William Pitt d. J. (1759-1806) befreundete William Wilberforce (1759-1833) mit vorzüglichen Argumenten und geschliffener Rhetorik fochten, gelang es erst 1807 den Sklavenhandel zu bannen und es brauchte weitere 26 Jahre bis die Aufhebung der Sklavenhaltung im britischen Empire eine Parlamentsmehrheit fand.

Die Londoner Parlamentsdebatte wurde auch in Deutschland verfolgt und kommentiert. Karl von Reitzenstein hat sein Trauerspiel „Die Negersklaven" nicht nur Wilberforce gewidmet. Sondern er hat seiner Figur Barkly Worte aus der Parlamentsdebatte in den Mund gelegt, wie er in der Einleitung schreibt: *„Die Worte: Die niederträchtige Negerbrut muss durch unsere Herrschaft noch geehrt seyn, wenn wir sie auch tyrannisieren, welche Aufzug IV, Auftritt 8 Barkely in den Mund gelegt werden, sind die eigenen Ausdrücke eines Mitgliedes des Parlaments, in öffentlicher Sitzung. Dies hielt man nöthig zu erinnern"* (REITZENSTEIN 1794, 145).

Die Debatte zur Sklavenfrage interessierte zudem deutsche Naturforscher und Mediziner. Samuel Thomas Soemmerring (1755-1830) bezog sich schon 1784 auf Zeugenbefragungen vor dem House of Commons (SOEMMERRING 1784). Der Heidelberger Anatom Friedrich Tiedemann (1781-1861) berief sich auf die Londoner Parlamentsdebatte. Er schrieb 1827 in der Einleitung zur deutschen Übersetzung seiner vergleichend neuroanatomischen Studie „Das Hirn des Negers mit dem des Europäers und Orang-Outangs verglichen" folgendes: *„Die Veranlassung zu vorliegender Schrift gaben die vor einigen Jahren im britischen Parlament geführten, und jeden Menschen-Freund ansprechenden Debatten über den Sklavenhandel und die Emancipation der Neger"* (TIEDEMANN 1837, V). Die Frage nach der Legitimation des Sklavenstatus hing somit für Mediziner und Naturkundler direkt zusammen mit der Frage nach der Stellung der Afrikaner im gedachten Rassengefüge. Entsprechend häufig spiegelt sich die Sklavenfrage direkt oder indirekt in der zeitgenössischen rassenkundlichen Literatur (vgl. SCHMUTZ 1984, I-XX).

Der Mainzer Anatom Samuel Thomas Soemmerring suchte dieser Diskussion vergebens zu entgehen, indem er der zweiten Auflage seiner Studie mit dem korrigierten Titel „Ueber die körperliche Verschiedenheit des Negers vom Europäer" die Entschuldigung beifügte: *„Ich legte meine Gründe dar, mit möglichster Vorsicht und Behutsamkeit wegen aller nachtheiliger Folgen auf die Behandlung dieser Unglücklichen, und doch konnte ich nicht ganz dem Mißverständnisse entgehen, als liesse sich durch meinen Aufsatz in etwas die Tyranney entschuldigen, worunter sie in beiden Indien seufzen"* (SOEMMERRING 1785, XIX). Soemmerrings Freund Georg Forster (1754-1794) meinte dazu: *"Theils Rechthaberey, theils kleinlicher Eigennutz haben die wichtige Frage von der sittlichen Empfänglichkeit der Neger zu einer der verworrensten im Felde der moralischen Politik gemacht; unter uns scheint sie sogar durch die unpartheyischen Bemühungen der Physiologen und Zergliederer nur noch unauflösbarer geworden zu seyn. Die sorgfältige Vergleichung des Negerkörpers mit dem Körper des Europäers hatte gelehrt, dass bey jenem der ganze Bau grössere thierische Vollkommenheit zu verrathen scheine. So unanmassend und behutsam dieser Satz hingestellt war, so ungeschickt ward er aufgefasst und zum Beweis gebraucht, nicht etwa nur, dass ein geringeres Maass von Geistesfähigkeiten dem Neger zu theil worden sey, sondern dass auch diese von Natur schon eine schiefe Richtung nahmen und in einem Missverhältnisse gegeneinander* *stünden, wobey das Phänomen der Sittlichkeit nicht möglich werde"* (FORSTER 1791). Karl Asmund Rudolphi (1771-1832) war der Ansicht, dass die verschiedenen Menschengruppen unterschiedlichen Ursprungs seien, sich also unabhängig voneinander entwickelt hätten. Diese polygenistische Auffassung versuchte er von vornherein vor der Vereinnahme durch Sklavenbefürworter zu schützen mit dem Argument: *„Ehemals hielt man es wohl der Moral für nachtheilig mehrere Menschenrassen anzunehmen,"* schrieb er 1812 in seinen Beiträgen zur Anthropologie und allgemeinen Naturgeschichte: *„Man fürchtete nämlich, diese Arten möchten sich nicht für Brüder halten, und sich daher doppelt feindlich begegnen. Diese Furcht aber ist unbegründet. Nie könnten sich Menschen feindlicher begegnen, als die Europäer, als die Bewohner eines Landes, als es Blutverwandte gegenseitig gethan haben. Die Verfolgung der Waldenser, die Bluthochzeit, die französische Revolution bieten die schrecklichsten Beyspiele solcher Gräuel dar. Es ist war, die Neger sind von den Europäern fürchterlich gemißhandelt worden, und jene haben sich unmenschlich gerächt; allein ist dabei an den verschiedenen Ursprung gedacht worden?"* (RUDOLPHI 1812, 167).

Dass der vermutete „verschiedene Ursprung" in der Tat instrumentalisiert wurde, beweist nicht nur Edward Long (1734-1813) mit vielfältigen Hinweisen in seiner einflussreichen „History of Jamaika" von 1774, sondern auch Johann Christian FABRICIUS (1745-1808), der den Sklavenstatus mit der postulierten Ungleichwertigkeit der Rassen legitimierte: *„Wir führen sie jährlich als eine Herde Schaafe von der Küste Guineas nach Westindien. Wir halten Tausende von ihnen auf allen unsern westindischen Inseln und durch wenige Weiße in der härtesten und drückendsten Knechtschaft. Nie ist es ihnen gelungen, irgend etwas gegen die Weißen auszuführen. Denn"*, so heißt es weiter: *„es fehlt allen ihren Unternehmungen der Geist, der den weißen Menschen in den Stand setzte, große Pläne mit Genauigkeit zu entwerfen und solche mit Nachdruck und Erfolg auszuführen"* (FABRICIUS 1804, 213). Körperliche Merkmale wie *„die merkwürdige, völlig beständige Schwärze der Mohren"*, das krause Wollhaar, der Knochenbau, die Gesichtsbildung und die Kopfform würden den Schwarzen unüberbrückbar vom Weißen trennen. Diese Betonung trennender morphologischer Merkmale erinnert an Johann Friedrich Meckels (1714-1774) Feststellung einer unterschiedlichen Hirnfärbung und dessen daraus 1757 abgeleiteten Vermutung: *„Il semble donc que les Nègres fassent presque une autre espece d'homme"*[1]. Rudolphi (1771-1832) hat 1812 zu diesem Zusammenhang zwischen der Wertung anatomischer Merkmale und der gedachten Rassengenese gemeint: *„Daß die Frage, ob der Mensch mehrere Species ausmacht, eigentlich soviel heißt, sind die Unterschiede unter den verschiedenen Völkern groß und bleibend, oder nicht, oder fließen sie alle unmerklich in einander über"* (RUDOLPHI 1812, 167). Schon Fabricius hatte den gleichen fatalen Schluss gezogen: *„Aus diesem so beträchtlichen Unterschied sowohl des Körpers als der Geisteskräfte möchte ich den schwarzen von dem weißen Menschen verschieden halten. [...] Ich sehe deswegen auch den Schwarzen nur für meinen Halbbruder an, der aus der Vermischung des weißen*

Menschen und des Affen entstanden, die selbst fruchtbar gewesen und zugleich eine frucht-
bare Nachkommenschaft hervorgebracht haben. Africa ist daher auch das gemeinschaft-
liche Vaterland der Mohren und der Affen. Beide sind zugleich wegen ihrer geringeren
Geistesfähigkeiten nicht im Stande gewesen, sich wie der weiße Mensch über den ganzen
Erdball zu verbreiten, und sich allenthalben Ruhe, Bequemlichkeit und Vergnügen zu
verschaffen" (FABRICIUS 1804, 215).
Völlig andere Schlüsse zog Johann Friedrich Blumenbach (1752-1840) aus den
gleichen morphologischen Unterschieden mit der Feststellung: *"Ich kenne z.B. keinen*
einzigen ausgezeichneten körperlichen Character der den Negern eigenthümlich wäre,
und sich nicht auch bey manchen andern noch so entfernten Völkerschaften finden sollte:
Keinen, der den Negern in gleichem Grade gemein wäre, und worin sie nicht wiederum
mit andern Völkern durch unmerkliche Übergänge gleichsam zusammenfließen sollten,
sowie jede andre Menschenvarietät mit ihren benachbarten Völkerschaften zusammen
fließt" (BLUMENBACH 1806, 73-97, 74). Blumenbach schließt wie Fabricius den
Sklavenstatus in seine Überlegungen ein, zieht daraus aber völlig andere Schlussfolgerungen. In ihren geistigen Fähigkeiten und ihrer natürlichen Gutherzigkeit stünden
die Afrikaner *„im Ganzen genommen"* dem Weißen in nichts nach. Er schränkt aber
sogleich wieder ein: *„Ich sage sehr bedächtig im Ganzen genommen und natürliche*
Gutherzigkeit die nämlich nicht auf dem Transportschiffen und in den Westindischen
Zuckerplantagen durch die Brutalität ihrer weißen Henker so betäubt oder erstickt
worden, daß diese weißen Henker, sowie ohne Herz so auch obendrein ohne Kopf seyn
müßten, wenn sie bey einer solchen Behandlung noch treue Anhänglichkeit und Liebe von
diesen armen gemißhandelten Sclaven verlangen wollten" (BLUMENBACH 1806, 80-81).
Mehrmals verweist Blumenbach auf die Schriften englischer Sklavengegner wie
James Ramsey. Seine Behauptung, Afrikaner würden dem Europäer als Handwerker,
Künstler oder Wissenschaftler in nichts nachstehen, belegt er mit einer Vielzahl an
Beispielen, von einer „Negresse zu Yverdon", die man als Hebamme schätze, über den
Artillerieobristen in russischen Diensten Ibrahim Hanniball bis zu Gustav Vassa bzw.
Elaudo Equiano, den Blumenbach, wie die erwähnte Hebamme Pauline-Hippolyte
Buisson, persönlich kannte (BLUMENBACH 1787, 1-12). Daraus schließt er nun:
„[...] man könnte wohl ganz ansehnliche Provinzen nennen, aus deren Mitte man
schwerlich vor der Hand so gute Schriftsteller, Dichter, Philosophen und Correspondenten
der Pariser Academie zu erwarten hätte; so wie mir hingegen andererseits kein sogenann-
tes w i l d e s Volk unter der Sonne bekannt ist, das sich durch solche Beyspiele von
Perfectabilität und selbst wissenschaftlicher Culturfähigkeit so ausgezeichnet hätte und
sich dadurch so zunächst an die gebildetsten Völker der Erde anschlösse, als die Neger"
(BLUMENBACH 1806, 96 f.).
Blumenbachs Argumentationskette wurde unterschiedlich aufgenommen. Rudolphi
meinte, Blumenbach habe *„mehrere Beyspiele von gebildeten Negern gegeben, allein alle*
aus neuerer Zeit, und welche Vermischung mit ihren Eltern vorgegangen sind, wissen wir

nicht. Ein so altes Volk, wie die Neger, sollten wohl schon mehr geleistet haben" (RUDOPHI 1812, 157). James Hunt (1833-1869) qualifizierte Blumenbach als sentimental ab. In dessen Aufzählung sei kein wirklicher Afrikaner enthalten gewesen. Vorausgesetzt Blumenbach habe überhaupt korrekt berichtet, so seien solche Einzelentwicklungen nur möglich dank des Anteiles weißen Blutes in den Adern der vermeintlichen Neger (HUNT 1865, 1-64). Ebenso entschieden kritisierte Hunt den Heidelberger Anatomen Friedrich Tiedemann.

Angeregt von der englischen Parlamentsdebatte hatte Tiedemann seine neuroanatomische Vergleichstudie „Über das Gehirn des Negers mit dem des Europäers und Orang-Outangs verglichen" verfasst. Aus dem Hirn- und Schädelvergleich verschiedener menschlicher Rassen und der Menschenaffen hatte er geschlossen: *„[...] die Natur habe, insofern also eine gewisse Größe und Masse des Hirns zur Ausübung der Seelen-Vermögen eine nothwendige Bedingung ist, die Völker aller Menschen-Rassen hierzu in gleichem Grade befähigt. Daß sich aber die intellektuellen Vermögen bei den Völkern nicht in gleichen Grade und gleich intensiv äußern"*, führte Tiedemann auf den Sklavenstatus zurück. Die Unterdrückten seien verdorben worden durch die Unterdrücker, *„durch die Bekanntschaft und den langen Umgang mit den verworfenen Europäischen Abentheurern"* (TIEDEMANN 1837, 47 f.). Nach dem Hinweis auf Blumenbachs Liste schloss Tiedemann seine Argumentation mit der bemerkenswerten Feststellung: *„So stimmen die mitgetheilten Bemerkungen über die Seelen-Fähigkeiten und Bildsamkeit des Geistes der Neger mit dem Ergebniß der anatomischen Untersuchungen des Hirns der Neger überein. Wir halten uns demnach, soweit die Beobachtungen und die Tatsachen reichen, zu dem Schlusse berechtigt, daß weder im Bau des Hirns, noch in den Seelen-Fähigkeiten ein wesentlicher Unterschied zwischen den Negern und den Europäern obwalte"* (TIEDEMANN 1837, 81 f.).

In der Isis wohlwollend rezensiert, nannte Rudolf Wagner (1805-1864) Tiedemanns Studie eine der gründlichsten der neueren Zeit. Jahre später bemängelte dagegen Paul Broca nicht nur Tiedemanns Messmethode, sondern warf ihm vor, das Ergebnis zu einem philanthropischen Plädoyer für die Gleichwertigkeit aller Rassen und damit für die Sklavenbefreiung zurechtgebogen zu haben. Noch im Nachhinein schrieb der Pariser Anthropologe bissig: *„Ainsi les tableaux à l'aide desquels Tiedemann a cru prouver que le crâne du nègre n'est pas inférieur à celui du blanc prouvent précisément le contraire. Ce premier résultat est assez piquant"*[2] (BROCA 1873, 13).

Brocas Reaktion belegt nochmals die enge Verflechtung zwischen der gedachten Stellung der Afrikaner im postulierten Rassensystem und die kolonialpolitische Frage nach der Legitimation des Sklavenstatus. Sklavenhändler wie Abolitionisten haben sich in der harten Auseinandersetzung gleichermaßen auf Ärzte und Naturhistoriker stützen können oder sich ihre Ergebnisse angeeignet, wie es Broca anhand der Tiedemannrezeption skizzierte: *„Cette assertion flattait les sentiments des philanthropes et fut acceptée par eux sans le plus petit examen. Les anthropologistes eux-même n'y regardèrent* *pas de plus près; ceux qui étaien partisans de l'opinion monogéniste n'éprouvèrent pas le besoin de soumetre a la révision un travail dont les conclusions étaient favorable à leur doctrine; quant aux polygénistes, ils se bornèrent à répondre que, les courbes et les diamètres du crâne étant plus petits chez les nègres que chez les Européens, et l'épaisseur des parois crâniennes étant moindre chez ces derniers, [...]"*[3] (Broca 1873, 11-12).

Dem lautstarken Schlagabtausch auf der politischen Bühne entsprach der Streit um das taugliche Rassensystem in den Studierstuben. Auf beiden Feldern ging es in erster Linie um die unterschiedliche Gewichtung von Merkmalen und Einzelbeobachtungen. Dieses Merkmalsspiel erinnert an Brentanos armen Wehmüller, der je nach Auftrag Schnauzbart, Uniform und vorgemalten Nationalhabitus zu beliebigen Portraits komponiert – je nach Wunsch des zahlenden Kunden (Brentano 1987, 253-311).

Anmerkungen:

1   Übersetzung des frz. Zitats von Meckel 1757:
     "Es scheint daher, dass die Neger nahezu eine andere Spezies des Menschen bilden"

2   Übersetzungdes frz. Zitats von Broca 1873, S. 13: "Selbst die Tabellen, mit deren Hilfe Tiedemann glaubte nachweisen zu können, dass der Negerschädel nicht tiefer stehe als der des Weißen, belegen genau das Gegenteil. Dies erste Resultat ist wahrlich pikant."

3   Übersetzung des frz. Zitats von Broca 1873, S. 11-12: "Diese Behauptung schmeichelte den Gefühlen der Philanthropen und wurde von ihnen ohne jegliche Nachprüfung akzeptiert. Das gleiche gilt für die Anthropologen: Die, welche dem Monogenismus anhingen, sahen keine Notwendigkeit darin, eine Arbeit nachzuprüfen, deren Ergebnisse ihre Doktrin untermauerte; während die Polygenisten sich damit begnügten, hervorzuheben, dass Schädelumfang und -durchmesser bei den Negern kleiner seien als bei den Europäern, und die Dicke des Schädeldachs bei den letzteren geringer sei, [...]"

Literatur

Bitterli, U. 1980: Die Entdeckung des schwarzen Afrikaners. Zürich 1980.

Blumenbach, J. F. 1787: Einige naturhistorische Bemerkungen bey Gelegenheit einer Schweizerreise. Magazin für das Neueste aus der Physik und Naturgeschichte Bd. 4; 3. Stück, 1787, 1-12.

Blumenbach, J. F. 1806: Beyträge zur Naturgeschichte, Kapitel XIII. Ueber die Neger insbesondere. Göttingen 1806, 73-97, 74, 80-81, 96-97.

Brentano, C. 1987: Die mehreren Wehmüller und ungarischen Nationalgesichter – Erzählung. In: Clemens Brentano sämtliche Werke und Briefe, Band 19 Prosa IV. Stuttgart, Berlin, Köln und Mainz 1987, 253-311.

Broca, P. 1873: Sur la mensuration de la capacité du crane. Mém. Soc. Anthropologie, Paris 2e série, t.1, 1873, 63-152. In: P. Broca, Mémoires d'Anthropologie, Tome IV. Paris 1883, 1-101.

Fabricius, J. C. 1804: Resultate naturhistorischer Vorlesungen, neue Ausgabe. Kiel 1804, 213, 215.

FORSTER, G. 1791: Rezension von R. Nisbet: The capacity of negroes for religions and moral improvement (...). London 1789. In: Allgemeine Literatur-Zeitung, 4. Bd. 1791, 281-384. zitiert nach: G. Forster 1977: Georg Forsters Werke. Sämtliche Schriften, Tagebücher, Briefe Bd. 11. Rezensionen. Berlin 1977, 287-288.

GRAY, R. 1975: The Cambridge History of Africa, vol. 4. Cambridge 1975, 578-622.

GREENBLATT, S. 1991: Marvelous Possessions. Oxford 1991.

HUNT, J. 1865.: On the Negro's place in Nature. Mem. of the Anthropological Society of London, vol. I, 1865, 1-64.

REITZENSTEIN, K. 1794: Die Negersklaven. Ein Trauerspiel in 5 Aufzügen. Augsburg 1794, 145.

RUDOLPHI, K. A. 1812: Beyträge zur Anthropologie und allgemeinen Naturgeschichte. Berlin 1812.

SCHMUTZ, H.-K. (Hrsg.) 1977: Phantastische Lebensräume, Phantome und Phantasmen in der neuzeitlichen Naturgeschichte. Marburg 1997.

SCHMUTZ, H.-K. 1984: Einleitung zum Nachdruck von Friedrich Tiedemann. Das Hirn des Negers mit dem des Europäers und Orang-Outangs verglichen. Marburg 1984, I-XX.

SOEMMERRING, S.T. 1784: Uber die körperliche Verschiedenheit des Mohren vom Europäer. Mainz 1784.

SOEMMERRING, S.T. 1785: Ueber die körperliche Verschiedenheit des Negers vom Europäer. Frankfurt und Mainz 1785.

TIEDEMANN, F. 1837: Das Hirn des Negers mit dem des Europäers und Orang-Outangs verglichen. Heidelberg 1837.

Auf der Suche nach faktischen Beweisen

Darstellung und Erklärung der „etwas mindern Fähigkeit"
der Schwarzafrikaner „zur feinern Kultur" in der Anthropologie
Samuel Thomas Soemmerrings (1785)

Sigrid Oehler-Klein

„Analogisch nemlich läßt sich nun aus der Anmerkung, daß die Nerven im Neger stärker sind, folgern, das Gehirn im Neger sey kleiner, als im Europäer. Vielleicht möchte sich hieraus einige historische Thatsachen von ihrer Wildheit, Unbändigkeit und etwas mindern Fähigkeit zur feinern Kultur, erläutern" (Soemmerring 1785, 67).
Als Samuel Thomas Soemmerring 1785 diese Sätze in seiner anthropologischen Schrift *„Ueber die körperliche Verschiedenheit des Negers vom Europäer"* veröffentlichte, versuchte er gezielt in die zeitgenössische Debatte um die Stellung der schwarzen Menschen innerhalb der Naturgeschichte einzugreifen – und zwar in seiner Eigenschaft als vergleichender Anatom und aufgeklärter Naturforscher. Schon als Student hatte er eine Arbeit über Gehirn und Nervensystem verschiedener Tiere – vorwiegend Säugetiere – begonnen (Soemmerring MS Meditationes). Sein zentrales Ergebnis hatte er in seiner 1778 veröffentlichten Dissertation der Fachwelt vorgestellt: Der Umfang der Nerven in Relation zum Volumen des Gehirns lasse auf den Grad der Intelligenz schließen (Soemmerring 1778, 17). Bereits in seinen tieranatomischen Studien hatte er versucht, sein Ergebnis mit einer physiognomischen Aussage zu verbinden: Die Proportionen von Hirn- und Gesichtsschädel sollten die Proportionen zwischen Gehirn und Nerven und der durch sie versorgten Sinnesorgane spiegeln. Somit war nicht nur der Anatom in der Lage, während der Sektion dieses aufschlussreiche Verhältnis festzustellen, sondern auch der eingeweihte Betrachter vermochte auf den ersten Blick die Proportionen des Kopfes zu interpretieren. Wirklich brisant jedoch wurde die damit eröffnete Taxierungsmöglichkeit allerdings erst im kulturgeschichtlichen und anthropologischen Vergleich, denn die Schädelformen waren nach Soemmerring nicht nur rassenspezifisch, sondern konnten durch die von ihm konstruierte Analogie zum Tierreich hierarchisch in die noch immer akzeptierte *Scala naturae*, der Stufenleiter vom niedrigsten bis zum höchsten Lebewesen, eingeordnet werden (Oehler-Klein 1998, 56 ff.).
Soemmerring war sich sehr wohl der Bedeutung seiner Studienergebnisse bewusst, denn immerhin hatte er versucht, Fakten zu liefern in der zeitgenössischen Debatte um die naturgeschichtliche Stellung der Schwarzen, deren Kultur man in Europa häufig verachtete und wofür man Gründe suchte. Energisch betonte Soemmerring jedoch, aus seinen Studien gehe hervor, dass der Schwarze ohne Zweifel ein Mensch

Morphologische Reihe von
Gesichtsprofilen, aus: Über den
natürlichen Unterschied der Gesichtszüge in Menschen verschiedener
Gegenden und verschiedenen Alters,
von Peter Camper, Berlin, 1792,
Tafel I und II
Camper sortierte verschiedene Kopf-
profile nach ihrer Ähnlichkeit. Der
entscheidende Unterschied zwischen
den verschiedenen Seitenansichten
bestand in der Größe der Gesichtswinkel. So ließ sich eine Reihe von
Affen über Afrikaner bis hin zum
griechischen Ideal antiker Gesichtsbildung aufstellen. Soemmerring
glaubte, in dieser Reihe einen Beleg
für die affenähnliche Gestalt der
Schwarzen zu erkennen.

sei – so gut wie der schönste Grieche. Man dürfe ihn nicht unbrüderlich als Sklaven
wie eine Ware oder wie ein Tier missbrauchen. Aber immerhin habe jedes allgemein
verbreitete Vorurteil einen wahren Kern, so auch das gegenüber einem hervor-
springenden Oberkiefer und einer zurückweichenden Stirn. *„Es ist nun nicht das
Geschäft des Zergliederers"*, schreibt Soemmerring, *„die moralischen Ursachen einer so
wichtigen Thatsache auszuforschen: desto mehr aber könnte man vielleicht die Untersuchung von ihm erwarten, ob im Baue und in der Einrichtung des Körpers sich etwan
Verschiedenheiten, sichere, bestimmte, merkliche, nicht blos zufällige Unterschiede,
finden, die dem Mohren eine niedrigere Staffel am Throne der Menschheit anzuweisen
scheinen"* (SOEMMERRING 1785, IX).

Dass Soemmerring sich dieser Aufgabe annahm, lag auch an den besonderen
Bedingungen, die der aufstrebende Anatom in Kassel, wo er ab 1779 seine erste
Professur am Kollegium Karolinum bekleidete, vorfand. Dort befanden sich zu dieser
Zeit im Vergleich zu anderen Universitätsstädten Deutschlands sehr viele Schwarze
(auch Schwarzafrikaner); sie waren zusammen mit den zurückkehrenden hessischen
Truppen, die an der Seite der Engländer im amerikanischen Unabhängigkeitskrieg
gekämpft hatten, nach Kassel gekommen. Soemmerring nahm die ansonsten eher
seltene Gelegenheit, schwarze Körper sezieren zu können, begeistert wahr. Noch am

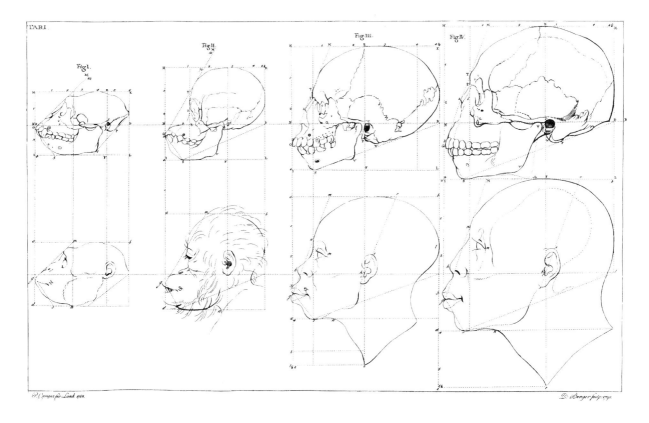

Tag vor seiner Abreise nach Mainz zu seiner neuen Wirkungsstätte, im Herbst 1784, bemächtigte er sich des Kopfes eines kurz zuvor in Kassel verstorbenen Schwarzen, um seinen Zuhörern in der Antrittsvorlesung die im Vergleich zum Europäer größere Ähnlichkeit des *„Negers"* mit dem Affengeschlecht demonstrieren zu können. Nicht das Abschneiden und der Transport des Kopfes, der doch der Anatomie in Kassel zusammen mit dem restlichen Körper gehört hätte, sondern vor allem die inhaltlich brisante Deutung dieser Sektion löste im katholischen Mainz einen Skandal aus. Man warf Soemmerring vor, das Ansehen eines der heiligen drei Könige durch den Vergleich mit einem Pavian verletzt zu haben (OEHLER-KLEIN 1998, 47 u. 261).

Doch Soemmerring wähnte sich unabhängig von religiösen Vorbehalten sowie von anderen ethischen oder philanthropischen Gedanken, die sich aus der humanitären Bewegung zur Abschaffung des Sklavenhandels in Europa entwickelten und die Naturforschung beeinflussen konnten. Kaltblütig, so Soemmerring, habe er geprüft, *„[...] ob die Mohren oder die Europäer sich mehr den Affen näherten? Es war mir am Ende gleichgültig, dies eben so gut von den weissen als den schwarzen Menschen zu behaupten [...]* " (SOEMMERRING 1785, XIX).

Dennoch muss Soemmerrings Schrift als Werk seiner Zeit gewertet werden, das durch den gegebenen Forschungskontext bedingt wurde. Gerade in Kassel war man

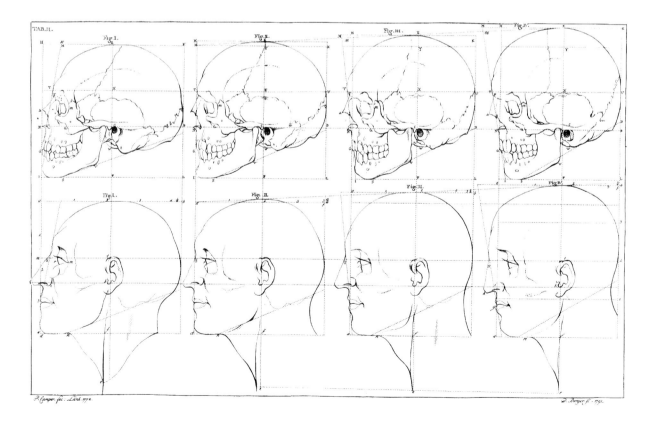

im Zuge der Antikenrezeption bemüht, den Grundlagen der als einmalig empfundenen Größe und Vollkommenheit antiker Kultur nachzuspüren. Soemmerrings Gönner und wissenschaftlicher Förderer, der niederländische Zoologe und Anatom Pieter Camper, hielt 1770 eine vielbeachtete Vorlesung an der Zeichenakademie zu Amsterdam. Er stellte in ihr den Zuhörern eine Möglichkeit vor, die äußeren Unterschiede zwischen den einzelnen *„Nationalprofilen"* zu bestimmen und zeichnerisch exakt darzustellen. Soemmerring kannte die Zeichnungen, in denen Camper den Gesichtswinkel erläuterte, und referierte in Kassel mehrfach darüber. Der Gesichtswinkel, den er abgestuft auf Affen, *„Neger"* und Köpfe antiker Bildnisse anwandte, sollte von etwa 70 bis über 100 Grad betragen. Dieser Winkel wurde durch zwei Linien gebildet, von denen die eine vom Boden der Nase bis zum äußeren Gehörgang gezogen wurde, während die andere von dem äußersten Vorsprung der Stirn über der Nasenwurzel bis zum Vorderrand des Oberkiefers verlief. Den Gesichtswinkel, mit dem nicht nur die Schönheit antiker Gesichtsbildung beschrieben werden konnte, sondern auch das Vorspringen des Kiefers und eine zurückweichende Stirn, verwandte Camper allerdings nicht zur hierarchischen Klassifizierung „rassentypischer" Unterschiede (CAMPER 1792). Soemmerring hingegen sah in den Arbeiten Campers einen Beleg für die affenähnlichere Konstitution der Schwarzen, die weniger als andere „Nationen" die Kennzeichen ästhetisch-geistiger Vollkommenheit besitzen sollten. Anmerkungen von Seiten anderer Wissenschaftler, z. B. von Blumenbach, der als Begründer der physischen Anthropologie gilt, dass nämlich ein Merkmal unter Vernachlässigung anderer Merkmale eine „Rasse" nicht typologisch zu kennzeichnen vermöge, dass dieses Merkmal zudem auch nicht durchgängig anzutreffen sei (BLUMENBACH 1787, 1-12), wur-

Samuel Thomas Soemmerrings: Ueber die körperliche Verschiedenheit des Negers vom Europäer, Frankfurt und Mainz, 1785, Titelblatt

S. Th. Sömmerring,
der Medicin und Chirurgie Doktor, Kurfürstl. Mainzischer Hofgerichtsrath, und öffentlicher ordentlicher Lehrer der Arzneykunde auf der Universität Mainz, der Hochfürstlichen Gesellschaft der Alterthümer zu Hessen-Cassel, der Medicinischen Gesellschaften zu London und Edinburg Ehrenmitglied, der Königlichen Societät der Wissenschaften zu Göttingen Correspondent.

Ueber

die körperliche

Verschiedenheit

des

Negers

vom

Europäer.

Man sage für die Kenntnisse der Alten, was man immer will; die Naturhistorie und überhaupt die ganze Kenntniß der Natur steht in unsern Tagen weit über jene der Alten hinaus; aber was könnte sie nicht seyn, wenn der Monarch, der Fürst sich ihrer mehr annähme?
Zimmermann, geographische Geschichte des Menschen in der Einleitung S. 5.

Frankfurt und Mainz,
bey Varrentrapp Sohn und Wenner,
1785.

den von Soemmerring – auch später – nicht berücksichtigt. Sogar Pieter Camper warnte seinen Schüler vor voreiligen Schlüssen aus den wenigen anatomischen Untersuchungen (insgesamt waren es nur vier Sektionen, auf die Soemmerring sich bezog). Er selbst habe in seinen Zergliederungen keine spezifischen Unterschiede in den Gehirnen schwarzer und weißer Körper bemerkt (OEHLER-KLEIN 1998, 41). Soemmerrings Deutungen, die analog zu seinen vorherigen Schlüssen aus der Tieranatomie gefasst waren, basierten auf der Annahme, aus einem messbaren quantitativen Verhältnis anatomischer Strukturen qualitative Aussagen über potentielle intellektuelle Funktionen leisten zu können, ohne jedoch zuvor zu erweisen, ob und wie das Gehirn als Ganzes oder welches seiner Teile derartige Aufgaben wahrnehmen können.

Systematisierungsversuche der sogenannten „Rassen", die man gewissen geographischen und klimatischen Zonen zuordnete, hatte es vereinzelt seit 1685 gegeben (BERNIER 1685). Im letzten Drittel des 18. Jahrhunderts jedoch wurden derartige Bemühungen parallel zur Etablierung der zoologisch-biologischen Systematik des schwedischen Naturforschers Carl von Linné forciert. Zeitgleich mit dieser Einteilung der Menschheit in bestimmte, nach körperlichen Merkmalskomplexen gesonderte „Rassen" erfolgte die gezielte Suche nach dem, was Tier und Mensch spezifisch unterscheide, insbesondere hinsichtlich der anatomischen Grundlagen des aufrechten Ganges, der Sprache und der Intelligenz des Menschen. Ähnlichkeiten und Abweichungen in Bau und Funktion von Körperteilen der anthropoiden Affen und Menschen wurden peinlich genau aufgelistet und analysiert (TYSON 1751).

Die interessanteste Frage jedoch, welche physische Grundlage die Superiorität des menschlichen Geistes begründe, war bislang ohne befriedigende Klärung geblieben. Noch Buffon hatte 1766 resigniert festgestellt, dass es keine bedeutenden Differenzen in Form und Proportion zwischen dem menschlichen Gehirn und dem eines Orang-Utan gebe: *„et il ne pense pas"*[1] schrieb er in seiner berühmten Histoire naturelle (BUFFON 1766, 61) und verwies letztendlich auf eine immaterielle Substanz, wodurch sich der beobachtete Sprung *„von der Ueberlegung zur Begierde", „von der Macht des Verstandes zur mechanischen Kraft"* (BUFFON 1750, 208) erklären ließe. Während die Frage nach der Einheitlichkeit der menschlichen Gattung durch diese Abgrenzungsstudien gegen Ende des 18. Jahrhunderts beantwortet zu sein schien, erhob sich im Zusammenhang mit dem Übergang von einer beschreibenden Naturgeschichte zu einem Verständnis von der Geschichtlichkeit der Natur die Frage nach der historischen Position der verschiedenen Rassen – und zwar sowohl unter der Berücksichtigung kulturgeschichtlicher wie naturgeschichtlicher Überlegungen (OEHLER-KLEIN 1999, 125 ff.). Zudem rückte im Zuge der ethischen Infragestellung des Sklavenhandels, der bis Mitte des 18. Jahrhunderts noch als selbstverständlich angesehen wurde, das Problem einer hierarchischen Ordnung der verschiedenen Rassen in das Bewusstsein der Naturgelehrten.

Die Position, die Soemmerring in seinem Werk bezog und die diese kleine Schrift als symptomatisch erscheinen lässt für den Leib und Seele einigenden Ansatz zeitgenössischer Forschung, kombinierte das Bemühen um physisch-biologische Klassifizierung mit der Suche nach dem Idealtypus menschlicher Gestalt als Abbild geistig-sittlicher Vollkommenheit. Die größere Vollkommenheit schienen den meisten europäischen Gelehrten die Europäer zu besitzen – und zwar sowohl in Anbetracht körperlicher wie geistig-kultureller Vorzüge. Das Problem jedoch, mit dem sich der Weltreisende und Revolutionär, der Naturgelehrte und Freund Soemmerrings, Georg Forster, intensiv auseinander setzte, stellte sich folgendermaßen dar: Fraglich war, ob die augenscheinlichen Differenzen milieubedingt oder aber aus der inneren Organisation der jeweiligen „Rassen" zu erklären waren, ob sie sich historisch entwickelt hatten und somit überwunden werden konnten, oder aber ob sie prinzipieller Natur seien, wodurch sogar ketzerisch die einheitliche Abstammung des Menschengeschlechts von einem einzigen Menschenpaar in Frage gestellt werden konnte. Das Problem, ob man es mit nur einer oder aber mit zwei regional getrennt entstandenen Spezies innerhalb der Menschheit zu tun hatte, beschäftigte Mediziner wie Philosophen, unter ihnen auch Immanuel Kant. Zwar ging Kant von der Einheit des Menschengeschlechts aus, insofern alle Menschen miteinander fruchtbare Nachkommen zeugen könnten (KANT 1775, 11), aber er wollte den unverfänglichen Begriff der menschlichen Varietät durch den der menschlichen Rasse ersetzt wissen, insofern diese sich durch die unausbleibliche Erblichkeit charakterisierender Merkmale auszeichne. Während man jedoch in der Diskussion der Frage nach der ursprünglichen Organisation der verschiedenen „Menschenrassen" auf Hypothesenbildung angewiesen war, konnte man über den aktuellen Stand immerhin den „Physiologen" befragen. Der Rückgriff auf das Faktische, das Soemmerring in seiner Untersuchung zu liefern versprach, übte nicht nur auf Forster, der sich übrigens später hinsichtlich der Annahme einer unveränderlichen Hierarchie zwischen den Rassen kritisch distanzierte, sondern auch auf andere Gelehrte, welche sich mit den Kulturunterschieden zwischen den „Nationen" befassten, eine ungeheure Faszination aus. Der Göttinger Philosoph Christoph Meiners, dessen rassistische Schriften auch heute noch bekannt sind, konnte die *„vortrefflichen, und lange nicht genug erwogenen Beobachtungen"* (MEINERS 1790, 402) des jungen Anatomen Soemmerring nicht genug loben: Wenn die Anatomen fortführen, die konstitutionellen Verschiedenheiten zu erforschen, so könne die Basis der unterschiedlichen Gemütsfähigkeiten entdeckt werden.

Soemmerrings kleine Schrift wurde auch im Zusammenhang mit den Versuchen zur Legitimierung des Sklavenhandels rezipiert, also gerade so, wie der Anatom sie nicht hatte verstanden wissen wollen. Sie lieferte eine quasi wissenschaftliche Begründung für das Vorurteil der physisch bedingten Inferiorität schwarzer Afrikaner, weshalb sie den Anfängen des wissenschaftlichen Rassismus zuzuordnen ist. Aufgrund des gegen

Ende des 18. Jahrhunderts verstärkten Bedürfnisses nach einer faktenbezogenen Argumentation innerhalb der Systematisierung der verschiedenen Populationen erlangte gerade Soemmerrings „physiologischer" Ansatz weit über Europa hinaus Beachtung (WHITE 1799. OEHLER-KLEIN 1998, 132 f.).

Anmerkungen

1   Übersetzung des französischen Zitats: *„ und er denkt nicht".*

Literatur

[BERNIER, F. 1685]: Nouvelle division de la terre, par les differentes especes ou races d'hommes qui l'habitent, envoyée par un fameux voyageur à Monsieur ***** à peu pres en ces termes. In: Journal des sçavans pour l'année 1684. Bd. 12. Amsterdam 1685, 148-155.

BLUMENBACH, J. F. 1787: Einige naturhistorische Bemerkungen bey Gelegenheit einer Schweizerreise. (Von den Negern). In: L. Ch. Lichtenberg (Hrsg.), Magazin für das Neueste aus der Physik und Naturgeschichte 4, 1787, St. 3, 1-12.

BUFFON, G. 1766: Histoire naturelle générale et particulière. 15 Bde. Paris 1749-1767, Bd. 14 (1766).

BUFFON, G. 1750: Allgemeine Historie der Natur nach allen ihren besondern Theilen abgehandelt; nebst einer Beschreibung der Naturalienkammer Sr. Majestät des Königs von Frankreich. Mit einer Vorrede [von] Herrn Doctor Albrecht von Haller. Bd. 1-9. Hamburg und Leipzig 1750-1775, Theil 1, Bd. 2 (1750).

CAMPER, P. 1792: Über den natürlichen Unterschied der Gesichtszüge in Menschen verschiedener Gegenden und verschiedenen Alters; über das Schöne antiker Bildsäulen und geschnittener Steine; nebst Darstellung einer neuen Art, allerlei Menschenköpfe mit Sicherheit zu zeichnen. Hrsg. von A. G. Camper. Übersetzt von S.Th. Sömmerring. Mit 10 Kupfertafeln. Berlin 1792.

KANT, I. 1775: Von den verschiedenen Rassen der Menschen (1775). In: W. Weischedel (Hrsg.), Schriften zur Anthropologie, Geschichtsphilosophie, Politik und Pädagogik, 1. Bd., 3. Aufl. Frankfurt a. M. 1981 (=Suhrkamp Werkausgabe, Bd. XI), 11-30.

MEINERS, Chr. 1790: Ueber die Natur der Afrikanischen Neger, und die davon abhangende Befreyung, oder Einschränkung der Schwarzen. In: Göttingisches historisches Magazin 6, 1790, 385-456.

OEHLER-KLEIN, S. (Bearb. u. Hrsg.) 1998: Samuel Thomas Soemmerring-Werke, Bd. 15. Anthropologie. Über die körperliche Verschiedenheit des Negers vom Europäer (1785). Stuttgart, Jena, Lübeck, Ulm 1998.

OEHLER-KLEIN, S. 1999: Der „Mohr" auf der niedrigeren Staffel am Throne der Menschheit? Georg Forsters Rezeption der Anthropologie Soemmerrings. In: H. Dippel und H. Scheuer (Hrsg.), Georg-Forster-Studien III. Kassel 1999, 119-166.

SOEMMERRING, S. Th. 1785: Anthropologie. Über die körperliche Verschiedenheit des Negers vom Europäer. Faksimile-Nachdruck in: Samuel Thomas Soemmerring-Werke, Bd. 15: Anthropologie. Über die körperliche Verschiedenheit des Negers vom Europäer (1785). Bearbeitet und hrsg. von S. Oehler-Klein. Stuttgart, Jena, Lübeck, Ulm 1998, 145-251.

SOEMMERRING, S. Th. o. J.: Meditationes de encephalo animalium. Manuskript. Senckenbergische Bibliothek Frankfurt a. M. [8° Hs. 208 < Soe 42-41>].

Soemmerring, S. Th. 1778: De basi encephali et originibus nervorum cranio egredientium libri quinque. Göttingen 1778.

Tyson, E. 1699: Orang-outang, sive homo sylvestris: or, the anatomy of a pygmie, compared with that of a monkey, an ape, and a man: with an essay concerning the pigmies of the ancients (1699). 2te Ausgabe. London 1751.

White, Ch. 1799: An account of the regular gradation in man, and in different animals and vegetables; and from the former to the latter. Illustrated with engravings adapted to the subject. London 1799.

Der Arier

Eine wissenschaftliche und ideologische Fiktion

Klaus von See

In der Antike und danach auch im Mittelalter meinte man, dass kulturelle Errungenschaften von Volk zu Volk wandern: Die Griechen nannten ihre Schrift die „phönizische", waren sich also der östlichen Herkunft bewusst, und die Römer wiederum fühlten sich als Erben der Griechen und machten die *aemulatio Graeca*, die „griechische Nacheiferung", zum förmlichen Kulturprogramm. Die Beliebtheit der „Landnahmesagen" deutet an, dass man diese sog. *translatio artium*, die „Übertragung der Künste", auf Eroberer, auf Zuwanderer, *advecti* oder *advenae*, zurückzuführen pflegte, die sich mit den „Alteingesessenen", den *indigenae*, vermischten. Mischvölker standen daher im höheren Ansehen als unvermischte Völker und ebenso die Zuwanderer im höheren Ansehen als die (noch unvermischten) Einheimischen. So sahen die Römer geradezu ihren Stolz darin, eine *gens mixta*, ein „Mischvolk", zu sein, – hervorgegangen, wie die römische Landnahmesage in Vergils *Aeneis* bezeugt, aus der Vermischung der einwandernden Trojaner unter Aeneas mit den im Lande ansässigen Latinern.

Diese antike und mittelalterliche Kulturkonzeption fand ihr Ende, als um die Wende zum 16. Jahrhundert die deutschen Humanisten in der gerade kurz zuvor wieder entdeckten „Germania" des Tacitus einen Lobpreis ihrer Altvorderen zu finden glaubten. Vor allem den Passus, dass die Germanen ein „unvermischtes" und „nur sich selbst gleichendes Volk" seien, deuteten sie als eine positiv gemeinte Aussage, obwohl Tacitus – selbst Angehöriger einer *gens mixta* – die „Unvermischtheit" der Germanen allein darauf zurückführt, dass sich kein eroberndes Volk in das unwegsame und sumpfige Germanien verirrt habe. Anders formuliert: Wenn Tacitus die Germanen als „unvermischt, nur sich selbst gleich" beschreibt, will er sie als *indigenae*, also als typische „Barbaren" im Gegensatz zu den „zivilisierten" Römern beschreiben.

Gerade aus diesem antithetischen Modell bezogen die deutschen Humanisten während ihrer Auseinandersetzungen mit dem neuen „Rom", dem Papsttum, ihr nationales Selbstbewusstsein, indem sie die Beschreibung der Germanen – obwohl, wie gesagt, Tacitus beabsichtigte, damit ein typisches Barbarenvolk zu charakterisieren – im positiven Sinne deuteten. Für den Ethnologen mag dies ein nicht ungewöhnlicher Vorgang sein: Ein Volk, das von einem höher entwickelten Nachbarvolk zivilisiert wird, sucht sich irgendwann aus der Bevormundung zu lösen, indem es ein Selbstbewusstsein forciert, das gerade solche Werte in sich entdeckt, die nicht rezipiert und von Natur aus auch gar nicht rezipierbar sind, moralische Werte also, Werte des Gemüts und nicht des Intellekts. So gewinnt der Germane seine Kontur erst als Gegentyp des Römers. Das heißt im vorliegenden Fall: Treu, tugendhaft, gemütvoll und gemeinschaftsgebunden ist der Germane, weil der Römer juristisch und ökonomisch begabt, intellektualistisch und individualistisch ist. Die schlechtere zivilisatorische Position wird zum Ausdruck der besseren Moral!

Dabei ersetzte man die herkömmliche Idee der Kulturübertragung durch die Idee einer völkischen Kulturkontinuität und verknüpfte über alle Jahrhunderte hinweg die taciteischen Germanen mit den gegenwärtigen Deutschen, – eine Vorstellung, die seitdem für lange Zeit nicht mehr aus den Köpfen gewichen ist. Auf diese Weise gewann die Germanen-Ideologie mit der Berufung auf die *„Germania"* des Tacitus noch eine spezielle Note: Erscheinungsformen, die eigentlich nur charakteristisch sind für einen frühzeitlichen, primitiven Gesellschaftszustand, wurden zu dauerhaften, wesensmäßigen Eigenschaften umgedeutet – daher der angeblich typisch germanische Heldensinn, das Lob der einfachen, bescheidenen Sitten, die Hochschätzung der Gastfreundschaft und das Paradoxon der ewigen Jugend.

Im Laufe der nachfolgenden Jahrhunderte erweiterte sich diese von den deutschen Humanisten begründete Germanen-Römer-Antithese mehr und mehr zu der universalen Antithese von jugendlichen Nordvölkern und römisch-levantinischen Südvölkern. Die keltisch-schottische Ossian-Mode und die Bardendichtung des 18. Jahrhunderts gehören in diesen Zusammenhang und dann im frühen 19. Jahrhundert die Romantik, die den skandinavischen „Norden" mit seiner reichen Überlieferung – der Edda, den Sagas, den Runensteinen – endgültig zu einer „Rüstkammer" des deutschen Geistes machte. Von der Nord-Süd-Antithese inspiriert ist nicht zuletzt auch der vierbändige *„Essai sur l'inégalité des races humaines"* (Essay über die Ungleichheit der Menschenrassen) des französischen Grafen Gobineau, der in den 1850er Jahren erschien, in Deutschland aber erst – und gewiss nicht zufällig – in den 1890er Jahren, am Anfang des Wilhelminischen Zeitalters, bekannt und populär wurde. Der folgenreichste Gedanke Gobineaus ist schon im Titel des Buches ausgedrückt: der Gedanke der Ungleichheit der Rassen. An erster Stelle stehen die weiße Rasse und innerhalb ihrer wiederum die „Arier", die *hommes honorables*, die „Ehrenhaften", wie Gobineau ihren Namen deutet, die eigentlich kriegerischen Völker, die „Herrenmenschen", wie Nietzsche sagen würde. Die „Hauptaufgabe" der Arier war es, durch Vermischungen mit anderen Rassen Kulturen zu schaffen, – Vermischungen, die dann aber im fortgeschrittenen Stadium zur Nivellierung und Degeneration führen. Als die römische Kultur erschöpft war, traten die Germanen auf: Sie sind – so sieht Gobineau seine Gegenwart – die letzten „reinen Arier", das letzte Kraftreservoir der arischen Rasse!

Mehr noch als der „Germane" ist auch der „Arier" eine Kunstfigur. Schon seit dem Ende des 18. Jahrhunderts, als man die Verwandtschaft indischer und persischer

Sprachen mit europäischen entdeckte, behalf man sich mit Verlegenheitswörtern, um diesen Sprachverband zu bezeichnen: „Indoeuropean/indoeuropäisch" oder – in der deutschen Sprachforschung populärer – „indogermanisch" oder gelegentlich auch „indokeltisch", um die räumliche Ausdehnung vom Südosten bis zum Nordwesten noch exakter zu erfassen. Daneben aber regte sich schon bald das Bedürfnis, an die Stelle dieser künstlichen Bezeichnungen eine sozusagen natürliche, von den Angehörigen des Sprachverbandes selbst gewählte zu setzen, und so verfiel man auf das indische Wort *arya*, mit dem im *Rigveda* (einer Sammlung der ältesten indischen Hymnen) die Anbeter der Götter und diese selbst bezeichnet werden, dann auch die Angehörigen der oberen Kasten (im Gegensatz zu den Shûdras, den Angehörigen der dunkelhäutigen Kaste). Was aber „Arier" eigentlich bedeutet, darüber herrscht bis heute Uneinigkeit: „Edler" oder „Fremdling" oder – wie der Indogermanist Walther Wüst ganz im Sinne der NS-Ideologie 1942 in seinem Buch „Indogermanisches Bekenntnis" behauptet – *„der in der Pflugzeile geradlinig Strebende, der Adelsbauer"*. Entsprechungen außerhalb des Indischen sind höchst unsicher oder fehlen gänzlich. Gleichwohl wollte schon Friedrich Schlegel 1819 den Ariernamen auch den Germanen zuschreiben: Es sei für ihn *„schon seit längerer Zeit zur historischen Vermutung geworden [...], unsre germanischen Vorfahren, während sie noch in Asien waren, dort vorzüglich unter dem Namen der Arier [...] zu suchen."* In der Sprachwissenschaft wurde das indische Wort im erweiterten Sinn nur mit Zurückhaltung verwendet, so vom Oxforder Orientalisten Max Müller, der 1872 von der Sprachfamilie spricht, *„die wir die Indo-Germanische, Indo- Europäische oder, wenn nicht besser, doch kürzer, die Arische nennen."* Gegen Ende des 19. Jahrhunderts gewannen dann die beiden Ausdrücke indoeuropäisch und indogermanisch in den Wissenschaften wieder an Boden – und dies gerade zu einer Zeit, als „arisch" im politischen und alltäglichen Gesellschaftsleben zu einem geläufigen Schlagwort wurde. Und es ist wohl letztlich Gobineaus „Essai sur l'inégalité des races humaines", der – direkt und indirekt – das Wort als rassentheoretischen Terminus in tagespolitischen Debatten bekannt und schließlich auch für den Antisemitismus verfügbar machte.

„Eins ist not" – ja Einssein!
Fidus, Federzeichnung, 1919,
Foto: Archiv des Verfassers
Der Künstler Fidus
(alias Hugo Höppener) stand unter dem Eindruck eines völkisch-rassenhygienischen Lebensreformgedankens, der eher politikfern und von allerlei religiösen Bedürfnissen gesteuert war. Von der Nordlandssehnsucht gepackt zeichnete er jahrzehntelang nordische Licht- und Edelmenschen.

Es war also bereits gute Vorarbeit geleistet, als Houston Stewart Chamberlain, der Schwiegersohn Richard Wagners, 1899 in seinen „Grundlagen des 19. Jahrhunderts", einem Bestseller der Wilhelminischen Zeit, den Pessimismus der Gobineauschen Kulturanthropologie in ein handfestes rassenbiologisches Programm verwandelte und dem levantinischen Rassenchaos des Mittelmeerraumes die jugendfrischen Völker des Nordens entgegenstellte. Seine Rassenzuchtlehre blieb freilich blasse Abstraktion, und einmal gab er sogar zu erkennen, dass es im Grunde doch wieder nur die alte – im „Kulturkampf" der 1870er Jahre erneuerte – Anti-Rom-These war, die seinen Begriff der Nordvölker konstituierte: *„Nirgends bewährt sich die organische Einheit des Slavokeltogermanentums überzeugender als in dieser instinktiven Auflehnung gegen Rom!"*

Was Chamberlains Lehre so anziehend machte, war die in ihr angelegte Möglichkeit, die herkömmliche Römer-Germanen-Antithese in Richtung auf einen allumfassenden, pseudoreligiösen Dualismus weiterzuentwickeln. Während sie schon bei Chamberlain über den engen germanischen Raum auf ein nordeuropäisches „Slavokeltogermanentum" ausgedehnt wurde, weitete sie sich bei Alfred Rosenberg, dem Chefideologen der NSDAP, schließlich zu universalgeschichtlichen Dimensionen aus. Die jüdische „Rasse" nennt er schlichtweg die „Gegenrasse", und das Christentum, speziell das katholische Christentum, etikettiert er zwar gern im Sinne der kulturkämpferischen Antithese mit dem Schlagwort „Rom", ordnet es aber zugleich dem Judentum zu, indem er von „syrisch-jüdischen Kirchendogmen" und „orientalischen Zeremonien" spricht. Selbst das Römische Recht erscheint bei ihm, da es die händlerische Verfügbarkeit des Grundeigentums fördert, als „jüdisch-römisches Rechtssystem".

Die herkömmliche Römer-Germanen-Antithese, die in den Auseinandersetzungen mit dem päpstlichen Rom neue Aktualität gewann und noch bei Chamberlain und Rosenberg virulent war, geriet in den 1930er Jahren unerwartet und endgültig ins Abseits. Es war eine neue politische Konstellation, die nach einer Neuorientierung, sozusagen nach einer Erweiterung der Basis verlangte: die Verbindung des deutschen Nationalsozialismus mit dem italienischen Faschismus, die sogenannte „Achse Berlin-Rom", die sich im Zweiten Weltkrieg zu einer engen Waffenbrüderschaft entwickelte. Nachdem schon längst das griechische Heldenideal und die spartanische Gemeinschaftsdisziplin den politischen Idealen des Dritten Reiches assoziiert worden waren, wurden jetzt plötzlich auch „germanische" Tugenden im Römer entdeckt. Das verbindende Element ist: Beide Völker sind Indogermanen, „Arier"!

Da man im 20. Jahrhundert die – wissenschaftlich nicht unbegründete – These vertritt, die Heimat der Indogermanen läge nicht, wie früher vermutet, im fernen Asien, sondern in Nordeuropa, konnten die Begriffe „indogermanisch" und „nordisch" jetzt ausdrücklich gleichgesetzt werden: Die Indogermanen, die Arier, sind die „nordische Herrenschicht", Rassenmischung ist „Entnordung", Griechen und Iranier verloren weitgehend ihre „nordische Prägung", aber – und hier spielen die politischen Verhältnisse der Zeit deutlich hinein – *„bei Italienern wie Deutschen hat"* wie Alfred Rosenberg sagt, *„nur die völkische Wiedergeburt in letzter Minute der schlimmsten Drohung Einhalt geboten."*

Überflüssig zu sagen, dass dieser mühsam aus den weitverstreuten Texten herausgedeutelte, schattenhafte „Arier/Indogermane" eigentlich nichts weiter ist als ein wiedererstandener Germane. Der Indogermanist Hans Siegert schreibt im Jahre 1941 (!), er habe *„wiederholt Gelegenheit gehabt, zu beobachten, daß nicht einmal Studenten der Philologie sich unter einem 'Seminar für Arische Kultur- und Sprachwissenschaft' etwas vorstellen können."* „Arisch" und „indoeuropäisch" (oder auch „indogermanisch") – eigentlich Bezeichnungen von Sprachverbänden – konnten nur deshalb zu Bezeichnungen von Rassenverbänden werden, weil sie mit „semitisch" konfrontiert wurden, einem Wort also, dass einen Sprach- und Rassenverband zugleich bezeichnet. Ebenso wie früher schon der Germane gewann der Arier (Indogermane) seine Kontur eigentlich erst mit Hilfe des Gegentyps, denn der Jude mit seinen zivilisatorischen Fähigkeiten, seinem Intellekt und seinem „Händlergeist" vermochte mühelos in die alte ideologische Rolle des Römers einzurücken. In der verengten Bedeutung „nicht-jüdisch" spielte das Wort „arisch" dann bei der damals notwendigen Suche nach der vielzitierten „arischen Großmutter" seine banale Rolle in der Alltagssprache des Dritten Reiches. „Arisch" war daher auch – im Unterschied zu „nordisch" – keine eigentlich auszeichnende Benennung. In der NS-Gesetzgebung wurde es, weil schwer definierbar, mehr und mehr vermieden und durch den ganz unsinnigen Terminus „deutschblütig" ersetzt.

Dass allerdings die neue Indogermanen-(Arier-)Semiten-Schablone hinsichtlich ihrer politischen Brauchbarkeit der altbekannten Germanen-Römer-Schablone um nichts nachsteht, bezeugt ein Sammelband deutscher Althistoriker, der gegen Ende des Zweiten Weltkrieges, 1943, erschien: „Rom und Karthago", herausgegeben von Joseph Vogt. Das Werk ist aufgebaut auf dem Rassegedanken, – drei der Aufsätze tragen das Wort „Rasse" im Titel. Obwohl die Verfasser platte Nutzanwendungen vermeiden, ist die Idee, die dahinter steht, leicht zu durchschauen: K a r t h a g o ist England, die moderne Plutokratie, das vom Judentum durchsetzte Händlervolk, dessen Kriegsminister von 1937 bis 1940 der Jude Leslie Hore-Belisha ist – ein beliebtes Objekt deutscher Kriegspropaganda –, R o m dagegen sind die indogermanischen Völker Deutschlands und Italiens, die durch eine letzte Kraftanstrengung ihre Feinde besiegen werden wie seinerzeit die Römer die Phönizier, die Karthager.

Wahlplakat der Bayerischen Volkspartei zur Reichstagswahl am 31. 7. 1932.
Foto: Archiv des Verfassers
Der Gedanke einer nordischen Rasse verbindet sich mit dem Aristokratismus. Die Förderung der „Nordischen Rasse" war demnach nicht zu einer Volksangelegenheit zu machen, sondern konnte nur einem Kreise „auserlesener Sippen" anvertraut werden – eine Beschränkung, die dem „Nordischen Gedanken" sogar den Vorwurf eintrug, „Zerstörer der deutschen Volkseinheit" zu sein.

Ebenso wie man den Zweiten Weltkrieg, je länger er dauerte, um so mehr auf eine Auseinandersetzung zwischen zwei Weltprinzipien hin stilisierte – auf die Auseinandersetzung zwischen dem semitisch-jüdischen Prinzip und dem arisch-nordischen Prinzip –, ebenso werden im Rom-und-Karthago-Band schon die Punischen Kriege aus elementaren Rassegegensätzen erklärt: Das „wesentlich nordisch geprägte Rom" steht hier einem levantinisch geprägten Semitentum gegenüber. Auf eine kurze Formel gebracht: Der Phönizier (= Engländer) hat die Untugenden des Römers aus der alten Schablone übernommen, in der der Römer dem Germanen gegenübergestellt wurde. Der Römer der neuen Schablone (= Arier-Indogermane) übernimmt hingegen die Tugenden des Germanen.

Eine detaillierte Darstellung mit weiterführenden Literaturhinweisen in:
See, Klaus von 1994: Barbar – Germane – Arier. Die Suche nach der Identität der Deutschen. Heidelberg 1994.

„Die Juden sind unser Unglück"

Strukturen eines Feindbildes im Deutschen Kaiserreich

Hans-Michael Bernhardt

Der in den ersten Jahren des deutschen Kaiserreichs auftretende „moderne Antisemitismus"[1] prägte ein höchst wirksames Feindbild, dessen Elemente hier untersucht werden sollen. Zur Rekonstruktion seiner Strukturen werden exemplarisch zwei Veröffentlichungen von antisemitischen Exponenten dieser Zeit (CLAUSSEN 1987. BOEHLICH 1988. KATZ 1989) – Wilhelm Marr und Heinrich v. Treitschke – herangezogen, deren Aufsehen erregende antijüdische Ausfälle, bereits für Zeitgenossen erkennbar, Maßstäbe setzten. Grundlage der Untersuchung ist die Annahme, dass Extremsituationen – heftige gesellschaftliche Umbrüche, Krisen, Kriege oder Katastrophen – die Identität von Individuen oder von gesellschaftlichen Gruppen so stark in Frage stellen können, dass die Fähigkeit zur Korrektur vereinfachender Schemata der Informationsverarbeitung verloren gehen kann. Die Konsequenz ist eine extrem verzerrende, durch anders lautende Erfahrungen nicht mehr korrigierbare Wahrnehmungsstruktur. Feindbilder versprechen dann eine Stabilisierung und Aufwertung der eigenen Person oder Gruppe und gewinnen durch ihre identitätsstiftende Wirkung eine hohe Durchschlagskraft: Je abstoßender der „Feind", um so anziehender die Welt, der man sich selbst zuordnet (BERNHARD 1994).

Judenfeindschaft gab es seit dem Hochmittelalter in der christlich-abendländischen Gesellschaft. Sie ging in starkem Maß auf die Kirche zurück (ELBOGEN u. STERLING 1988). Diskriminierende Sondergesetze von Kirche und Staat (HILBERG 1982, 11-27) bewirkten, dass die jüdischen Bevölkerungsgruppen eine verachtete und oft gefährdete Existenz am Rande der christlichen Ständegesellschaft führen mussten. Hinzu kam, dass die erzwungene Spezialisierung der Juden auf den Handelssektor und die Geldleihe das Verhältnis von Juden und Nicht-Juden sehr belastete, weil der Handel in der vormodernen Welt als unproduktiv und unehrlich galt. Vor diesem Hintergrund konnte die Judenfeindschaft in einem vielschichtigen Prozess dauerhaft in die Volkskulturen eingehen: Das negative Judenbild der Neuzeit hatte also eine lange Vorgeschichte (ROHRBACHER u. SCHMIDT 1989. RÜRUP 1986).

Der in den 1870er Jahren im Deutschen Kaiserreich entstehende „moderne Antisemitismus" (NIPPERDEY u. RÜRUP 1972) griff diese tradierten Elemente antijüdischer Voreingenommenheit auf, radikalisierte und verdichtete sie aber zu einem manifesten Feindbild (RÜRUP 1976, 42). Trägerschichten waren Menschen oder gesellschaftliche Gruppen, die sich durch die gesellschaftlichen Veränderungen existentiell benachteiligt fühlten (RÜRUP 1987, 133. Vgl. auch JOCHMANN 1976).

Hans-Michael Bernhardt

Gemeinsamer Nenner der neuen antijüdischen Strömungen war die behauptete schädliche Vorherrschaft der Juden in Wirtschaft, Politik und Kultur (RICHARZ 1979, 35-38). Der Judenhass bekam die Funktion einer Weltanschauung, die vorgab, auf alle bedrängenden gesellschaftlichen Fragen oder vermeintlichen Fehlentwicklungen eine Antwort zu haben (JOCHMANN 1976, 459-460. RÜRUP 1987, 115). Als politisch eigenständige Bewegung blieb der moderne Antisemitismus erfolglos; über Verbände und Interessengruppen aber, die für den politischen Willensbildungsprozess im Kaiserreich von überragender Bedeutung waren, durchdrang er nachhaltig die wilhelminische Gesellschaft (VOLKOV 1990, 13-36. FELDEN 1963).

Auslösendes Moment war 1873 die wirtschaftliche Rezession (ROSENBERG 1967, 58-77). Eine tiefgreifende Krisenstimmung kam auf, die in keinem Verhältnis mehr zum Anlass stand. In diesem Klima neigten viele Zeitgenossen zu einer verzerrenden Wahrnehmung der Wirklichkeit, zu phantastischen Verschwörungs- und Wahnvorstellungen.[2] Nicht fähig, sich grundlegend zu demokratisieren oder abweichende Lebensformen als Bereicherung zu begreifen, verbreitete sich im Kaiserreich ein Freund-Feind-Denken, das aggressiv innere Homogenität erwartete und gefährlich für nicht-integrierte Bevölkerungsgruppen wurde: für Katholiken, Polen, Sozialisten und – Juden (WEHLER 1988, bes. 96-118. RÜRUP 1976, 27-41. ZMARZLIK 1981, 249-270). Ausgangspunkt der in mehreren Wellen auftretenden antisemitischen Bewegung der 1870er Jahre war Berlin. Der neue Judenhass fand zunächst seinen Ausdruck in einer Serie antijüdischer Schriften und Veröffentlichungen, die um 1880 und 1892/93 nach Auslaufen der Sozialistengesetze ihre Höhepunkte hatte. Allein in der Bismarckzeit entstanden rund 500 derartige Publikationen (FELDEN 1963).

Bis zur Veröffentlichung seiner antisemitischen Schrift „Der Sieg des Judenthums über das Germanenthum. Vom nicht-confessionellen Standpunkt aus betrachtet" (MARR 1879), die noch im Erscheinungsjahr elf Auflagen erreichte, war Wilhelm Marr ein erfolgloser, liberaler Autor gewesen. Im selben Jahr aber wurde er bereits zur entscheidenden Figur bei der Gründung der „Antisemiten-Liga" (ZIMMERMANN 1986. PULZER 1966, 48-50. KATZ 1989, 267-269). Der Titel seiner Schrift war ein eindeutiger Hinweis, dass Marr die „Judenfrage" – nicht emanzipatorisch, sondern antisemitisch gestellt – als Kernproblem der Gegenwart betrachtete. Alle Übel der Gesellschaft wollte er dem negativen Einfluss der Juden zugeschrieben wissen und prägte damit ein neues, für die folgenden Jahrzehnte sehr folgenreiches Politikkonzept. Schon im Vorwort stellte er die Juden nicht mehr als minderwertige und verachtete Menschen am Rande der Gesellschaft dar, sondern als eine beunruhigende und mächtige, im Zentrum der Gesellschaft stehende Gruppe, als eine Macht, eine Weltmacht. Habe man sie früher verachtet, nun aber müsse man sie fürchten: *„Zu dem [...] Eingeständnis, dass Israel eine Weltmacht ersten Ranges geworden ist, hat es unser Dünkel nicht gebracht"* (MARR 1879, 3). Marrs Text machte einen unsicheren Menschen sichtbar, der sich unterjocht fühlte: *„[...] ich habe ausgesprochen, was Millionen Juden im Stillen denken. Dem Semitismus gehört die Weltherrschaft"* (MARR 1879, 48).

Marr reagierte dämonisierend nicht nur auf die mit der Reichsgründung 1871 besiegelte rechtliche Gleichstellung, sondern vor allem auf den für viele überraschenden Prozess des sozialen Aufstiegs der Juden, die nun auf vielfältige Weise – in Vereinen, Klubs und Lesegesellschaften, in Restaurants, der Oper und in Theatern – zum äußerlich ununterscheidbaren Teil der bürgerlichen Gesellschaft geworden waren (MOSSE/PAUCKER 1976). Immer wieder konfrontierte Marr seine Leser mit dem Gedanken, dass die Gleichstellung von den Juden missbraucht worden sei, „um eine Fremdherrschaft in den Parlamenten" anzutreten, sich zu „Dictatoren der Staatsfinanzen" aufzuschwingen, als „Gesetzgeber und Richter" zu fungieren und die Presse zu beherrschen (MARR 1879, zit. n. KATZ 1989, 268).

Tradierte, religiös motivierte Judenfeindschaft erklärte Marr für „hirnverbrannt" (MARR 1879, 8). Er wollte eine neue, „nicht-confessionelle" Perspektive einnehmen. Ihm war bewusst, dass christliche Motive als mittelalterlicher Rückgriff betrachtet und daher nicht mehr ernst genommen worden wären. *„In Wahrheit"*, so Marr, gehe es um *„das Ringen der Völker gegen die [...] Verjudung der Gesellschaft, als ein Kampf um's Dasein"* (MARR 1879, 3); *„Der germanische Staat zersetzt sich [...] in rapidester Weise"* (MARR 1879, 45). Als Zeitgenossen einer sich säkularisierenden Welt verblassten für Menschen wie Marr die Muster des tradierten christlichen Judenhasses. Ethnische Zugehörigkeit wurde wichtiger als Konfession. Vor dem Hintergrund eines Trends zur Biologisierung gesellschaftlicher Prozesse bildete sich eine scharf akzentuierte Vorstellung von der rassischen Andersartigkeit der Juden heraus.

IV. Jahrgang. 1875.

Die BREMSE.

Satirisch-humoristisches Wochenblatt.
Herausgegeben von Dr. J. Sigl.

№ 34. Preis in Bayern: halbjährlich 1 fl. vierteljährlich 30 kr. 21. August 1875.

Aera Bleichröder.

„Die Reichsgrundlag' sei ideal!"
Räth uns die Allgemeine.
Viel besser ist doch das Metall
Und gilt'ge Kassenscheine.

Von schnödem Mammon wird ein Hauf'
Gesammelt und geschaaret;
Und eine Herrschaft baut sich drauf
Mit der ihr nie aus fahret.

Der Jude thront auf vollem Sack,
Wie grausam drücket der; ah!
Er schwindelt, gründet eitlen Schnack —
Das ist die „Neue Aera".

Dem Juden sind gefügig Staat,
Gesetz' und Parlamente,
Soweit er mitzureden hat
Und das Metall kein Ende.

Der Jude wurde allgemach
Gebieter so im Reiche.
Da kam für ihn der große Krach: —
Fürs Reich kommt auch der gl—orreiche Anfang
einer bessern Zeit.

Diese wertete das alte Vorurteil von einer spezifisch jüdischen Physiognomie auf, indem es ihm den Anschein von Wissenschaftlichkeit und damit von Glaubwürdigkeit verlieh. Das stereotype Bild von der krummen Nase, dem dunklen, fettigen Haar und den sinnlichen Lippen eignete sich in seiner rassistischen Zuspitzung dazu, Ängste vor überlegener sexueller Potenz und hemmungslosem Triebverhalten einer fremden, jüdischen Rasse zu wecken (GILMAN 1992. ERB 1985, 107-126). „Der Jude" wurde zum nicht integrierbaren Fremdkörper. Sozialdarwinistische und antisemitische Ideologien gingen hier eine folgenreiche Verbindung ein. *„Es ist wie im Krieg"*, beschrieb

Titelbatt eines satirischen Wochenblattes vom 21. August 1875
Seit Bismarcks jüdischer Finanzberater Bleichröder für die Wirtschafts- und Finanzpolitik verantwortlich gemacht wurde, kursierte der verhängnisvolle Verdacht in der Politik, alle beunruhigenden Zeiterscheinungen hingen mit dem schädlichen Einfluß reicher Juden zusammen.

Marr die Lage (Marr 1879, 22) und verstieg sich zu Vorstellungen eines endzeitlichen Kampfes „wir oder sie": *„Ohne Schwertstreich [...] ist das Judenthum heute der social-politische Dictator Deutschlands geworden [...]"* (MARR 1879, 23); *„Wir sind die Besiegten und es ist ganz in der Ordnung, daß der Sieger ‚Vae victis' ruft"* (MARR 1879, 30).

Marrs Vorstellung vom übermächtigen Judentum stand ein Selbstbild eigener Ohnmacht gegenüber. Den Niedergang der vormodernen, ständisch verfassten Welt missverstand er gründlich als Weltuntergang. Wie bei Marr verstärkten sich unter den „Verlierern" des gesellschaftlichen Umbruchs Gefühle der Verunsicherung und Verbitterung. Besonders kleinbürgerlichen Bevölkerungsschichten machte die Leistungs- und Konkurrenzgesellschaft zu schaffen, in der sich scheinbar nur der Stärkere behauptete. Konkurrenz mochte zu vermehrten Leistungen herausfordern, verlangte dem Individuum aber weitaus mehr ab, als es die ständisch verfasste Gesellschaft getan hatte. Wer nicht mithalten konnte, war leicht in Versuchung, das gesellschaftliche Leben als „Kampf ums Dasein" misszuverstehen. Er wurde anfällig für eine Verkennung der Realitäten, so dass auch hochgradig verzerrte Weltbilder wie der Rassismus Verbreitung fanden. Die Identifikation mit einer starken „Rasse" befriedigte das Bedürfnis nach Wiederaufrichtung eines verlorenen Selbstwertgefühls. Als vermeintliches Opfer war es mittels dieses Feindbildes kein großer Schritt, ein Recht auf Gewalt zu beanspruchen.

Die Aufsehen erregenden Erfolge der Berliner Antisemitenbewegung waren der Anlass für den im Kaiserreich in hohem Ansehen stehenden Historiker Heinrich v. Treitschke, in den von ihm herausgegebenen „Preußischen Jahrbüchern" einen Artikel mit dem Titel „Unsere Aussichten" (TREITSCHKE 1879) zu veröffentlichen. Die Publikation hatte besonders in den gebildeten Bevölkerungskreisen eine beträchtliche Wirkung und löste in Berlin den sogenannten Antisemitismusstreit aus (KATZ 1989, 270. BOEHLICH 1988, 239-266). Treitschke identifizierte sich darin ausdrücklich mit der Antisemitenbewegung als einer *„natürlichen Reaction des germanischen Volksgefühls gegen ein fremdes Element [...] der Instinct der Massen hat [...] eine schwere Gefahr, einen hochbedenklichen Schaden des deutschen Lebens richtig erkannt"* (TREITSCHKE 1879, 9-10). Hintergrund seiner düsteren Lagebeurteilung war zweifellos die schwere innere Krise kurz nach der Nationalstaatsbildung. Wirtschaftsdepression, Gegensätze unter den Einzelstaaten, eine nichtintegrierte Arbeiterbewegung und künstlich beschworene ethnische Konflikte riefen Gefühle der Verunsicherung hervor, sodass Menschen wie Treitschke wohl glauben mochten, die *„ganze Welt sei aus den Fugen geraten"* (ZMARZLIK 1981, 256). Bezeichnenderweise hatten gerade die Juden für Menschen mit Treitschkes Wahrnehmungsstruktur eine hohe Sichtbarkeit. Diese schwächten Deutschland, so befand der Historiker, weil sie uneinsichtig an ihren kulturellen Eigenarten festhielten und sich der deutschen Nation nicht vollständig einordneten. Die Juden sollten daher *„Deutsche werden, sich schlicht und recht als Deutsche fühlen"* (TREITSCHKE 1879, 10).

In seinem Blickfeld muss wohl vor allem der vergleichsweise höhere Verstädterungs-grad der Juden gelegen haben. Die wie in Berlin, Frankfurt am Main, Hamburg und anderen Städten in bürgerlichen Vierteln noch weitgehend unter sich bleibende jüdische Bevölkerung schien zu beweisen, dass sie weiterhin als fest geschlossene, vielfältig miteinander verbundene, ja verschworene Gemeinschaft außerhalb der christlichen Mehrheitsgesellschaft zu leben gedachten. Mochte ein gewachsener, enger innerer Zusammenhalt der Juden, zurückgehend auf eine gemeinsame Leidensgeschichte und gleiche kulturelle Wurzeln, eine naheliegende, zweckmäßige Verhaltensweise innerhalb einer Industriegesellschaft sein – Treitschke sah darin einen bedrohlichen Wettbewerbsnachteil für Nicht-Juden und missverstand diese Lebensweise in seiner extrem überzeichnenden Sicht als überlegene jüdische Macht-stellung. In diesem Sinne erschien es ihm nur natürlich, dass sich mit der Antisemi-tenbewegung Widerstand in der Nation gegen gefährliche, divergierende Tendenzen regte. Wie er wünschten sich viele Liberale, die mit der Reichsgründung zu Anhän-gern nationaler Machtpolitik umgeschwenkt waren, die Nation als „monolithischen Block", als geschlossene, nationale Gemeinschaft (Zmarzlik 1981. Reichmann 1962. Elias 1990. Wehler 1988). In diesem Konzept eines starken Staates gab es keinen Platz für die Anerkennung eines kulturellen Eigenrechts von Minderheiten. Kultur wurde nicht als Produkt eines lebendigen Austauschs, als Auseinandersetzung mit dem Fremden begriffen. Der „Cultus der Nationalität" (Bamberger 1890, 159) konnte eine eigene Gruppenidentität von Minderheiten nicht gelten lassen[3] und hätte eine „offene Gesellschaft" als Schwäche empfunden.

Wie groß die Versuchung war, aus dem Gefühl der Bedrohungsangst heraus zu über-zeichnen und zu dämonisieren, zeigte die im Folgenden sichtbar werdende Steigerung des Unbehagens. Der Gelehrte beklagte den kommerziellen Geist seiner Zeit und verstieg sich zu der Behauptung, der ihm unangenehme *schnöde Materialismus unse-rer Tage"* sei auf die Judenheit zurückzuführen. Treitschke entpuppte sich hier als Anhänger einer vormodernen, vorindustriellen Welt, die er durch „jüdischen Geschäftsgeist" erstickt wähnte. Offenbar in einem Gefühl großer Bedrängnis steigerte er sich in eine Vorstellung hinein, Juden agierten grundsätzlich zum Schaden anderer: *„Aber unbestreitbar hat das Semitenthum an dem Lug und Trug, an der frechen Gier des Gründer-Unwesens einen großen Antheil, eine schwere Mitschuld an jenem schnöden Materialismus unserer Tage, der jede Arbeit nur noch als Geschäft betrachtet und die alte gemüthliche Arbeitsfreudigkeit unseres Volkes zu ersticken droht"* (Treitschke 1879,11).

Wie Treitschke fühlten sich viele Zeitgenossen durch die Auswüchse der Moderne beunruhigt, die sie kulturpessimistisch als „Tanz um das goldene Kalb" werteten und für die sie vor allem die Juden verantwortlich machten (Stern 1973. Rürup 1976, 50-51). In dem Hinweis auf den schnöden Materialismus war eine tiefe Betroffenheit des Bildungsbürgers über die Werteverschiebung in der Gesellschaft herauszulesen.

Der Gelehrte gehörte offenbar zu denen, die den „Triumpf des Geldes" (PULZER 1966, 31) nicht akzeptierten und an die „Aristokratie der Bildung" glaubten, sodass er von der Angst gepeinigt wurde, dass *der naive Glaube an die unfehlbare sittliche Macht der ‚Bildung'"* (TREITSCHKE 1879, 7) dauerhaft zerstört werden könnte. Hier wurde der allmähliche kulturelle Demokratisierungsprozess völlig fehlinterpretiert. Bildung, Wissenschaft und Kunst blieben nicht mehr einer privilegierten, exklusiven Schicht vorbehalten und waren nicht länger das alleinige Statussymbol des Bürgertums, mit dem es sich über andere Schichten erhob (JOCHMANN 1976, 403-405. KOCKA 1988, 11-78). Angesichts dieser Entwicklung befiel nun viele gebildete Zeitgenossen die Angst, die Kultur könne untergehen. In Wahrheit aber fürchteten sie nur für sich einen gesellschaftlichen Statusverlust, der ursächlich für eine weit verbreitete modernitätsfeindliche Geisteshaltung wurde. Auf diese Weise wäre besser zu erklären, warum Treitschke den Integrationsprozess der Juden zu einem bedrohlichen „Machtergreifungsprozess" verzerrte: *„Über unsere Ostgrenze aber dringt Jahr für Jahr aus der*

Die Juden im Reichstag!, Politischer Bilderbogen No. 16, Dresden 1895, Deutsches Historisches Museum, Berlin
Der abgebildete Bilderbogen nimmt Bezug auf die parlamentarischen Auseinandersetzungen über die Einwanderung von ausländischen Juden. Der „Deutsche Michel" hat die in den Reichstagssitzungen vorgetragenen Argumente sorgsam verschnürt auf dem Tisch liegen: „Bankjude, Wucherjude, Pressejude, Wechseljude, Börsenjude, Konkursjude, Schacherjude und Polnischer Jude".

unerschöpflichen polnischen Wiege eine Schaar [sic!] strebsamer hosenverkaufender Jünglinge herein, deren Kinder und Kindeskinder dereinst Börsen und Zeitungen beherrschen sollen [...]"* (TREITSCHKE 1879, 9). *„Bis in die Kreise der höchsten Bildung hinauf [...] ertönt es heute wie aus einem Munde: die Juden sind unser Unglück!"* (TREITSCHKE 1879, 13).

Dieser Ausruf, den Treitschke scheinbar anderen in den Mund legte, fasste das Feindbild formelhaft zusammen. Alle Fehlentwicklungen in der Gesellschaft, so Treitschke, ließen sich auf einen einzigen Begriff bringen: die Juden. Sie seien die Wurzel allen Übels. *„Die Juden sind unser Unglück!"* wurde zu einer Art Zauberformel, die die unangenehmen Seiten einer komplizierten Welt auf einen einfachen, aber inhumanen Nenner brachte und verführerische Kraft für alle hatte, die über die Moderne beunruhigt waren (JOCHMANN 1976, 459-460).

Die Einzelmotive jahrhundertealter Judenfeindschaft wurden durch den modernen Antisemitismus also zu einem manifesten Feindbild gebündelt und transformiert. Aus dem Wucherer-Motiv wurde die Vorstellung von „dem Juden" als dem „Unproduktiven", der grundsätzlich auf Kosten anderer lebe, zu körperlicher Arbeit nicht fähig und nicht bereit sei, sich eigennützig, betrügerisch und skrupellos bereichere und den Geschäftssinn zum Maßstab aller Dinge gemacht habe. Aus dem Minderwertigkeits-Motiv wurde die Vorstellung von der ethnischen „Andersartigkeit" der Juden, so dass die Judenheit jetzt als eine Rasse mit unveränderlich negativen Eigenschaften erschien. Und das tradierte Fremden-Motiv führte im Zeitalter eines übersteigerten Nationalismus zur Vorstellung von „dem Juden" als dem unintegrierbaren „Nicht-Deutschen".

Worin aber bestand die integrative Wirkung dieser Feindbildvorstellungen? Marr hatte in dem Vorwort zu seiner Schrift den zentralen Gedanken formuliert, dass es weniger um die Juden als vielmehr um „uns selber" gehe. Tatsächlich hatte die Vorstellung von einer Gegenwelt des Bösen in verunsicherten Bevökerungsgruppen eine identitätsstiftende Funktion. Feindbilder waren also geeignet, neue, positive Prinzipien der eigenen Welt zu konstituieren (FETSCHER 1965, 24. VOLKOV 1990, 62). Darin lag wohl ihre eigentliche Durchschlagskraft. „Der Jude" modellierte den gemeinsamen Feind derjenigen, die sich eine neue Identität als starke nationale oder völkische Gemeinschaft wünschten und spielte damit eine wichtige Rolle bei der Bestimmung eines Selbstbildes der Deutschen im Kaiserreich. Das Feindbild ermöglichte vielen den bequemen Rückzug aus der unüberschaubaren Komplexität der Moderne in eine harmonische, übersichtliche und berechenbare Scheinwelt. Weitsichtig hatte bereits 1880 Ludwig Bamberger, liberaler jüdischer Politiker und Beteiligter im „Berliner Antisemitismusstreit", darauf verwiesen, dass der „Cultus der Nationalität" bei der Suche vieler Deutscher nach einem neuen Selbstverständnis einen besonderen Stellenwert habe. Er berge mehr als jeder andere die Versuchung in sich, durch Hass auf das Fremdartige im Äußeren wie im Innern des Staates eine eigene Identität zu suchen mit der Konsequenz: *„Je mehr Hass, desto mehr Tugend!"* (BAMBERGER 1890, 159).

Und die Betroffenen selbst? Das Feindbild des modernen Antisemitismus war für sie nicht folgenlos; es hinterließ Spuren. Das Weiterbestehen von Ablehnung traf Juden „bis ins Mark" (MEYER 1992, 51), weil ihre moderne Identität in besonderer Weise auf den Idealen der Aufklärung mit ihrem Versprechen der Gleichheit beruhte. Die deutschen Juden konnten nach ihrer rechtlichen Gleichstellung 1871 glauben, dass es

„Hinter den Feindmächten: der Jude",
Plakat der Reichspropagandaleitung
der NSDAP von Henich, um 1941,
Bundesarchiv Koblenz,
Sign.: 3/20/21
Die bereits im ausgehenden 19. Jh.
vielfach verwendeten Stereotype
wurden später im Nationalsozialimus
aufgegriffen.

über kurz oder lang zu einem dauerhaften Miteinander von Juden und Nichtjuden kommen werde (MOSSE 1992, 19-72), sodass das erneute Auftreten feindseliger Zurückweisungen um so schmerzlicher und schockierender wirken musste. Nicht wenige Betroffenen reagierten mit Verunsicherung, entwickelten Angst vor Zurückweisung, wurden überempfindlich,[4] fühlten sich minderwertig oder verübelten sich selbst ihre Herkunft (GILMAN 1993). Doch war in den Jahrzehnten des Kaiserreichs damit keineswegs unausweichlich vorgezeichnet, dass nach 1933 die Nationalsozialisten die Möglichkeit bekommen würden, dieses Feindbild bis zur letzten Konsequenz in die Tat umzusetzen.

Anmerkungen

1   Zum Forschungsstand: BERDING 1988.
2   Rosenberg gebrauchte diesen Begriff: „In recht weitgehendem Maße war die Trendperiode von 1873-1896 ein zu Wahnvorstellungen neigendes Zeitalter der Neurose. Zu seinen hervorstehenden Merkmalen gehören die groteske Angst vor den „Roten" und dem „Umsturz", der „Klassen- und Judenhass [...]" (ROSENBERG 1967, 56-57).
3   Selbst ein Linksliberaler wie Theodor Mommsen forderte von den Juden die Aufgabe ihrer Eigenart als „Preis" für den „Eintritt in eine große Nation" (MOMMSEN 1880, 227).
4   Kaplan zeigt auf der Ebene eines spezifischen Heirats-, Freizeit- und Haushaltsverhaltens, wie weit Feindbilder in die persönlichen Lebensbereiche der Betroffenen hineinwirkten (KAPLAN 1991).

Literatur

BAMBERGER, L. 1890: Deutschthum und Judenthum. In: W. Boehlich (Hrsg.) Der Berliner Antisemitismusstreit. Frankfurt a. M. 1988, 151-181.

BERDING, H. 1988: Moderner Antisemitismus in Deutschland. Frankfurt a. M. 1988.

BERNHARDT, H.-M. 1994: Voraussetzungen, Struktur und Funktion von Feindbildern. In: C. Jahr, U. Mai, K. Roller (Hrsg.), Feindbilder in der deutschen Geschichte. Berlin 1994, 9-24.

BOEHLICH, W. (Hrsg.) 1988: Der Berliner Antisemitismusstreit. Frankfurt a. M. 1988.

CLAUSSEN, D. 1987: Vom Judenhaß zum Antisemitismus. Darmstadt 1987.

ELBOGEN, I. u. STERLING, E. 1988: Die Geschichte der Juden in Deutschland. Frankfurt a. M. 1988.

ELIAS, N. 1990: Studien über die Deutschen. Frankfurt a. M. 1990.

ERB, R. 1985: Die Wahrnehmung der Physiognomie der Juden: Die Nase. In: H. Pleticha (Hrsg.), Das Bild des Juden in der Volks- und Jugendliteratur vom 18. Jahrhundert bis 1945. Würzburg 1985, 107-126.

FELDEN, K. 1963: Die Übernahme des antisemitischen Stereotyps als soziale Norm durch die bürgerliche Gesellschaft Deutschlands (1875-1900). Phil. Diss. Heidelberg 1963.

FETSCHER, I. 1965: Zur Entstehung des politischen Antisemitismus in Deutschland. In: H. Huss, A. Schröder (Hrsg.), Antisemitismus. Zur Pathologie der bürgerlichen Gesellschaft. Frankfurt a. M. 1965, 9-33.

GILMAN, S. L. 1992: Rasse, Sexualität und Seuche. Stereotype aus der Innenwelt der westlichen Kultur, Reinbek bei Hamburg 1992.

GILMAN, S. L. 1993: Jüdischer Selbsthaß. Antisemitismus und die verborgene Sprache der Juden. Frankfurt a. M. 1993.

HILBERG, R. 1982: Die Vernichtung der europäischen Juden. Berlin 1982.

JOCHMANN, W. 1976: Struktur und Funktion des deutschen Antisemitismus. In: W. E. Mosse u. A. Paucker (Hrsg.), Juden im Wilhelminischen Deutschland 1890-1914. Tübingen 1976, 389-478.

KAPLAN, M. 1991: The Making of the Jewish Middle-Class. Women, Familiy and Identity in Imperial Germany. New York 1991.

KATZ, J. 1989: Vom Vorurteil bis zur Vernichtung. Der Antisemitismus 1700-1933. München 1989, 253-280.

KOCKA, J. (Hrsg.) 1988: Bürgertum im 19. Jahrhundert. 3 Bde., bes. Bd. 1, 1988, 11-78.

MARR, W. 1879: Der Sieg des Judenthums über das Germanenthum. Vom nicht confessionellen Standpunkt aus betrachtet. Bern 1879.

MEYER, M. A. 1990: Soll und kann eine „antiquierte" Religion modern werden? In: G. Stemberger (Hrsg.), Die Juden. München 1990, 67-85.

MEYER, M. A. 1992: Jüdische Identität in der Moderne. Frankfurt a. M. 1992.

MOMMSEN, T. 1880: Auch ein Wort über unser Judenthum. In: W. Boehlich (Hrsg.), Der Berliner Antisemitismusstreit. Frankfurt a. M. 1988, 212-227.

MOSSE, G. L. 1992: Jüdische Intellektuelle in Deutschland. Zwischen Religion und Nationalismus. Frankfurt a. M. 1992.

MOSSE, W. E. u. PAUCKER A. (Hrsg.) 1976: Juden im Wilhelminischen Deutschland 1890-1914. Tübingen 1976.

NIPPERDEY, T. u. RÜRUP, R. 1972: Antisemitismus. In: O. Brunner u. a., Geschichtliche Grundbegriffe. Historisches Lexikon zur politisch-sozialen Sprache in Deutschland Bd. 1. Stuttgart 1972, 129-153.

PULZER, P. G. 1966: Die Entstehung des politischen Antisemitismus in Deutschland und Österreich 1867-1914. Gütersloh 1966.

REICHMANN, E. 1962: Flucht in den Haß. Die Ursachen der deutschen Judenkatastrophe. Frankfurt a. M. 1962.

RICHARZ, M. (Hrsg.) 1979: Jüdisches Leben in Deutschland. 2. Bd. Selbstzeugnisse zur Sozialgeschichte im Kaiserreich. Stuttgart 1979.

ROHRBACHER, S. u. SCHMIDT, M. 1989: Judenbilder. Kulturgeschichte antijüdischer Mythen und antisemitischer Vorurteile. Reinbek bei Hamburg 1989.

ROSENBERG, H. 1967: Große Depression und Bismarckzeit. Berlin 1967, 58-77.

RÜRUP, R. 1976: Emanzipation und Krise. In: W. E. Mosse u. A. Paucker (Hrsg.), Juden im Wilhelminischen Deutschland 1890-1914. Tübingen 1976, 1-56.

RÜRUP, R. 1986: The Tortuous and Thorny Path to Legal Equality. Leo Baeck Institute, Yearbook 31. 1986, 3-33.

RÜRUP, R. 1987: Emanzipation und Antisemitismus. Frankfurt a. M. 1987.

STERN, F. 1973: Kulturpessimismus als politische Gefahr. Bern 1973.

TREITSCHKE, H. v. 1879: Unsere Aussichten. In: W. Boehlich (Hrsg.), Der Berliner Antisemitismusstreit. Frankfurt a. M. 1988, 7-14.

VOLKOV, S. 1990: Jüdisches Leben und Antisemitismus im 19. und 20. Jahrhundert. München 1990.

WEHLER, H.-U. 1988: Das Deutsche Kaiserreich 1871-1918. Göttingen 1988.

ZIMMERMANN, M. 1986: Wilhelm Marr. The patriarch of Anti-Semitism. New York 1986.

ZMARZLIK, H.-G. 1981: Antisemitismus im Deutschen Kaiserreich 1871-1918. In: E. Schulin (Hrsg.): Die Juden als Minderheit in der Geschichte. München 1981, 249-270.

„Augen schwarz und Seele grau"

Zur Konstruktion des antijüdischen Gegenbildes

Rainer Erb

Die Wahl eines Beobachtungsschemas ist eine folgenreiche Vorentscheidung, denn die eingebaute Präferenzregel lautet: Entscheide dich gegen das Interaktionsangebot des Fremden und für dasjenige deiner Solidargruppe, vertraue der Meinung der Freunde, misstraue dem Gerede der Außenstehenden. Der elementare Unterschied zwischen Eigenem und Fremden wird um so nachdrücklicher ausfallen, je stärker er mit anderen Verschiedenheiten angereichert und durch soziale Einbettung gestützt wird. Ist die Gegenüberstellung von Binnen und Außen mit weiteren Gegensätzlichkeiten verkoppelt, z. B. mit gut – böse, oben – unten, schön – hässlich, rein – unrein, sauber – schmutzig, gesund – krank, so erscheint sie als grundlegend, unverrückbar und sozial verbindlich. Der positive Pol dieser zwei Seiten ist bereits für das Eigenideal reserviert. Die Eigengruppe wird als moralisch wertvoll, ästhetisch schön und sozial vertrauenswürdig bewertet, es bleibt für die Fremdgruppe nur die negative Seite übrig. In der Geschichte wie in der Kunstgeschichte wurde die Wahrnehmung und Bewertung von Juden und Judentum häufig von diesem dualen Schematismus bestimmt, wobei der Jude durchweg als Gegenbild zum eigenen Ideal dargestellt wurde und – ungeachtet der jeweiligen inhaltlichen Bestimmung des jüdischen bzw. des eigenen „Wesens" – immer den negativen Pol bildete (HOFFMANN 1995. SCHWANITZ 1997. GIESEN 1999).

Bei den folgenden Überlegungen steht also nicht im Vordergrund, *was* jeweils gezeigt, sondern *wie* etwas dargestellt wurde, nach welchen Deutungsmustern ein Bild von anderen konstruiert wird. Diese Frage sensibilisiert für vermeintlich einleuchtende Erklärungen und für kulturell generierte Deutungen, denen gerade das Merkmal der Selbstreflexion und der Hinterfragung des eigenen Beobachterstandortes fehlt. Hingegen enthüllen Beschreibungen dieses Beobachterstandortes Vorlieben und Interessen, kognitive Grenzen und soziale Konstruktionen desjenigen, der etwas sieht und darstellt. Gegenbilder sind dementsprechend beobachterspezifische Entwürfe der Wirklichkeit, konstruiert zum Nutzen der Eigen- und zum Schaden der Fremdgruppe (PÖRKSEN 2000. HOLZ 2001). Ihre Produzenten meinen aufgrund ihrer ideologischen Vorprägung, andere Menschen als Feinde sehen zu müssen. Dazu werden Negativbilder entworfen, die sich agitatorisch an die Außenwelt, an Sympathisanten und an die Öffentlichkeit richten. Es geht nicht um individuelle Abneigungen und Gegenvorstellungen, vielmehr um eine bild- oder sprachvermittelte Wahrnehmung, die das Gegenüber kollektiviert und zum Repräsentanten der fremden

Gruppe erklärt. Dabei handelt es sich um ein Ensemble negativer Vorstellungen, die den als abweichend wahrgenommenen Juden zugeschrieben werden.

Dieses dualistische Denkmuster ist mit einer zeitlichen Perspektive verbunden. Die Deutung handelt von der Spanne zwischen der eigenen, modernen, und der fremden, zurückgebliebenen, primitiven und rohen Kultur. Der Blick ist dabei gewissermaßen entwicklungsgeschichtlich von vorn nach hinten gerichtet. Das Eigene ist das Neue, das sich lebendig Entwickelnde und Aufgeklärte, das Judentum dagegen das Alte, das Überlebte, das in toten Ritualen sich Erschöpfende.

Bei der Wahrnehmung des jüdischen Körpers ist bekanntlich kein Körperteil – von den Haarspitzen bis zu den Fußsohlen – von einer diffamierenden Darstellung ausgelassen worden (GOLD, HEUBERGER 1999. HAIBL 2000. GILMAN 1991). Historisch geschah dies jeweils unter dem ideologischen Einfluss der jeweiligen Zeit. Wurde das Eigenideal hell und nordisch oder arisch und blond konstruiert, dann blieb am gegenüberliegenden Pol für den jüdischen Teint nur die dunkle, als unschön empfundene Hautfärbung, sein Haar wird zum schwarzen, negroiden Kraushaar. Erhob im Zuge der Nationenbildung der Staat Anspruch auf die Wehrpflicht aller jungen und gesunden Männer, dann reagierten die Judenfeinde. Ihre traditionellen Vorbehalte gegenüber der Integration der Juden passten sie an diese neue Gegebenheit an, in dem sie den jüdischen Körper als mangelhaft und fehlproportioniert konstruierten. Die militärischen Musterungskommissionen hätten bei den jüdischen Rekruten eine schwächliche Physis, vor allem Plattfüße festgestellt, die sie zum Ehrendienst an der Nation konstitutionell ungeeignet machen.

„Inserat.
Ein kräftiger und würziger,
Nach Musterung der Glieder
Gänzlich untauglich wieder,
Empfiehlt sich, Mädchen, Frauen,
Die trotzdem ihm vertrauen,
Mit Plattfuß und mit Platte
Als Musterehegatte!"
Deutsche Zeitung, 22.04.1915[1]

Das antithetische Denkmuster wurde auf die Physiognomie, aber auch zur Konstruktion „typisch" jüdischer Eigenschaften, Gebärden und Verhaltensweisen angewendet. Die Christen beschrieben sich als die Religion des lebendigen Wortes, während die Juden den toten Buchstaben anhingen. Dem entspricht – gemessen am Kriterium der Sozialbezogenheit – die Teilung in deutsches schaffendes und jüdisch raffendes Kapital. Aus völkischer Sicht wird dem „deutschen" Gemüt, Idealismus und Gemeinschaft, die „jüdisch" zersetzende Intellektualität, der egoistische Materialismus und die seelenlose Gesellschaft gegenübergestellt. Der rassistische Diskurs polt sich um Abstammung, Sprache und Kultur. Alle diese Gegenbilder zielen auf den vermeintlich negativen Einfluss des Judentums und aus den vielfältigen Schädigungserwartungen resultiert die Aufforderung zu seiner Bekämpfung.

Derartige Deutungen sind ausgesprochen zäh und langlebig, wenn sie mit Fakten konfrontiert werden, die ihnen widersprechen. Rationalistische Aufklärungsstrategien, die im 19. Jahrhundert im Zuge der Abwehr des Antisemitismus versuchten, durch Zählen und Messen – wieviele Juden haben Hakennasen und wieviele von ihnen sind z. B. im Vergleich mit den württembergischen Rekruten tatsächlich plattfüßig –, mit empirisch gesicherten Fakten diesen Stereotypen entgegen zu arbeiten, waren wenig erfolgreich. Sie verkannten die Struktur derartiger Wahrnehmungsmuster und ihrer affektiven Bedeutung. Es sind ideologisch-normative Überzeugungen und keinesfalls nur Annahmen, welche einen gewissen Zweifel zulassen und unter dem Vorbehalt kognitiver Bestätigung oder praktischer Verifizierung stehen. Derartige Gegenbilder sind äußerst rigide Anhäufungen von Negativvorstellungen, die wichtige Funktionen für die Eigengruppe erfüllen. Deshalb sind sie schwerlich zu verändern. Sie sind eben nicht nur eine normative Richtschnur, sondern förmliche, stark emotional besetzte Orientierungsdiktate, an denen festgehalten wird, obwohl dem Gesamtbild widersprechende Wahrnehmungen verfügbar sind. Zu ihren Funktionen gehört es, die als verwirrend erfahrene Welt auf klare Linien zu kondensieren und dem Chaos der Beobachtungen eine Struktur von Eindeutigkeit und rascher Orientierung zu geben. Ein Deutungsschema verringert die Vielfältigkeit und schränkt dadurch die Fülle von Möglichkeiten auf eine überschaubare und handhabbare Auswahl ein. Das Gegenbild schweißt eine Gruppe zusammen, es stärkt ihren Zusammenhalt, stabilisiert und einigt sie gegenüber dem Bedrohlichen in ihrer Außenwelt.

An Gegenbildern wird trotz entgegenstehender Informationen festgehalten. Denn einmal würde ein Umlernen zu einer sogenannten kognitiven Dissonanz führen, d. h. zu einem eigentümlichen, Unlustgefühle hervorrufenden Nebeneinander von Wissen und Zweifeln, von Gewissheit und Ungewissheit. Um das zu vermeiden, werden daher sich widersprechende Vorstellungen ignoriert, zur Ausnahme von der Regel neutralisiert oder anderweitig verändert und damit die kognitive Umbequemlichkeit vermindert. Selbstzwang korrespondiert mit den äußeren Zwängen, denen der Einzelne unterliegt. Es wirken die Regeln der Gruppennorm und der Druck, sich der Meinung der Gruppenmitglieder anzuschließen. Wer sich artikuliert, muss darauf achten, dass seine Beiträge zum Gruppenthema passen. Er bejaht damit unreflektiert den Konsens und wird mit der Geborgenheit Gleichgesinnter prämiert. Er nimmt am gesteigerten Selbstwert der Eigengruppe teil, die erst im Kontrast zur Fremdgruppe strahlend erscheint. Abweichende Meinungen und kritische Deutungen würden stören, das Gruppencharisma mindern, dem Abweichler die Last der Rechtfertigung auferlegen und zum Abbruch der Beziehung führen. Diesen Verlust gilt es zu vermeiden, und außerdem ist Zustimmen leicht, die Schwierigkeit liegt bekanntlich im Neinsagen.

Deuten diese Zuschreibungen zunächst auf Merkmale und äußerliche Zustände, so verändert sich allmählich deren Referenz und zielt auf den Menschen selbst, der mit diesen Zuständen indentifiziert wird. Vermeitliche Missgestaltung und Hässlichkeit werden von äußeren Umständen zu inneren Eigenschaften. Nicht nur der Mensch ist hässlich, er hat auch einen hässlichen Charakter. Erst zusammen mit den negativen Wesensmerkmalen entsteht das Vollbild vom gefährlichen Juden. Das unschöne Äußere des jüdischen Menschen ist dann das Spiegelbild seines abstoßenden Inneren, seiner tieferen Natur. Die Wahrnehmung verkehrt sich: weil ein negativer Charakter angenommen wird, wird das Judenimago um einen hässlichen, unproportionierten Körper ergänzt. Und dann tritt eine weitere Verkehrung in Kraft. Der „wahre" Jude ist der Jude der Karikatur, der wirkliche Jude nur eine verstellte Figur. Seine visuelle Unauffälligkeit ist lediglich die täuschend gelungene Nachahmung seiner Umwelt.

Aus Wilhelm Buschs Bild-Textgeschichte vom „Schmulchen Schievelbeiner" („schöner ist doch unsereiner"), dessen übelste Zeile zum Titelzitat dieses Beitrages gewählt wurde, ist die Kombination von „grauem" Inneren und abstoßendem Äußeren sprichwörtlich geworden (Busch 1882).

In den bürgerlichen Kinderzimmern des ausgehenden 19. Jahrhunderts waren die Bildgeschichten von Wilhelm Busch eine beliebte Jugendlektüre. Diese Verbreitung erinnert daran, dass derartige Klischees und Deutungsmuster im Zuge der Sozialisation erworben wurden. Aber auch heute gibt es wieder subkulturelle Jugendmedien, die diese Deutungen verbreiten (Erb 1999).

Die Berliner Skinheadband „Spreegeschwader" hat das Cover ihrer CD „Orientexpress" (1997) mit einer Buntstiftzeichnung gestaltet. Die Zeichnung zeigt einen vollbesetzten Berliner U-Bahn-Waggon. Rechts von der Bildmitte sitzt ein „hellhäutiger" Skinhead, der sich offensichtlich von all den „dunkelhäutigen" Menschen und fremden Jugendkulturen bedrängt und unwohl fühlt. Diesen Personen – muslimische

Fünftes Capitel.

Kurz die Hose, lang der Rock,
Krumm die Nase und der Stock,
Augen schwarz und Seele grau,
Hut nach hinten, Miene schlau —

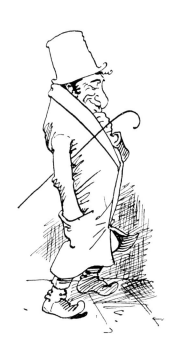

So ist Schmulchen Schievelbeiner.
(Schöner ist doch unsereiner!)

Wilhelm Busch: Plisch und Plum, München, 1910

Ausschnitte aus der Schall-
plattenhülle der Skinheadband
„Spreegeschwader".
Zu sehen ist ein Spektrum an
Personen, das in jeder Großstadt
anzutreffen ist, und – ein Jude im
Profil.

Familie, die Frau mit Kopftuch, Männer mit Turban, Afrikaner, Türke, Rapper,
Reggae-Fan mit Rastalocken, Break-Dancer, Händler mit unverzollten Zigaretten –
kann man heute in jeder deutschen Großstadt begegnen, sie sind ein Teil unseres
Alltags. Das Bild der Fremdgruppe hat sich erneut modernisiert, es zeigt, was aktuell
als fremd und störend wahrgenommen wird. Nur das Feindbild Jude bleibt das alte.
Rechts vor dem Fenster ist im Profil ein Judenkopf zu erkennen, mit Kippa,
Schläfenlocken und einer übergroßen Nase!

Die ideologische Bildaussage ist unschwer zu rekonstruieren. Zustände, in denen sich
der deutsche Skinhead unwohl fühlt, sollen verändert werden. Die Musik richtet sich
an Adressaten, die diese Gefühle und diese Überzeugungen teilen und die besonders
geeignet sind, das „multikulturelle Chaos" in „deutsche Ordnung" zu verändern. Sie
sollen in Stimmung gebracht werden, die Umwelt auf die gezeigte Weise zu erleben
und sie sollen etwas dagegen unternehmen.

Anmerkungen

1   Deutsche Zeitung, 22. 4.1915, zitiert nach Elke KIMMEL 2001: Methoden antisemitischer Propa-
     ganda im Ersten Weltkrieg. Die Presse des Bundes der Landwirte. Berlin 2001, S. 219.

Literatur

BUSCH, W. 1882: Plisch und Plum. In: F. Bohne (Hrsg.), W. Busch, Historisch-kritische Ge-
     samtausgabe. Wiesbaden 1959, Band III, 479.
ERB, R. 1999: „Er ist kein Mensch, er ist ein Jud'". Antisemitismus im Rechtsrock. In:
     D. Baacke (Hrsg.), Rock von Rechts II. Milieus, Hintergründe, Materialien. Bielefeld
     1999, 142-159.
GIESEN, B. 1999: Kollektive Identität. Die Intellektuellen und die Nation. Frankfurt/Main
     1999.
GILMAN, S. L. 1991: The Yew's Body. New York 1991.
GOLD, H./HEUBERGER, C. (Hrsg.) 1999: Abgestempelt. Judenfeindliche Postkarten. Katalog
     der Museumsstiftung Post und Kommunikation, Band 4. Heidelberg 1999.

HAIBEL, M. 2000: Zerrbild als Stereotyp. Visuelle Darstellungen von Juden zwischen 1850 und 1900. Berlin 2000.

HOFFMANN, C. 1995: Das Judentum als Antithese. Zur Tradition eines kulturellen Wertungsmusters. In: W. Benz (Hrsg.), Antisemitismus in Deutschland. Zur Aktualität eines Vorurteils. München 1995, 25-46.

HOLZ, K. 2001: Nationaler Antisemitismus. Wissenssoziologie einer Weltanschauung. Hamburg 2001.

PÖRSKEN, B. 2000: Die Konstruktion von Feindbildern. Zum Sprachgebrauch in neonazistischen Medien. Opladen 2000.

SCHWANITZ, D. 1997: Der Antisemitismus oder die Paradoxierung der Außengrenze. In: Soziale Systeme 3, 1997, 237-256.

„Schwarze Schmach" und „weiße Frau"
Über die Logik rassistischer Rhetorik

Iris Wigger

„Die Schwarze Schmach: das ist die Mulattisierung und Syphilitisierung unseres Volkes, der Ruin unserer Volksgesundheit, körperlich und geistig!", wetterte der Leitartikel einer ärztlichen Zeitschrift. Seinem Lesepublikum die vermeintliche Tragik dieses Szenarios vermittelnd, fragte der Verfasser rhetorisch: *„Sollen wir schweigend dulden, daß künftig an den Ufern des Rheins statt der hellen Lieder weißer, schöngesichtiger, gutgewachsener, geistig hochstehender, regsamer, gesunder Deutschen die krächzenden Laute grauscheckiger, niederstirniger, breitschnäuziger, plumper, halbtierischer, syphilistischer Mulatten ertönen?!"* (F. R. 1920, 371 f.).

Diese Töne reihten sich ein in einen Kanon energischer Proteste gegen die sogenannte „Schwarze Schmach", die sich mit Beginn der alliierten Rheinlandbesetzung nach Ende des Ersten Weltkrieges in Deutschland erhoben. Den Anlass zu solch geballter Entrüstung hatte die französische Regierung mit ihrem Beschluss geboten, im Rahmen der Okkupation deutscher Gebiete auch Kolonialtruppen einzusetzen (ECHENBERG 1991). Wenn sie von verschiedenen Trägern der Kampagne auch genutzt wurde, um Frankreich politisch zu diskreditieren, gegen den „Schandfrieden von Versailles" zu mobilisieren und den sofortigen Abzug der Truppen zu verlangen, weist die Komplexität, Intensität und rassistische Symbolik der Proteste gegen die unterstellte „Schwarze Schande" weit über den Horizont einer politisch motivierten Kampagne instrumentellen Charakters hinaus.

Nachdem der Einsatz von Kolonialsoldaten auf europäischem Boden bereits vor und während des Krieges problematisiert worden war (KOLLER 2001), nahmen die Proteste in der Nachkriegszeit massiv zu. Was bereits im Dezember 1918 mit der Kritik der deutschen Reichsregierung am Einsatz „schwarzer" Truppen auf deutschem Boden begonnen hatte, verdichtete sich in den folgenden Jahren zur ersten durch moderne Massenmedien inszenierten rassistischen Kampagne in Europa (MARTIN 1996). In ihrem Zentrum stand das Stereotyp primitiver schwarzer Wilder, die mit ihren angeblich tierhaften sexuellen Instinkten das ohnehin von Kriegsfolgen und Versailler Vertrag geplagte deutsche Volk „rassisch" zu „verseuchen" und zu „entarten" drohten (KOLLER 2000. LEBZELTER 1985. MARKS 1983).

Den „schwarzen" Truppen wurde ein rohes, primitives Wesen zugeschrieben, sie zeichneten sich vermeintlich durch ihre brutale Natur und exzessive, perverse Triebhaftigkeit aus. Insofern galten sie als eine unerträgliche Gefahr für die „rassische" Reinheit der deutschen, „weißen Frau", des „deutschen Volkes", wie auch der gesamten

„weißen Rasse". Sie wurden bezichtigt, im besetzten Gebiet massenhaft Vergewaltigungen zu begehen und dabei furchtbare, meist sexuelle Krankheiten zu übertragen.

Die eugenisch-rassistische Konstruktion einer drohenden „Syphilitisierung" und „Mulattisierung" des deutschen Volkes und „Vergiftung" der „weißen Rasse" wurde durch die einer kulturellen, zivilisatorischen Schmach flankiert. Demnach müsste bereits die bloße Präsenz solcher „schwarzen", „primitiven" Truppen auf dem Territorium des deutschen Volkes, das sich als Repräsentant europäischer Kultur und okzidentaler Zivilisation verstand, als eine ungeheuerliche und völkerrechtswidrige Schmach für Deutschland und die zivilisierte Welt erkannt und bekämpft werden (LEBZELTER 1985. REINDERS 1968). Ungeachtet ihrer verschiedenen Heimatländer wurden Afrikaner aus u. a. Algerien, Madagaskar, Marokko, dem Senegal und Tunesien zu „wilden Schwarzen" stilisiert, die im Auftrage Frankreichs Territorien europäischer Zivilisation besetzt hielten, um dort Terror und Schrecken zu verbreiten, das deutsche „Kulturvolk" zu schänden und andere folgenschwere Verbrechen zu begehen. In diesem Lichte erschien die „Schwarze Schmach" als ein demütigendes Vergehen am gesamten abendländischen Kulturkreis.

Die Träger der Proteste ließen sich keineswegs nur in nationalistischen, konservativen und revanchistischen Kreisen ausmachen. Vielmehr wurden sie von einem ungewöhnlich breiten gesellschaftlichen Spektrum politisch und sozial heterogener Organisationen getragen. Über tradierte ideologische und nationale Grenzen hinweg vermochte das Stereotyp einen gewissen Vereinigungseffekt zu erzielen. Politische, religiöse und soziale Organisationen verschiedener Couleur verschafften sich im Verein mit weiten Teilen der Presse, diversen Parteien und ihren Repräsentanten, Ämtern, Frauenverbänden, intellektuellen Kreisen und Einzelpersonen lautstark Gehör gegen das, was Reichspräsident Friedrich Ebert eine *„herausfordernde Verletzung der Gesetze europäischer Zivilisation"* nannte (POMMERIN 1979, 21 f.). In der Öffentlichkeit und auf der Bühne internationaler Nachkriegsdiplomatie breitete die Kampagne sich seit 1919 über die Grenzen verschiedener europäischer Staaten hinweg aus. Kurzzeitig erregte sie auch die Gemüter in den USA und Lateinamerika (LÜSEBRINK 1989. NELSON 1970. SCHÜLER 1996).

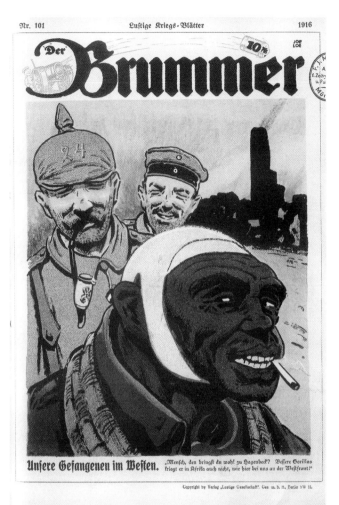

Unsere Gefangenen im Westen:
„Mensch, den bringst Du wohl zu Hagenbeck?
Bessere Gorillas kriegt er in Afrika auch nicht, wie hier bei uns an der Westfront!",
Der Brummer, Lustige Kriegsblätter, 1916, Nr. 101, Titelblatt, Bundesarchiv Koblenz, Sign.: ZSg 2/50

Die aufwiegelnde Botschaft von der „Schwarzen Schmach" wurde auf vielfältige Weise in diese Gesellschaften eingespeist. Es beteiligten sich Regierungsinstitutionen wie das Auswärtige Amt, die Pfalzzentrale und der Heimatbund an den Protesten. Das Zerrbild „Schwarzer Schande" wurde zum Objekt zahlreicher politischer und parlamentarischer Debatten, provozierte in europäischen Staaten und den USA Re-

Der Schrecken am Rhein, Plakat, ohne Jahresangabe, Bundesarchiv Koblenz, Sign.: 2/12/46

gierungsanfragen, Eingaben und von „linken" und „rechten" Parteien gemeinsam verabschiedete Resolutionen. Organisationen wie die International Labour Party, die Women's International League for Peace and Freedom, die Heidelberger Vereinigung, der Deutsche Fichtebund, die deutsche Ärzteschaft und die Rheinische Frauenliga trugen im Verein mit der amerikanischen Steuben Society, nationalen und internationalen Frauenverbänden und Gewerkschaften sowie Teilen der evangelischen und katholischen Kirche zur Verbreitung der rassistischen Konstruktion aktiv bei.

Dabei wurden sie nicht nur von politischen Persönlichkeiten wie dem britischen Labour-Abgeordneten und Experten für Kolonialfragen Edmund D. Morel, dem national-konservativen, früheren deutschen Reichskanzler Prinz Max von Baden, dem sozialdemokratischen deutschen Außenminister Adolf Köster und dem ehemaligen italienischen Ministerpräsidenten Francesco Nitti unterstützt. Auch der französische Literaturnobelpreisträger Romain Rolland, der kritische Schriftsteller Henri Barbusse und Marx Enkel Jean Longuet, einer der Führer der reformistischen Sozialistischen Partei Frankreichs und Herausgeber des „Populaire", schlossen sich dem Protest gegen die französischen Kolonialtruppen an. Zudem gründeten sich Verbände wie der „Deutsche Notbund gegen die Schwarze Schmach" oder der „Hamburger Landesverband zur Bekämpfung der Schwarzen Schmach", die sich gegen die unterstellte „Plage" engagierten. Es gelang, zahlreiche Protestkundgebungen zu organisieren, wie auch, oftmals mit staatlicher Unterstützung, einschlägige Pamphlete, Zeitschriften, Flugblätter und Zeitungsartikel zum Thema zu verfassen und international zu verbreiten.

Die „Schwarze Geißel in Europa" wurde in mehreren Ländern zum Gegenstand diverser Massendemonstrationen, gut besuchter öffentlicher Vorträge und von Zehntausenden unterzeichneter Petitionen. Eine Flut von Trivialliteratur mit so einschlägigen Titeln wie „Bestien im Land" (KOERBER 1923), „Die schwarze Pest in Deutschland!" (ALEXANDER 1921), „Die farbigen Fronvögte ..." (STEHLE 1922), „Geschändete deutsche Frauen" (BRIE 1921) oder „Freiwild am Rhein" (TROTT 1922) erschien. Die Nationale Volksbühne inszenierte die „Schwarze Schmach" als Schauspiel in zwei Akten (OPPEN 1924), die sich außerdem in Broschüren und Karikaturen, auf Postkarten, Briefmarken und Notgeldscheinen, in Spottversen,

Liedern und Gedichten attackiert fand. Ob in Medaillen gegossen, von Schulbüchern und Lexikonartikeln definiert, in Radiosendungen und Karnevalsveranstaltungen angeprangert oder in verschiedenen Filmen dramatisch präsentiert: Das stereotype Bild der „Schwarzen Schande" wurde in seiner populären, massenwirksamen Inszenierung zum alltagsrassistischen Allgemeingut (GRÄBER u. SPINDLER 1992. MELZER 1998. SCHULTZ 1989).

Erstaunlich war dabei, dass das Stereotyp unmittelbar nach Kriegsende trotz der Differenzen und Konflikte zwischen Nationen, Geschlechtern und sozialen Klassen offensichtlich nicht nur geteilt, sondern auch aktiv vertreten, unterstützt und verbreitet wurde: Der von Deutschland verschuldete Krieg war verloren; dem Wilhelminischen Großmachtstreben durch die alliierten Mächte ein entschlossenes Ende gesetzt worden. In einem gespaltenen Europa stand die deutsche Nation als Kriegstreiber, Gegner und ehemaliger Feind den Siegermächten politisch isoliert gegenüber. Trotzdem bildete sie keine Einheit. Vielmehr mangelte es ihr im Inneren aber an nationalem Zusammenhalt. Wachsende Teile der unteren Klassen hatten den Aufstand geprobt und in der Novemberrevolution das politische System des Kaiserreichs zum Einsturz gebracht. Bürgertum und Arbeiterbewegung hatten sich in verschiedene politische Lager gespalten.

Mit Hilfe der Kategorie Rasse gelang es, nationale und ideologische Trennlinien zu überwinden, politisch und sozial heterogene Organisationen und Angehörige verschiedener Nationen dazu zu bewegen, gegen die „Schwarze Gefahr" mit ihren ehemaligen Kriegsgegnern und Klassenfeinden an einem Strang zu ziehen. Und auch das andere Geschlecht, das mit Behauptungen konfrontiert war, dass Frauen – wie andere „Rassen" – Geschöpfe minderer Intelligenz seien, wurde vereinnahmt. Das im sozialen Kontext von Rasse, Klasse, Nation und Geschlecht entwickelte rassistische Konglomerat der „Schwarzen Schmach" diente dabei in zweierlei Hinsicht als ideologisches Scharnier: In seiner Verknüpfung und Bewertung dieser Kategorien vermittelte es einerseits zwischen den polarisierten Kräften innerhalb der deutschen Gesellschaft und warb andererseits mit Erfolg zugleich die Solidarität aller „zivilisierten Nationen" ein, die sich als traditionelle „Kulturpartner" gemeinsam gegen dieses *verabscheuungswürdige Verbrechen an den Frauen, der weißen Rasse und der Zivilisation"* zur Wehr setzen sollten (MOREL 1920, 1).

Insofern wurde durch das Strapazieren der Kategorie Rasse versucht, die soziale Sprengkraft der Kategorien Nation, Klasse und Geschlecht zu mildern und soweit wie möglich zu „neutralisieren". Die „Schwarze Schande" sollte die Reinheit der „weißen Rasse" insgesamt betreffen, sie als ganze beschmutzen und vergif-

Die schwarze Schmach,
Farbdruck, ohne Jahresangabe,
Bundesarchiv Koblenz,
Sign.: 2/12/30

ten. Sie war angeblich eine Bedrohung für deren Vertreter jenseits von Nationalität, Klassenkämpfen und Geschlechtsunterschieden. Es bedurfte der Solidarität aller „zivilisierten Weißen" mit dem „geschändeten" deutschen Volk als einem ihrer Repräsentanten, um sie abzuwenden.

Natürlich blieben die ideologischen Aufrufe nicht auf diese Ebene beschränkt. So wie auf der Ebene der Rasse die Geschlossenheit der zivilisierten Nationen angemahnt wurde, rief man auf der Ebene der Nation zur Solidarität der Klassen auf, forderte die klassenübergreifende Solidarität sämtlicher Deutscher, den ungeteilten nationalen Widerstand gegen den „äußeren Feind". In diesem Sinne diente das Stereotyp der

Schmähmedaille auf die am Rhein eingesetzten französischen Kolonialtruppen, Vor- und Rückseite Deutsches Reich, 1920, Deutsches Historisches Museum, Berlin

Einforderung einer deutschen „Volksgemeinschaft" jenseits der Klassengegensätze. Die ideologische Abgrenzung vom „schwarzen" Fremdkörper beschwor die Einheit des „weißen" Volkskörpers. Die Kooperation der Beherrschten mit den Herrschenden und ihre sofortige Aussöhnung wurden als zwingende Bedingungen für eine erfolgreiche Abwehr der „Schwarzen Schmach" dargestellt.

Die Kategorie Geschlecht komplettierte dieses rassistische Konglomerat und wurde zum Träger für eine unmittelbare argumentative Verbindung der Kategorien Rasse, Klasse, Nation und Geschlecht. Die Bedeutung der Frau lag jenseits ihrer Individualität. Der deutsche Frauenkörper wurde zum Symbol und Träger völkischer Ehre und „rassischer" Reinheit erhoben. Er repräsentierte nicht nur den deutschen „Volkskörper", sondern wurde zudem zum Fortpflanzungsgefäß der „weißen Rasse" stilisiert. Beide galt es gegen den vorgeblichen „Fremdkörper" zu schützen.

Dabei setzten die Konstrukteure auf tradierte Geschlechterstereotype und Schwarzenbilder. Zwei ebenso rassistische wie sexistische Vorstellungen miteinander konfrontierend, inszenierten sie das Bild der „rassisch" „reinen", „weißen" Frau, die von ihnen als stolze und ehrwürdige Trägerin der Reproduktion der „weißen Rasse" und Opfer „schwarzen" Terrors ins Feld geschickt wurde. Ihr wird der angeblich „brutale", „primitive", „wilde" „schwarze" Mann als „Fremdkörper" entgegengestellt, der sie und mit ihr die gesamte „weiße Rasse" schänden, demütigen und „rassisch" vergiften würde. Die ganze *Menschheit* müsste *„einsehen, dass die Schändung der* *weissen Frau den Untergang der weissen Rasse bedeutet"* (NOTBUND o. J.). Durch diese Gleichsetzung von Frauenkörper und Volkskörper als auch ihrer ideologischen Abgrenzung gegenüber dem Fremdkörper gelang es, das Differenzielle der Kategorie Rasse in einer Weise zu betonen, die es erforderlich erscheinen ließ, alle anderen Polarisierungen hinter sie zurückzustellen.

Literatur

ALEXANDER, H. 1921: Die schwarze Pest in Deutschland! Protest gegen die Schandtaten und Sittlichkeitsverbrechen der schwarzen Franzosen. Leipzig 1921.

BRIE, A. 1921: Geschändete deutsche Frauen. Wie die farbigen Franzosen in den besetzten Gebieten wüten. Leipzig 1921.

ECHENBERG, M. 1991: Colonial Conscripts. The Tirailleurs Sénégalais in French West Africa, 1857-1960. London 1991.

F. R. (d.i. F. Rosenberger) 1920: Die Schwarze Schmach. An die deutsche Aerzteschaft! In: Ärztliche Rundschau. Wochenschrift für die gesamten Interessen der Heilkunde, Nr. 47. München 1920, 371-373

GRÄBER, G., SPINDLER, M. 1992: Die Revolverrepublik am Rhein. Die Pfalz und ihre Separatisten, Band 1, November 1918 - November 1923. Landau 1992.

KOERBER, A. V. von 1923: Bestien im Land. Skizzen aus der misshandelten Westmark. München 1923.

KOLLER, C. 2000: „Eine fürchterliche hygienische Verseuchung": Hygienische und rassenhygienische Semantik als Propagandawaffe und ihre Folgen. In: Denkmal 4/2, 2000, 20 f.

KOLLER, C. 2001: „Von Wilden aller Rassen niedergemetzelt". Die Diskussion um die Verwendung von Kolonialtruppen in Europa zwischen Rassismus, Kolonial- und Militärpolitik (1914-1930). Stuttgart 2001.

LEBZELTER, G. 1985: Die „Schwarze Schmach". Vorurteile – Propaganda – Mythos. Geschichte und Gesellschaft 11, 1985, 27-58.

LÜSEBRINK, H.-J. 1989: „Tirailleurs Sénégalais" und „Schwarze Schande". Verlaufsformen und Konsequenzen einer deutsch-französischen Auseinandersetzung (1910-1926). In: I. Riesz, J. Schulz (Hrsg.), „Tirailleurs Sénégalais": Zur bildlichen und literarischen Darstellung afrikanischer Soldaten im Dienste Frankreichs. Bayreuther Beiträge zur Literaturwissenschaft 13. Frankfurt am Main, Bern, New York, Paris 1989, 57-73.

MARKS, S. 1983: Black Watch on the Rhine: A Study in Propaganda, Prejudice and Prurience. European Studies Review 13, 1983, 297-334.

MARTIN, P. 1996: Die Kampagne gegen die „Schwarze Schmach" als Ausdruck konservativer Visionen vom Untergang des Abendlandes. In: G. Höpp (Hrsg.), Fremde Erfahrungen. Asiaten und Afrikaner in Deutschland, Österreich und in der Schweiz bis 1945. Studien Zentrum Moderner Orient, Geisteswissenschaftliche Zentren Berlin 4, 1996, 211-227.

MELZER, A. 1998: Spectacles and Sexualities: The „Mis-en-Scène" of the „Tirailleur Sénégalais" on the Western Front, 1914-1920. Borderlines, Genders and Identities in War and Peace, 1870-1930. New York, London 1998, 213-237.

MOREL, E. D. 1920: Black Scourge in Europe. Sexual Horror let loose by France on the Rhine. Disappearance of young German girls. Daily Herald, 10. 4. 1920, 1 (Zitat in meiner Übersetzung).

NELSON, K. L. 1970: The „Black Horror on the Rhine": Race as a Factor in Post-World War I Diplomacy. Journal of Modern History 42/4, 1970, 606-627.

NOTBUND o. J.: Deutscher Notbund gegen die Schwarze Schmach e.V. (o. D.): Flugschrift „An die weissen Frauen der ganzen Erde". München o. J.

OPPEN, B. 1924: Die Schwarze Schmach. Schauspiel in zwei Akten. Nationale Volksbühne Nr. 3. Mühlhausen in Thüringen 1924.

POMMERIN, R. 1979: Sterilisierung der Rheinlandbastarde. Das Schicksal einer farbigen deutschen Minderheit 1918-1937. Düsseldorf 1979.

REINDERS, R. C. 1968: Racialism on the Left. E. D. Morel and the „Black Horror on the Rhine". International Review of Social History XIII, 1968, 1-28.

RIESZ, J., SCHULTZ, J. (Hrsg.) 1989: „Tirailleurs Sénégalais": Zur bildlichen und literarischen Darstellung afrikanischer Soldaten im Dienste Frankreichs. Bayreuther Beiträge zur Literaturwissenschaft 13. Frankfurt am Main, Bern, New York, Paris 1989.

SCHÜLER, A. 1996: The „Horror on the Rhine": Rape, Racism and the International Women's movement. Working-paper Nr. 86. John F. Kennedy-Institut für Nordamerikastudien. Berlin 1996.

SCHULTZ, J. 1989: Die „Utschebebbes am Rhein". Zur Darstellung schwarzer Soldaten während der französischen Rheinlandbesetzung 1918-1930. In: J. Riesz, J. Schulz (Hrsg.), „Tirailleurs Sénégalais": Zur bildlichen und literarischen Darstellung afrikanischer Soldaten im Dienste Frankreichs. Bayreuther Beiträge zur Literaturwissenschaft 13. Frankfurt am Main, Bern, New York, Paris 1989.

STEHLE, B. 1922: Die farbigen Fronvögte am Rhein. Eine Tragödie. München 1922.

TROTT, M. 1922: Freiwild am Rhein. Ein Roman aus dem besetzten Gebiet. Naumburg an der Saale 1922.**

Zur Praxis nationalsozialistischer Rassenpolitik
Sterilisierung der „Rheinlandbastarde"

Reiner Pommerin

Am 16. Juni 1937 erhielt die Polizei in Pforz am Rhein ein Telegramm. Die Staatspolizei in Ludwigshafen bat im Rahmen der Amtshilfe um Feststellung des momentanen Aufenthalts des in Pforz wohnhaften 17 Jahre alten A. A. Nach eiligen Recherchen konnte gemeldet werden, dass der Gesuchte zur Zeit als Schiffsjunge auf einem holländischen Rheinschiff unterwegs sei. Dieses transportiere eine Ladung Schwefelkies von Köln nach Kostheim bei Ludwigshafen. Kostheim fiel in den Zuständigkeitsbereich der Geheimen Staatspolizei in Wiesbaden. Deshalb wurde diese Dienststelle aus Ludwigshafen sogleich gebeten, A. A. unter einem Vorwand, vielleicht dem der staatsfeindlichen Betätigung, vom Schiff zu holen. Es handele sich um einen „Bastard", der sogleich einer ärztlichen Kommission vorzuführen sei. Deshalb müsse er nach seiner Verhaftung in das Evangelische Krankenhaus in Köln-Sülz, Weyertal 78 gebracht werden. Die Aktion verlief ohne Probleme. Der Junge wurde im Hafen von Kostheim nach Ankunft des Schiffes um Mitternacht von Bord geholt und um 0.15 Uhr festgenommen. Um 6.00 Uhr fuhren zwei Beamte der Gestapo mit ihm nach Köln.

Da die staatsfeindliche Betätigung nur als Vorwand für eine Festnahme genutzt werden sollte, stellt sich die Frage, welche unmittelbare, drohende Gefahr dieser Schiffsjunge darstellte, die eine sofortige Verhaftung rechtfertigte? Und wieso wurde A. A. von der Gestapo eigentlich als „Bastard" bezeichnet?

Im Verlauf der Kämpfe des Ersten Weltkrieges hatten Belgien, England und Frankreich zumeist in geschlossenen Formationen kämpfende farbige Soldaten aus ihren Kolonien eingesetzt. Die deutsche Seite wurde nicht müde, den Einsatz von Kolonialtruppen in Europa, der ihr nicht möglich war, als Gefahr für die europäische Kultur und Zivilisation anzuprangern. Reichspräsident HINDENBURG (1934, 274) erinnerte sich: *„Wo Panzerwagen fehlten, hatte der Gegner uns schwarze Wellen entgegengetrieben, Wellen aus schwarzen Menschenleibern. Wehe, wenn diese in unsere Linien einbrachen und die Wehrlosen mordeten oder was schlimmer war, marterten. Nicht gegen die Schwarzen, die solche Scheußlichkeiten begingen, wendet sich menschliche Empörung und Anklage, sondern gegen die, die solche Horden angeblich zum Krieg um Ehre, Freiheit und Recht auf europäischen Boden heranbrachten".*

Als der Krieg zu Ende ging, trug die Deutsche Kolonialgesellschaft dem Auswärtigen Amt eine Bitte vor. Bei den Waffenstillstandsverhandlungen solle versucht werden, den Einsatz von farbigen Soldaten der USA oder der übrigen alliierten Truppen bei

La civilisation est en marche

(Zeichnung von E. Thöny)

Die französische Kultur bekämpft immer noch die deutsche Barbarei.

Diese Zeichnung von E. Thöny erschien am 18. 2. 1920 im Simplisissimus, 24. Jahrgang, Nr. 47, S. 692

den Besatzungstruppen zu vermeiden. In den Richtlinien, welche die deutschen Friedensunterhändler im April 1919 vom Auswärtigen Amt mit auf den Weg bekamen, fand sich tatsächlich der Wunsch, farbige Truppen von der Besatzungsarmee auszuschließen. Ihm wurde jedoch, sofern er überhaupt vorgebracht werden konnte, keine Rechnung getragen. Einer solchen Diskriminierung ihrer farbigen Soldaten hätte keine Besatzungsmacht zustimmen können.

So marschierten auch farbige Soldaten in das zu besetzende Rheinland ein. Auf ihre Anwesenheit wurden die deutsche und die internationale Öffentlichkeit aber erst im folgenden Jahr aufmerksam. Am 6. April 1920 besetzten französische Truppen als Antwort auf den Einmarsch von Einheiten der Reichswehr in das entmilitarisierte Ruhrgebiet die linksrheinischen Städte Darmstadt, Hanau, Homburg und Frankfurt. Beim Einmarsch in Frankfurt feuerten aus Marokko stammende französische Soldaten auf die Bevölkerung, es gab Tote und Verwundete. In London erschien der Daily Herald am 10. April 1920 mit der reißerischen Überschrift: *„Farbige Geißel in Europa. Sexueller Horror von Frankreich am Rhein losgelassen, Verschwinden junger deutscher Mädchen".*

Die Anzahl farbiger Soldaten unter den amerikanischen und belgischen Besatzungstruppen ließ sich – schon damals – nicht genau feststellen. Im Vergleich mit der französischen Besatzungsarmee war sie aber gewiss klein. Das Auswärtige Amt ermittelte für das Jahr 1920 bei der französischen Besatzungsarmee zwei Jägerbataillone aus Madagaskar, fünf marokkanische sowie 14 tunesische und algerische Schützenregimenter, insgesamt also etwa 30-40.000 farbige Soldaten.

Friedrich Ebert, der erste Präsident der Weimarer Republik, führte in einer Rede in Darmstadt aus: *„Daß die Verwendung farbiger Truppen niederster Kultur als Aufsicht über eine Bevölkerung von der hohen geistigen und wirtschaftlichen Bedeutung der Rheinländer eine herausfordernde Verletzung der Gesetze europäischer Zivilisation ist, sei hier erneut in die Welt hinaus gerufen"* (EBERT 1926, 290). Reichskanzler Müller stellte im Reichstag fest, dass jetzt „Senegal-Neger" in der Frankfurter Universität lägen und das Goethe-Haus bewachten.

Eine Abgeordnete der Bayerischen Volkspartei, damals gehörte die Pfalz zu Bayern, wies vor allem auf die angeblich von farbigen Soldaten begangenen Sittlichkeitsverbrechen hin. Alles falle auf die gesamte weiße Rasse zurück, deren ganze Kultur werde erniedrigt. In der Nationalversammlung brandmarkten Abgeordnete fast aller Parteien die angeblich von Schwarzen im Rheinland begangenen Morde und Vergewaltigungen. Die Würde des Deutschen und die der weißen Rasse werde zertreten. Eine Interpellation aller Parteien, außer der USPD, forderte daher auch von der Regierung, etwas gegen die Schändung von deutschen Frauen und Kindern zu unternehmen und die ihrer Meinung nach missbräuchliche Verwendung von Farbigen als Besatzungssoldaten in deutschen Kulturländern zu unterbinden. In der abschließenden Besprechung riefen die Bemerkungen der USPD-Abgeordneten Zietz Tumulte hervor. Sie begründete ihre Ablehnung der Interpellation damit, dass sich nach ihrer Meinung auch deutsche Soldaten vieler Rohheits- und Sittlichkeitsvergehen gegen deutsche Frauen schuldig gemacht hätten.

Mit dem Rückzug der Franzosen aus dem nördlichen Rheinland und der steten Verringerung der farbigen Soldaten verlor das Thema „Schwarze Schmach" am Rhein immer schneller an Bedeutung und verschwand fast vollständig aus der Berichterstattung der Zeitungen. Die Tatsache, dass farbige Soldaten während ihrer Stationierung in den besetzten Gebieten mit deutschen Frauen Kinder zeugten, blieb in der Öffentlichkeit und im Reichstag zunächst fast gänzlich unerwähnt. Eine Regierungsantwort auf eine Anfrage in der Nationalversammlung im Jahre 1919 bestätigte ganz allgemein die Existenz von Besatzungskindern, unterschied aber nicht zwischen weiß und farbig. Aus einer späteren Statistik wird zudem ersichtlich, dass bis 1920 lediglich 53 und im Jahre 1920, dem Höhepunkt der Geburten von Mischlingskindern in Deutschland, nur 102 dieser Kinder zur Welt kamen. Zum anderen – und dies gilt für die gesamte weitere Dauer der Weimarer Republik – hätte sich das öffentliche Eingeständnis dieser Geburten auch nur sehr schwer mit dem Bild der angeblich von Schwarzen vergewaltigten deutschen Frau vereinbaren lassen. Aus einer – ebenfalls späteren – Untersuchung geht nämlich hervor, dass nur eine Mutter als Grund für das Zustandekommen ihrer Schwangerschaft eine Vergewaltigung angab.

Falls diese Kinder aber überhaupt zu Beginn der Weimarer Republik Erwähnung fanden, schien an ihrer quasi vorauszusetzenden rassischen Minderwertigkeit offensichtlich kein Zweifel zu bestehen. So stellte der Arzt F. Rosenberger (Aerztliche Rundschau 47, 1920, 4) die Frage: *„Sollen wir schweigend dulden, daß künftig an den Ufern des Rheins statt der hellen Lieder weißer, schöngesichtiger, gut gewachsener, geistig hochstehender, regsamer gesunder Deutscher, die krächzenden Laute grauscheckiger, niederstirniger, breitschnauziger, plumper, halbtierischer, syphilitischer Mulatten ertönen?"*

Die wissenschaftliche Grundlage aller Mutmaßungen über die Minderwertigkeit farbiger Mischlingskinder schien die Rassenhygiene zu liefern. Die Schriften

31

B e s c h l u s s :

$\frac{\text{Der}}{\text{Die}}$ Deutsche Staatsangehörige ..J.......F....................
geboren am 28.September.1920 wohnhaft in .Mainz.-.Kastelin.......
...........str..33... ist Abkomme eines Angehörigen der ehemaligen farbigen Besatzungstruppen (........Nordafrika..............)
und weist eindeutig entsprechende anthropologische Merkmale auf.

$\frac{\text{Er}}{\text{Sie}}$ ist deshalb unfruchtbar zu machen.
Die Mutter ist mit der Unfruchtbarmachung einverstanden

Frankfurt a.M..., den ....19. Juni.........,1937.

Die Kommission I Wiesbaden

Sterilisationsbeschluss vom
19. Juni 1937,
Bundesarchiv, Sign.: R 1501/1271

Darwins, Galtons und anderer hatten auch in Deutschland zu einer intensiveren Beschäftigung mit der Rassenhygiene geführt. Verhütung und Beseitigung von Rassekrankheiten sowie die Förderung gesunder Erbanlagen beschäftigten die Wissenschaft schon vor der Jahrhundertwende. Neben einem Eheverbot für erblich kranke oder belastete Menschen diskutierten die Rassehygieniker die Sterilisation und die Einführung des künstlichen Aborts. Im April 1897 führte der Heidelberger Gynäkologe Kehrer eine erste Sterilisation zur Verhütung minderwertiger Nachkommen durch und Medizinalrat Naecke forderte 1899 die Unfruchtbarmachung „gewisser Klassen von Degenerierten" als Pflicht des Staates. Solche Sterilisationen, so zeigten 1931 Nachforschungen von Fetscher, der in eigener Sterilisationspraxis bereits 1919 elf Sterilisationen aus eugenischer Indikation durchgeführt hatte, waren in vielen Gesundheitsämtern der Weimarer Republik veranlaßt worden.

Rechtlich allerdings waren solche Sterilisationen selbst auf freiwilliger Basis unzulässig. Der 1932 vorgelegte Entwurf eines Sterilisationsgesetzes für Preußen, welches eine freiwillige Sterilisation aus eugenischer Indikation vorsah, kam nicht zur Vorlage. Prof. Lenz, der in München seit 1928 den ersten Lehrstuhl für Rassenhygiene in Deutschland innehatte, erhoffte sich daher von der NSDAP, in deren Programm die Rassenhygiene einen zentralen Platz einnahm, „Großes für die Durchsetzung einer wirksamen Rassenhygiene". LENZ (1932, 308) führte weiterhin aus: *„Hitler ist der erste Politiker von wirklich großem Einfluß, der die Rassenhygiene als eine zentrale Aufgabe aller Politik erkannt hat und sich tatkräftig dafür einsetzen will"*. In dieser Einschätzung sollte er sich – leider – nicht getäuscht haben.

Schon sechs Jahre vor der „Machtergreifung" der Nationalsozialisten hatte der bayerische Pfalzkommissar Jolas (POMMERIN 1979, 30) überlegt, *„ob sich zur Reinhaltung der Rasse im besetzten Gebiet von farbigem Blut nichts machen"* lasse. Sein Vorschlag, *„die Unfruchtbarmachung von Mischlingen durch einen gänzlich schmerzlosen Eingriff zu erzielen"*, sollte die farbigen Mischlingskinder an der aus seiner Sicht rassisch unerwünschten Fortpflanzung hindern. Jolas wusste allerdings auch, dass ein solcher Eingriff nach der bestehenden Rechtslage unzulässig war. Für die neue nationalsozialistische Regierung stellten Recht und Gesetz jedoch keine unüberwindbaren Hemmschwellen mehr da. Hitler hatte in seinem Buch „Mein Kampf" 1925 jede Blutvermengung des „Ariers mit niedrigen Völkern" angeprangert. Daher hatte HITLER (1940, 357) die farbigen Mischlingskinder im Rheinland auch nicht unerwähnt gelassen: *Juden waren und sind es, die den Neger an den Rhein bringen, immer mit dem gleichen Hintergedanken und klarem Ziele, durch die dadurch zwangsläufig eintretende Bastardierung die ihnen verhaßte weiße Rasse zu zerstören, von ihrer kulturellen und politischen Höhe zu stürzen und selber zu ihren Herren aufzusteigen.* Zwei Jahre später präzisierte HITLER (1961, 127) in einem weiteren, allerdings erst nach dem Krieg veröffentlichten Buch: *Es wird die Aufgabe der nationalsozialistischen Bewegung sein, die heute entweder schon vorhandenen oder durch werdende Erkenntnis und wissenschaftliche Einsichten der Rassenlehre sowie der durch sie geklärten Weltgeschichte in die praktisch angewandte Politik zu überführen.*

Im April 1933, neun Wochen nach der „Machtergreifung", ließ der Preußische Minister des Innern, Göring, eine Statistik über die Anzahl und das Alter der von farbigen Soldaten der früheren Besatzungstruppen gezeugten Mischlingskinder, der ab diesem Zeitpunkt so benannten „Rheinlandbastarde", erstellen. Unter Bezug auf das am 14. April 1933 erlassene „Gesetz zur Verhütung erbkranken Nachwuchses" war eine Sterilisation farbiger Mischlingskinder nicht durchführbar. Der 1933 beim Reichsminister des Innern eingesetzte „Sachverständigenbeirat für Bevölkerungs- und Rassenfragen" befasste sich daher in einer geheimen Sitzung am 11. März 1935 mit „Wege[n] zur Lösung der Bastardfrage". Da sowohl eine kostspielige Aussiedlung als auch ein neues Gesetz nicht praktikabel erschienen, wurde die illegale Sterilisation der Kinder vorgeschlagen. Im Frühjahr 1937 bildete sich am Sitz der Geheimen Staatspolizei in Berlin die „Sonderkommission 3". Ihre Aufgabe lautete: Zwangssterilisation der „Rheinlandbastarde". Im Reichsgebiet wurden drei Kommissionen gebildet, welche die inzwischen im Reichsgebiet erfassten 385 Kinder noch einmal zu untersuchen hatten, um sie sodann an die für die Eingriffe vorgesehenen Stellen zu überweisen.

Sterilisationsbericht vom 17. Juni 1937,
Bundesarchiv, Sign.: R 1501/1271

DER DIREKTOR
DER UNIVERSITÄTS-FRAUENKLINIK
PROF. DR. SIEBKE

Tgb. Pe/So. 134

BONN, den 17. Juni 193 7
THEATERSTRASSE 5
FERNRUF 2255 und 2356.

6

Geheim!

An die

Sonderkommission III.

z.Hd. von Herrn Regierungsrat Thorn,

Koblenz.
= = = = = = = =

Fräulein C M B Koblenz,
Str. 18, ist am 2.Juni 1937 in die Universitäts-Frauenklinik in Bonn aufgenommen worden. Der Beschluss der Unfruchtbarmachung hat mir vorgelegen. Bei der Operation wurde ein Keilausschnitt aus beiden Eileitern vorgenommen, die Stümpfe wurden in eine Tasche des Bauchfells versenkt. Die Operation und die Heilung sind ganz glatt verlaufen. Bei der Entlassung war der Leib weich, nicht schmerzhaft, die Wunde fest verneilt. Nach diesem glatten Verlauf sind irgendwelche Gesundheitsstörungen nicht zu erwarten.

Fräulein B wurde am 14. Juni 1937 durch das Jugendamt Koblenz abgeholt.

Prof. Dr. Siebke.

Einschreiben.

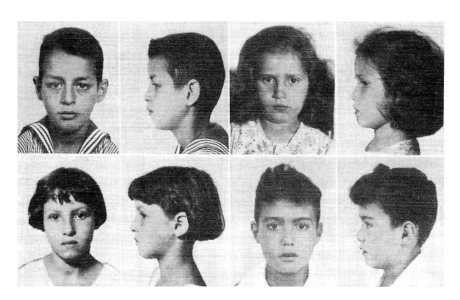

Fotos von Kindern, deren Vater ein französischer Kolonialsoldat war. Die Bilder wurden dem Umschlag des folgenden Buches entnommen: Sterilisierung der Rheinlandbastarde, Schicksal einer farbigen deutschen Minderheit 1918-1937, von Reiner Pommerin, Düsseldorf, 1979

Der Schiffsjunge A. A. aus Pforz hatte aufgrund seiner Arbeit der Vorladung der Kommission in Köln nicht nachkommen können. Wenige Stunden nach seiner Verhaftung und seiner Untersuchung stellte diese fest: *„Der deutsche Staatsangehörige A. A. geboren am 14. 3. 1920 in Kandel, wohnhaft in Pforz, ist Abkömmling eines Angehörigen der farbigen ehemaligen Besatzungstruppen und weist eindeutig entsprechende Merkmale auf. Er ist deshalb unfruchtbar zu machen"* (POMMERIN 1979, 81). Noch am gleichen Tag wurde der Junge im Evangelischen Krankenhaus in Köln sterilisiert. Der Operationsbericht konstatierte: *„Erfolg der Operation: sicher. Der Operierte wurde am 12. Juli 1937 als geheilt entlassen"* (POMMERIN 1979, 82). Mit Schnelligkeit, Konsequenz und Brutalität hatte der Nationalsozialismus einen Bruchteil seines umfassenden rassenpolitischen Programms bereits in die Praxis umgesetzt.

Literatur

EBERT, F. 1926: Schriften, Aufzeichnungen, Reden. Bd. 2. Dresden 1926.

HINDENBURG, P. v. 1934: Aus meinem Leben. Leipzig 1934.

HITLER, A. 1940: Mein Kampf. Zwei Bände in einem Band. 573-577. Auflage. München 1940.

HITLER, A. 1961: Hitlers Zweites Buch. Ein Dokument aus dem Jahre 1928. Eingeleitet und kommentiert von G. L. Weinberg. Stuttgart 1961.

LENZ, F. 1932: Die Stellung des Nationalsozialismus zur Rassenhygiene. Archiv für Rassen- und Gesellschaftsbiologie 25, 1932, H. 3, 300-308.

POMMERIN, R. 1979: Sterilisierung der Rheinlandbastarde. Das Schicksal einer farbigen deutschen Minderheit 1918-1937. Düsseldorf 1979.

Reden geht den Taten voran
Rassismus in Politik, Medien und Alltag heute

Siegfried Jäger

Rassismus und andere Gedankengebilde des Rechtsextremismus bzw. des Völkischen Nationalismus[1] sind mit dem Ende des Faschismus keineswegs verschwunden. Sie leben auch in der Bundesrepublik Deutschland weiterhin fort. Es handelt sich dabei um Elemente eines Meinungs- und Gedankenaustausches bzw. eines Flusses von „Wissen" durch unsere Zeit. Er fließt in unserer Gesellschaft – wenn auch in modifizierten Formen – unterschwellig weiter und kann jederzeit wieder ans Tageslicht kommen und über die Ufer treten. Die Vielzahl rassistisch motivierter Straftaten und Verbrechen der letzten Jahre sowie das Auftreten völkischer Ideen in Politik, Medien und Alltag sprechen dazu eine deutliche Sprache.

Rassismus fungiert im Rahmen völkisch-nationalistischer bzw. rechtsextremer Weltanschauung als das zentrale Ideologem. Aufgrund seines biologistischen Gehalts, und weil er soziale Zusammenhänge durch naturgegebene Vorgänge zu erklären versucht, kann Rassismus als Einfallstor für andere völkische und rechtsextreme Vorstellungen fungieren. Taucht dieses „Wissen" verstärkt in den Medien und der Politik der Mitte der Gesellschaft auf, kann das als Indiz für eine zukünftige weitere Rechtsdrift der Gesamtgesellschaft angesehen werden.[2]

Die Rassismusforschung operiert mit dem folgenden dreigliedrigen Begriff. Danach ist von Rassismus zu sprechen,

1. wenn Menschen anderen Aussehens und/oder anderer Lebensgewohnheiten als menschliche Rassen bzw. Ethnien konstruiert werden, wenn also einzelne Menschen oder Gruppen von Menschen mit biologischen und/oder kulturellen Argumenten als grundsätzlich anders (als „wir") definiert und wahrgenommen werden (Rassenkonstruktion),

2. und in Verbindung damit, wenn dieses „Anderssein" negativ (oder auch positiv) bewertet wird (Bewertung), und

3. wenn solche Bewertungen der „Anderen" aus einer Position der Macht heraus vorgenommen werden (Macht).

Als mildere Form des Rassismus gilt der Ethnizismus, der dann vorliegt, wenn die Eigenschaften der „Anderen", die wahrgenommen werden oder auch den eigenen Vorstellungen entsprungen sein können, als prinzipiell veränderbar angesehen werden.

Rassismus im Diskurs

Rassistische und ethnizistische Darstellungen sind für die so gesehenen und so bewerteten Menschen überaus gefährlich, da sie je nach Umständen zu Taten und Tätlichkeiten gegenüber solchen Menschen führen.

Diskurse, die ich allgemein als Fluss von Wissen durch die Zeit bezeichne, formieren sich in wissenschaftlichen, öffentlichen wie auch in privaten Debatten, Gesprächen, Wortwechseln und Mitteilungen aller Art. Diskurse üben bereits an sich Macht aus, indem sie Applikationsvorgaben („Vor-Bilder") für individuelles und gesellschaftliches Handeln (re-)produzieren und in das gemeinsame Bewusstsein gleichsam hineintransportieren. Der Faktor der Macht ist auf diese Weise immer schon gegeben, wenn so begründete Bewertungen im privaten und/oder öffentlichen Diskurs auftreten.[3] Die Analyse solcher Diskurse kann daher auch tendenziell offen legen, wohin die politische Reise einer Gesellschaft jeweils geht.

Auf die Macht der Diskurse hinzuweisen ist in diesem Zusammenhang besonders wichtig, da man im Allgemeinen dazu neigt, das Reden zu verharmlosen und sich erst dann zu erregen, wenn den Worten Taten gefolgt sind. Worte, als Elemente von Diskursen verstanden, insbesondere wenn diese mit Autorität verbunden sind und massenhaft verbreitet werden, bereiten ganz konkrete Entwicklungen vor; sie haben ganz konkrete Gestaltungsänderungen zur Folge und ganz konkrete Taten und Gewalttaten, wie in den letzten Jahren und bis heute die Überfälle auf Einwanderer in Deutschland gezeigt haben. Das gilt auch für die, wenn auch meist rechtlich abgesicherte, so doch meist absolut unmenschliche Abschiebungspraxis in allen deutschen Bundesländern, die aus der Sicht des Auslands aufmerksam beobachtet und zudem als institutioneller Rassismus bezeichnet wird.

Diese Sicht der Dinge ist vielleicht deshalb für den einen oder die andere überraschend oder sogar irritierend, weil sie nicht allein das konkrete alltägliche Tun und Handanlegen anzielt, sondern auch das geistige Tun. Mit anderen und deutlicheren Worten juristisch gewendet heißt dies: Rassistische Elemente im Diskurs der Einwanderung müssten als Straftatbestände angesehen werden, da sie letzten Endes auch zur Vernichtung von Menschen führen können.

Rassismus zeigt sich auf allen Diskursebenen, also auf der Ebene der Politik, auf der der Medien, im Bereich der Erziehung und – was besonders wichtig ist – demzufolge auch im Alltagsbewusstsein und im alltäglichen Sprechen, und zwar in den unterschiedlichsten Formen.

Politikerdiskurs

Als der zentrale Stichwortgeber für die Medien gilt der Politikerdiskurs. Untersuchungen der Debatten des Deutschen Bundestages seit dessen Gründung zeigen, wie insbesondere konservative Politiker das Thema Asyl auf lange Hand zuspitzten und spätestens seit der Bonner Wende von 1982 das Ziel verfolgten, den Asylartikel (Art. 16 GG) faktisch auszuhebeln (WICHERT 1994).

Dies gelang auch: Im Mai 1993 verabschiedete der Bundestag den neuen Asylartikel. Kurz danach verwarf das Bundesverfassungsgericht Einsprüche gegen die neue Fassung dieses Artikels, so dass ein wesentlicher Bestandteil des Grundgesetzes, in dem einige Konsequenzen aus den Greueln des 3. Reiches gezogen worden waren, nun entfallen ist.

Diese Entwicklung war begleitet von massiven ausländerfeindlichen Debatten im Bundestag selbst, in die sich auch die Sozialdemokraten verwickeln ließen und die eine verheerende Wirkung auf das gesamtgesellschaftliche Denken und Tun hatten. Untersuchungen des Wiener Instituts für Sprachforschung unter Leitung der Wittgensteinpreisträgerin Ruth Wodak und des Amsterdamer Diskursanalytikers Teun van Dijk zeigen, dass ein *Racism at the Top*, ein Rassismus in den oberen Etagen, in allen Europäischen Parlamenten stark verbreitet ist. Er kommt zwar etwas subtiler einher als an den Stammtischen und in der Boulevardpresse, ist aber als Stichwortgeber für diese Mittler ungeheuer durchschlagend.[4]

Rassismus im Mediendiskurs

Untersuchungen der Medien zeigen, dass diese Debatte hier sehr breit aufgenommen wurde, wodurch die Medien für die massenhafte Produktion und Reproduktion auch des militanten Rassismus äußerst große Mitverantwortung trugen und weiterhin tragen.

Das gilt gegenüber allen Menschen, die in welcher Weise auch immer von „unserer" deutschen Normalität abweichen, insbesondere aber für diejenigen, deren äußeres Erscheinungsbild sozusagen auf den ersten Blick „Fremdheit" signalisiert. Besonders Menschen mit schwarzer Hautfarbe werden oft mit Gefahr und Katastrophe assoziiert, so dass diese Bedrohungsgefühle und Angst auslösen. Das ist die Ursache dafür, sie abzulehnen, auszugrenzen, sie zu verfolgen, zu schlagen, vielfach mit Todesfolge.

Die Medien erschaffen zwar nicht, und schon gar nicht allein, den alltäglichen Rassismus. Es handelt sich keineswegs um eine Einbahnstraße von den Medien hin zum Alltagsbewusstsein. Aber sie nehmen alltägliches Denken aus dem Alltagsdiskurs auf, verbinden es mit den politischen Vorgaben, spitzen diese, je nach eigener politischer Diskurs- bzw. ideologischer Position mehr oder minder stark zu und reprodu-

zieren solche Haltungen von Tag zu Tag immer wieder aufs Neue. Solche Berichterstattung greift immer wieder auf vorhandene Muster zurück und erzeugt so ein
festes „Wissen", das die Grundlage für das Handeln und des Verhaltens gegenüber
diesen Personen darstellt.

Diese Produktion von „Wissen" knüpft zudem an einen historischen Diskurs an, der
seine Wurzeln mindestens im 19. Jahrhundert hat und mit dazu geführt hat, dass
Völkermord und Vernichtung, dass der Holocaust möglich wurde. Dieser historische
Diskurs hat seine Kraft auch heute noch nicht verloren, zumal er durch aktuelle
Diskurse im Kern weiter reproduziert und verfestigt wird.

Eine besonders wichtige Rolle spielen dabei leicht verständliche kollektive Symbole,
die Ängste und Bedrohungsgefühle auslösen. Unter solchen Kollektivsymbolen
versteht man Bilder, die gleichzeitig Träger eines bestimmten Sinns sind. Das können
Bilder im Wortsinne sein, also Fotos und Karikaturen, es können aber auch Sprach-
bilder sein. *„Wichtig ist, daß diese Symbolik der Medien für den Großteil der Gesellschaft
sofort den Effekt von 'Verständlichkeit' hervorruft und eben 'sinnvoll' erscheint"*
(GERHARD 1992, 165). Solche Bilder treten als sprachliche Bilder, aber auch in Fotos
und Karikaturen in allen Medientexten und auch in der Alltagssprache massenhaft
auf.

Gerade an der Debatte über Flüchtlinge, die seit Jahren in den Medien geführt wird,
lässt sich nachvollziehen, wie durch den Einsatz und den Gebrauch solcher Symbole
in der Bevölkerung ein Bedrohungsgefühl entstanden ist, das geradezu danach
verlangt, die Gefahr endlich abzuwehren und nun endlich – zur Not auch gewaltsam –
dagegen vorzugehen.

Die Medien wiederholen solche Symbole in Verbindung mit dem Thema Einwanderer und Asyl stereotyp und bilden eine Kette von Äquivalenzen, aufgrund derer sich
die folgenden Analogien ergeben: Die Bundesrepublik wird im Verhältnis zu Flüchtlingen und Einwanderern dargestellt als eine 'Insel', als ein 'Land' ohne 'Damm'
angesichts von riesigen Fluten, die sie überschwemmen, oder als ein 'Boot' mit 'geöff-
neten Schotten' bzw. 'Undichtigkeiten' in diesen 'Fluten', oder wie ein Land, bei dem
trotz einer 'Belagerung' bzw. 'Invasion' die 'Einfallstore' weit offenstehen, oder als ein
'Haus', in dem ein 'Sprengsatz' deponiert wird; oder auch als ein 'Körper', der von
'Krankheiten', 'Giften', wie z. B. 'Drogen' bedroht ist; oder auch als ein 'Haus' mit
'nicht funktionierender Tür' bzw. 'Tor' angesichts des 'Riesenandrängens' bzw.
'Ansturms' der Fremden oder schließlich auch als eine 'Oase der Ordnung', die
bedrängt wird von der 'Wüste des Chaos' (nach GERHARD 1992, 170).

Unter Zuhilfenahme dieses Systems von Kollektivsymbolen, das insgesamt die politische Landschaft der Bundesrepublik bildhaft symbolisiert, wird ein Subjekt
gezeichnet, nämlich „Wir Deutschen" bzw. ein Deutschland, das absolut bedroht ist,
das sich in einer Notwehr-Situation befindet, die geradezu nach Handlungsbedarf
schreit.

Wichtig ist, dass sich diese scheinbare Notwehrsituation vor allem aufgrund der bildlichen Logik der sprachlich oder graphisch gefassten Symbole ergibt. Die Gewalttäter, die angesichts dieser Formulierungen in den Medien zur Tat schritten und weiter zur Tat schreiten, müssen sich durch die Berichterstattung und Einschätzungen der Medien und Politiker dazu geradezu aufgefordert fühlen.

Nun könnte man meinen, die Medien seien nach den verschiedenen Wellen rassistisch motivierter Brandanschläge und Morde aufgewacht. Doch dies ist bei dem größten Teil leider nicht der Fall. Zwar nicht mehr ganz so häufig wie bis 1993, aber doch weiterhin wurde von „Asylanten-Strömen" gesprochen, weiterhin sahen viele Journalisten „die Dämme brechen" und Deutschland „in einem Meer von Flüchtlingen versinken".

Doch es ist noch etwas anderes hinzugekommen. Die Medien vollbrachten das Kunststück, sich zugleich über die rassistisch motivierten Überfälle zu empören und rassistische Einstellungen weiter zu verfestigen. Presseanalysen zur Berichterstattung etwa über die Ereignisse in Rostock zeigten, dass nahezu unisono die hinter dem Aufschrei verborgene Botschaft fast der gesamten Presse und nahezu aller Autoren darauf hinauslief, das Problem dadurch zu lösen, dass man die Grenzen schließen müsse, dass die „unberechtigten" Flüchtlinge abzuschieben seien etc. Der Grundtenor dieser Berichterstattung muss deshalb als rassistisch bezeichnet werden. Sie hat ihr Spiegelbild auch in einer Form des institutionellen Rassismus gefunden.

Nach den Morden von Mölln und Solingen befleißigte sich vor allem – aber nicht nur – das Massenblatt BILD weiterhin dieser Doppelstrategie. BILD beschwört einerseits die Schande für Deutschland und bejubelt die Fahndungserfolge gegen die rassistischen Straftäter – zugleich schürt sie weiter Rassismus, redet von „Asylanten" und der „Flut", derer nicht Herr zu werden sei.

Seit Frühjahr 2000 hat sich der Mediendiskurs im Gefolge des Politikerdiskurses verlagert: Die Einsicht, dass Deutschland Einwanderer braucht, sei es aus wirtschaftlichen Gründen, sei es aus Gründen der Rentensicherung, beginnt sich allmählich durchzusetzen. Gleichwohl bleibt ein Widerspruch bestehen: Nützliche Einwanderer scheinen willkommen, solche, die Kosten verursachen, also unnütz seien, werden weiterhin abgelehnt. Doch alle, die nach Deutschland kommen, sind weiterhin von Rassismus bedroht, so auch die Angehörigen der als nützlich angesehenen Greencard-Besitzer.

Insgesamt muss den Medien bescheinigt werden, dass sie eine erhebliche Mitverantwortung für die Fortdauer der rassitisch motivierten Ablehnungen und Diskriminierungen tragen. Sie haben dazu beigetragen, dass die Flüchtlinge, die nach Deutschland kommen, oder solche Leute, die dort seit langem leben, aber von sogenannter deutscher Normalität abweichen, zu einer solch gravierenden Bedrohung hochstilisiert werden, dass der daraus resultierende Handlungsbedarf geradezu als zwingend erscheint.

Rassismus im Alltag

Die zentralen Inhalte der Medien und auch die in den Medien damit einhergehende Kollektivsymbolik erscheint auch im Alltagsbewusstsein bzw. im Alltagsdiskurs, und zwar in folgender Weise:[5]

1. Alle Interviewten sind mehr oder minder stark in den rassistischen Diskurs verstrickt, egal, ob alt oder jung, männlich oder weiblich, egal, welche Partei sie wählen und welchen Beruf sie ausüben.

2. Rassismus wird oft verdeckt geäußert. Typisch sind Verleugnungsstrategien der Art: „Ich habe nichts gegen Ausländer, aber es sind doch zu viele hier. Unser Boot ist voll!" Oder, um ein etwas schwierigeres Beispiel zu zitieren: „Ausländer sind doch auch Menschen!" Auch hier drückt sich eine rassistische Verstricktheit in den Einwanderungsdiskurs aus. Die Unterstellung, dass man davon ausgehen könnte, dass ein Ausländer kein Mensch wäre, wird mitgedacht.

3. Insgesamt taucht ein Katalog von etwa 30 stereotypen negativen Bewertungen von Einwanderern und Flüchtlingen auf, der von den meisten Deutschen strikt geteilt wird. Häufig handelt es sich um unzulässige Verallgemeinerungen von Einzelfällen wie etwa: „Die Ausländer sind kriminell."

4. Dieser Katalog von Negativ-Urteilen findet sich auch in den Medien, so dass davon auszugehen ist, dass die Medien zur Verfestigung, wenn nicht sogar zur Erzeugung rassistischer Einstellungen erheblich beitragen.

5. Abgrenzungen und Ausgrenzungen werden mit Hilfe von sprachlichen Bildern markiert, wobei die Kollektivsymbolik eine sehr wichtige Rolle spielt. Beispiele: „Fluten bedrohen uns", „Dämme müssen errichtet werden", „Viren dringen bei uns ein", „eine Giftsuppe kocht hoch" usw. Das Auftreten solcher Symbole im Alltagsdiskurs lässt stark vermuten, dass sich hier der Einfluss der Medien geltend macht.

6. In der Bevölkerung herrscht noch ein erheblicher Antisemitismus. Dieser richtet sich aber oft auch gegen Türken, denen damit gedroht wird, dass es ihnen eines Tages gehen könnte wie den Juden.

7. Auch werden demokratische Argumente verwendet, um rassistische Einstellungen abzusichern: „Die Türken behandeln ihre Frauen schlecht, und deshalb lehnen wir sie ab, deshalb haben sie hier nichts zu suchen."

8. Die Ausgrenzungen der Einwanderer und Flüchtlinge gehen einher mit latenten Handlungsbereitschaften. Damit ist nicht nur die Inkaufnahme und Einforderung von struktureller staatlicher Gewalt gemeint, wie dies bei der Abschiebung der Fall ist. Man will unter Umständen selbst Hand anlegen, um die Ausländer los zu werden.

Um das Auftreten von Rassismus auf den verschiedensten Diskursebenen zu verhindern, so ist zu schlussfolgern, muss der Versuch gemacht werden, wie Willy Brandt dies vor Jahren gefordert hat, mehr Mut zur Demokratie in die gesellschaftliche

Auseinandersetzung hineinzutragen. Das gilt auch und besonders für die Bekämpfung des Rassismus und des Rechtsextremismus, die nicht erst dann manifest werden, wenn es brennt. Auch in den Zeitungen können bereits *BrandSätze* konstruiert werden, und die *SchlagZeilen* der Boulevardpresse können Ursachen für Pogrome sein.

Anmerkungen

1 Zum Völkischen Nationalismus vgl. KELLERSHOHN 1998.
2 Ich stütze mich in den folgenden Ausführungen auf die internationale Forschungsdiskussion (vgl. etwa HALL 1989 und INSTITUT FÜR MIGRATIONS- UND RASSISMUSFORSCHUNG (Hrsg.) 1992), auf die Diskurstheorie Michel FOUCAULTS, wie ich sie in JÄGER 1999 rezipiert habe, sowie auf eigene empirische Untersuchungen. Zu Rassismus als „Wissen" vgl. TERKESSIDIS 1998.
3 Zum Problem der Macht der Diskurse vgl. FOUCAULT 1983, LINK 1982, JÄGER 1999.
4 Vgl. dazu auch die Untersuchungen zum Politikerdiskurs in JÄGER, KRETSCHMER, CLEVE u.a. 1998, sowie JÄGER/LINK (Hrsg.) 1993. Die Untersuchungen von WODAK/VAN DIJK sind noch nicht erschienen.
5 Vgl. dazu die empirischen Untersuchungen in JÄGER 1992, M. JÄGER 1996, CLEVE 1998.

Literatur

CLEVE, G. 1998: Rassismus und Völkisches Denken im Alltag. In: S. Jäger/D. Kretschmer/G. Cleve u. a., Der Spuk ist nicht vorbei. Völkisch-nationalistische Ideologeme im öffentlichen Diskurs der Gegenwart. Duisburg 1998, 214-246.

FOUCAULT, M. 1983: Der Wille zum Wissen. Sexualität und Wahrheit 1. Frankfurt 1993 (frz. 1976).

GERHARD, U. 1992: Wenn Flüchtlinge und Einwanderer zu Asylantenfluten werden – zum Anteil des Mediendiskurses an rassistischen Pogromen. In: S. Jäger, F. Januschek (Hrsg.), Der Diskurs des Rassismus. Ergebnisse des DISS-Colloquiums im November 1991. Oldenburg 1992, 163-178.

HALL, S. 1989: Rassismus als ideologischer Diskurs. Das Argument 178, 1989, 913-921.

INSTITUT FÜR MIGRATIONS- UND RASSISMUSFORSCHUNG (Hrsg.) (Redaktion: Annita Kalpaka/Nora Räthzel) 1992: Rassismus und Migration in Europa. Hamburg/Berlin 1992.

JÄGER, M. 1996: Fatale Effekte. Die Kritik am Patriarchat im Einwanderungsdiskurs. Duisburg 1996.

JÄGER, S. 1992: Brandsätze. Rassismus im Alltag. Duisburg 1992.

JÄGER, S. 1999: Kritische Diskursanalyse. Eine Einführung. Duisburg 1993, 2. überarbeitete und erweiterte Auflage 1999.

JÄGER, S., KRETSCHMER, D., CLEVE, G. u.a. 1998: Der Spuk ist nicht vorbei. Völkisch-nationalistische Ideologeme im öffentlichen Diskurs der Gegenwart. Duisburg 1998.

JÄGER, S., LINK, J. (Hrsg.) 1993: Die vierte Gewalt. Rassismus und die Medien. Duisburg 1993.

KELLERSHOHN, H. 1998: Völkischer Nationalismus und seine Kernideologeme. Eine knappe Begriffsklärung. In: S. Jäger, D. Kretschmer, G. Cleve u.a., Der Spuk ist nicht vorbei. Völkisch-nationalistische Ideologeme im öffentlichen Diskurs der Gegenwart. Duisburg 1998, 26-30.

LINK, J. 1982: Kollektivsymbolik und Mediendiskurs. In: kultuRRevolution 1, 1982, 6-21.

TERKESSIDIS, M. 1998: Psychologie des Rassismus. Opladen 1998.

WICHERT, F. 1994: Das Grundrecht auf Asyl. Eine diskursanalytische Untersuchung der Debatten im deutschen Bundestag. Duisburg 1994.

„Kultur" als Sprachversteck für „Rasse"

Die soziale Konstruktion fremder Kultur als ein Element kulturalisierenden Rassismus[1]

Rudolf Leiprecht

> *„Das vornehme Wort 'Kultur' tritt anstelle des*
> *verpönten Ausdrucks Rasse, bleibt aber bloßes*
> *Deckbild für den brutalen Herrschaftsanspruch. "*
> (Theodor W. ADORNO 1955)

Prozesse der sozialen Ausgrenzung von Eingewanderten und Schwierigkeiten in der interkulturellen Kommunikation werden häufig als ein Problem des Umgangs mit Fremdheit beschrieben. In pädagogischen Arbeitsfeldern wird dementsprechend oft versucht, Begegnungen mit Fremden zu organisieren, um das Unbekannte kennen zu lernen und/oder die Bereitschaft zu erhöhen, Fremdes anzuerkennen und zu tolerieren. Leider wird dabei oft vernachlässigt, dass es gesellschaftliche Bedeutungsmuster sind, die nahelegen, welche Gruppen jeweils als „fremd", „unbekannt", ja „andersartig" und u. U. „bedrohlich" aufzufassen sind. Diese Bedeutungsmuster sind relativ flexibel und ein Blick in die Geschichte zeigt, dass sie sich sehr häufig mit den politischen Konstellationen verändert haben. Darüber hinaus ist es mitunter geradezu paradox, auf „Fremdheit" zu verweisen: Immerhin befinden sich über 50 Prozent derjenigen, die in den Statistiken immer noch als „Ausländer" eingruppiert werden, bereits länger als zehn Jahre in Deutschland, und zwei Drittel aller Migrantenkinder unter 18 Jahren sind in Deutschland geboren (BEAUFTRAGTE DER BUNDESREGIERUNG FÜR AUSLÄNDERFRAGEN 2000, 18). Eine besondere „Fremdheit" wird sozial hergestellt, in dem bestimmte Gruppen nicht nur als „Fremde" eingeordnet und präsentiert, sondern auch speziellen Bedingungen unterworfen und nicht als gleichberechtigte Bürgerinnen und Bürger anerkannt werden.

Neben anderen Faktoren kommt bei der Konstruktion des „Fremden" dem Kulturbegriff eine besondere Bedeutung zu, da hier in aller Regel die andere Kultur als fremd und im Gegensatz zur eigenen Kultur konstruiert wird. Ich möchte deshalb im Folgenden versuchen, deutlich zu machen, dass und in welcher Weise ein bestimmtes Alltagsverständnis von Kultur zu solchen dichotomisierenden Konstruktionen beitragen kann und welche Alternativen es gibt. Ein nützlicher Umweg führt hierbei über die Frage, welche Beziehungen die Begriffe „Rasse" und Kultur eingehen können.

(K)eine naturwissenschaftliche Rechtfertigung von „Rasse"

Der Gebrauch des Wortes Rassismus als wissenschaftlicher Begriff lässt sich nur rechtfertigen, da damit gerade auf soziale Konstruktionen von „Rassen" aufmerksam gemacht werden soll. Vorstellungen über „Rassen" sind mit einem gesellschaftlichen Prozess der Bedeutungskonstitution verbunden. Einzelnen Körpermerkmalen werden bestimmte Bedeutungen zugeschrieben, und sie werden zu einem besonderen Einteilungskriterium gemacht: „*'Rassen' sind sozial imaginierte, keine biologischen Realitäten*" (MILES 1989, 355). Im Rahmen von „Rassen"-Konstruktionen wird, ausgehend von tatsächlichen oder fiktiven Gruppenunterschieden in der phänotypischen Erscheinung, auf psychische und psychosoziale Eigenschaften geschlossen. Äußerlich sichtbare Unterschiede werden als ein Kennzeichen für ein „inneres" biologisches Äquivalent und damit verbundene psychische und psychosoziale Merkmale und Fähigkeiten behauptet. Allerdings gibt es viele historische Fälle von „Rassen"-Konstruktionen, in denen auch die Sichtbarkeit in besonderer Weise konstruiert werden musste, und zwar nicht nur hinsichtlich einer bestimmten Kette von Bedeutungen, die ein phänotypisches Merkmal auslösen sollte, sondern auch in Bezug auf die mögliche äußerliche Unsichtbarkeit. So wurde in den antisemitischen Ideologien des deutschen Faschismus zwar eine jüdische „Rasse" mit spezifischen Körpermerkmalen (bestimmte Nasenform, Haarfarbe usw.) konstruiert, zusätzlich wurde allerdings die Möglichkeit einer „versteckten Rasse" eingeräumt (und mit dem „Judenstern" ein entsprechendes Mittel der Sichtbarmachung eingeführt). Das wichtigere „Rassen"-Merkmal lag in dieser Konstruktion letztlich im „Inneren" des Menschen.

Ein neuer Rassismus

Martin BARKER (1981) stellt in seinen Untersuchungen zu Diskursen der „Neuen Rechten" in Großbritannien fest, dass dort in aller Regel jeder offene Bezug auf eine biologische Minderwertigkeit von Eingewanderten vermieden und lediglich von angeborenen Unterschieden zwischen verschiedenen Bevölkerungsgruppen gesprochen wird. Allerdings wird in solchen Diskursen das rassistische Verhalten selbst zur Natur gehörig erklärt: Wenn durch die Anwesenheit von Eingewanderten der Fortbestand der Lebensweise der Alteingesessenen in Gefahr geriete, dann würde mit einem feindlichen und aggressiven Verhalten gegenüber Eingewanderten geantwortet, einem Verhalten, welches angeblich eine natürliche Grundlage besitze. Barker bezeichnet solche Diskurse als neuen Rassismus, da sie sich von alten rassistischen Diskursen unterscheiden, in denen „Rasse" zugleich mit einer biologisch/naturhaft begründeten Vorstellung von Überlegenheit und Minderwertigkeit konstruiert wurde.

Auch Étienne Balibar identifiziert in Frankreich, sich u. a. auf TAGUIEFF (1987) beziehend, einen ideologischen Diskurs, den er als neuen Rassismus kennzeichnet. Es ist ein „Rassismus ohne Rassen", *„dessen vorherrschendes Thema nicht mehr die biologische Vererbung, sondern die Unaufhebbarkeit der kulturellen Differenzen ist".* Dieser „Neo-Rassismus" postuliert *„nicht mehr die Überlegenheit bestimmter Gruppen oder Völker über andere [...],* sondern *„beschränkt" sich darauf, die Schädlichkeit jeder Grenzverwischung und die Unvereinbarkeit der Lebensweisen und Traditionen zu behaupten"* (BALIBAR 1989, 373). Kulturvermischungen werden hier (wie früher „Rassevermischungen") als geistiger Tod der Menschheit behauptet und haben angeblich Degeneration und Untergang zur Folge. Das rassistische Verhalten selbst wird zu einem natürlichen und unvermeidlichen Faktor erklärt. Balibar, entsprechende Sichtweisen paraphrasierend: *„Wolle man den Rassismus verhindern, müsse (man) die 'Toleranzschwellen' beachten und die 'natürlichen' Distanzen einhalten, d.h. man müsse – gemäß dem Postulat, dass die Individuen ausschließlich die Erben und Träger einer einzigen Kultur sein dürfen – die kollektiven Zusammenhänge voneinander abgrenzen [...]"* (BALIBAR 1989, 373)[2].

Mit solchen Erklärungsmustern werden letztlich diejenigen, die zur Zielscheibe von Rassismen werden, auch noch dafür verantwortlich gemacht, da sie aufgrund ihrer „Fremdheit" oder ihrer großen Anzahl einen solchen „natürlichen Abwehrreflex" doch selbst herausfordern würden.

Reden über „Kultur" als Sprachversteck für „Rasse"

Nun verbergen sich hinter dem Phänomen, dass in Diskursen über Einwanderung und Flucht immer häufiger das Wort „Kultur" und immer weniger das Wort „Rasse" gebraucht wird, durchaus verschiedene Entwicklungen. Eine bestimmte Form, in der in solchen Zusammenhängen das Wort Kultur benutzt wird, habe ich als *Sprachversteck für „Rasse"* charakterisiert (LEIPRECHT 1992, 103). So wird beispielsweise (oft von politisch Rechts stehenden Gruppierungen und Parteien) auf fremde Kulturen hingewiesen, die mit der deutschen Kultur unvereinbar seien und deren Vertreterinnen und Vertreter von daher – manchmal sogar als Eigeninteresse von Eingewanderten formuliert – in ihr Heimatland zurückkehren müssten, um dort ihre eigene Kultur zu „bewahren", genauso wie durch eine solche Separierung eine vorgestellte angeblich homogene deutsche Kultur vor negativen und verfremdenden Einflüssen „geschützt" werden müsse, damit sie gewissermaßen in „reiner" Form erhalten bliebe. In solchen öffentlichen Erklärungen, Schriften und Proklamationen wird zwar meist statt „Rasse" das Wort Kultur benutzt, unterschiedliche kulturelle Lebensformen werden jedoch letztlich auf genetische und naturhafte Größen reduziert.[3] Die Untersuchung verbreiteter Diskurse zu Einwanderung und Flucht in Politik, Medien und

Alltag in Deutschland zeigt, dass das Wort „Rasse" in (ver-)öffentlichten Redeweisen eher selten zu finden ist. Sehr oft lassen sich allerdings Redeweisen finden, in denen zwar „Rasse" nicht erscheint, *„'Kultur' jedoch wie 'Rasse' als Natureigenschaft gedacht wird"* (vgl. KALPAKA/RÄTHZEL 1990, 50).

Dies hat auch damit zu tun, dass mit dem Begriff „Rasse" allzu deutlich die Erinnerung an die Sprache und Praxis des deutschen Faschismus wachgerufen wird: *„Da die 'Endlösung' explizit mit einer Theorie biologischer Minderwertigkeit legitimiert wurde, haftet"* – so der britische Rassismus-Forscher Robert Miles – *„dem Wort 'Rasse' der Geruch der Krematorien an"* (MILES 1991, 193). Die Konferenzen der UNESCO in den 1950er und 1960er Jahren, auf denen Wissenschaftlerinnen und Wissenschaftler von internationalem Rang aus Biologie, Genetik, Sozialwissenschaft usw. die Befunde über das Konzept „Rasse" zusammentrugen und feststellten, dass dieser Begriff, auf den sich (nicht nur) die Rassenideologen des Nationalsozialismus berufen hatten, wissenschaftlich unhaltbar ist (vgl. LÉVI-STRAUSS 1996), unterstützte vor diesem Hintergrund in Deutschland eine Entwicklung, die zu einer tendenziellen Tabuisierung des Wortes „Rasse" führte. Im sozialwissenschaftlichen, aber auch im öffentlichen Diskurs ist denn auch eine gewisse Zurückhaltung beim Gebrauch des Wortes „Rasse" festzustellen.

Anders als in Deutschland stellt sich die Lage bezüglich der Redeweisen zu „Rasse" beispielsweise im angelsächsischen Sprachraum dar. In Großbritannien ist auch heute noch das Wort „Rasse" im politisch-öffentlichen Diskurs und in der Verwaltungspraxis sehr verbreitet. Miles macht darauf aufmerksam, dass in Diskursen, in denen Einwanderung als Problem dargestellt wird, in Nord-West-Europa von einer „Minderheitenfrage", einer „Einwanderungsfrage" oder einer „Ausländerfrage" gesprochen wird, während in Großbritannien jedoch explizit von einer „Rassenfrage" die Rede ist (MILES 1990, 171 ff.). Nun hat der Begriff „Rasse" im angelsächsischen Sprachgebiet eine breitere Bedeutung: Während im Deutschen „Rasse" meist unmittelbar an biologisierende oder naturalisierende Konnotationen gekoppelt ist, kann das englisch-amerikanische Äquivalent auch Bedeutungen haben, die *nicht* auf einen biologischen oder naturhaften Kern verweisen. Allerdings weist Miles darauf hin, dass beispielsweise britische Akademiker, als sie sich nach 1958 als Reaktion auf zunehmend feindlichere Haltungen gegenüber einer Migration aus den (ehemaligen) Kolonien verstärkt innerbritischen Entwicklungen zuwandten, Konzepte und Theorien aus den USA und Südafrika übernommen haben, ohne den „Rasse"-Begriff und seine biologisch/naturhaft reduktionistischen und verdinglichenden Implikationen genauer zu überprüfen. „Rasse" wurde auch in der Sozialwissenschaft des Vereinigten Königreiches häufig nicht als ein Ergebnis von sozialen Konstruktionen begriffen, und in den Diskursen außerhalb der Sozialwissenschaft (also etwa in den alltäglichen Rede- und Denkweisen der Menschen) ist dies keineswegs anders (MILES 1990, 162 ff.).

Von der Rede über Kultur zum kulturalisierenden Rassismus

Ein anderer Grund, warum das Wort „Rasse" in Deutschland nicht mehr generell dominiert, mag in der zunehmenden Bedeutung des Wortes „Kultur" liegen. Der Kulturbegriff hat in Wissenschaft, Politik und Gesellschaft eine weite Verbreitung gefunden und ist im Allgemeinen äußerst unverdächtig. Bei einem bestimmten Verständnis von Kultur sind allerdings viele Anknüpfungspunkte für die Formulierung von kulturalisierenden Rassismen zu entdecken. Dabei handelt es sich keineswegs ausschließlich um eine strategisch-taktische Einverleibung des Kulturbegriffs in rassistische Konzeptionen (wie etwa in den „Heidelberger Manifesten").

Problematischer, da weit verbreitet, ist ein Alltagsverständnis, demzufolge „Kulturen" als eine Art von Großkollektiven interpretiert werden, deren Synonyme oft „Länder", „Gesellschaften", „Staaten", „Völker" oder „Nationen" sind. Der Blick konzentriert sich dabei vor allem auf die „fremden Kulturen": Den Angehörigen des anderen Großkollektivs wird, und damit bestätigt sich eine Erkenntnis des Sozialpsychologen Henri Tajfel, eher ein gruppentypisches und gruppendeterminiertes Verhalten unterstellt, während Angehörige der eigenen Gruppe eher als Individuen angesehen werden (vgl. TAJFEL 1982). In verschiedenen Ausprägungen enthält dieses Alltagsverständnis Elemente, die sich zu einem reduktionistischen und determinierenden Kulturbegriff verdichten können. Ein solcher Kulturbegriff lässt sich mit dem folgenden Schaubild verdeutlichen (vgl. LEIPRECHT 1992, 93 ff.):

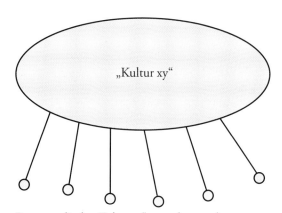

Reduktionistisch - determinierender Kulturbegriff

– Kultur erscheint als statische, homogene und verdinglichte Größe;
– diejenigen, die der „Kultur xy" zugeordnet werden, werden als durch die „Kultur xy" determiniert betrachtet;
– ihre Lebensäußerungen werden auf die Wirkung der „Kultur xy" reduziert;
– Kultur kann auf diese Weise als „Rasse" (als naturhafte Größe) konstruiert werden.

Personen, die der „Kultur xy"zugeordnet werden

Das eiförmige Gebilde symbolisiert ein reduktionistisch-determinierendes Verständnis der „Kultur xy". Bei einem solchen Verständnis handelt es sich um eine Art *Marionettenmodell* von Kultur: Die einzelnen Personen, die der „Kultur xy" zugeordnet werden, scheinen hier wie Marionetten am Draht „ihrer Kultur" zu hängen. Ihr Handeln und Denken wird als durch die „Kultur xy" determiniert betrachtet, und umgekehrt werden ihre Lebensäußerungen durch die Brille des Konstrukts „Kultur xy" gelesen und darauf reduziert. Auch wird die Beziehung zwischen Kultur und den einzelnen Personen nur als eingleisig interpretiert. Die Tatsache, dass Menschen in irgendeiner Weise an der Produktion und Reproduktion von sozialen Makrostrukturen und symbolischen Ordnungen, die als Kultur definiert werden, beteiligt sein könnten, wird aus der Wahrnehmung ausgeklammert. Zudem wird Kultur in dieser Vorstellung Statik und Homogenität unterstellt. Kultur bekommt so einen dinglichen und essentiellen Charakter. Bewegungen, Entwicklungen, Gegensätze, Konflikte, unterschiedliche Standpunkte usw. werden in der „Kultur xy" genauso wenig wahrgenommen wie Überlagerungen und Verbindungen mit anderen Kulturen. Ausgehend von einem solchen Kulturbegriff lässt sich Kultur schließlich auch als naturhafte Größe – eben als „Rasse" – konstruieren.[4]

Ein solches Verständnis von Kultur lässt sich mit spezifischen Inhalten füllen (etwa wenn bestimmten Gruppen Merkmale und Eigenschaften zugeschrieben werden), und verbindet es sich dann mit hierarchisch angelegten sozialen Positionierungen und hierarchisierenden Bewertungen, ist die Logik des kulturalisierenden Rassismus komplett.

Falsche Eindrücke und Alternativen

Leider beziehen viele Theoretiker/innen und Praktiker/innen interkultureller Kommunikation und interkulturellen Lernens ein solches Alltagsverständnis von Kultur kaum in ihre Überlegungen mit ein. Ungewollt können diese Versuche deshalb überaus kontraproduktive Prozesse unterstützen. Zu Recht beklagt Lothar Bredella es *„als eine Schwäche des interkulturellen Lernens, dass es oft den Eindruck vermittelt, als bräuchte man nur über Gewohnheiten, Werte und Einstellungen der fremden Kultur Bescheid zu wissen, um die Menschen dieser Kultur zu verstehen"* (BREDELLA 1999, 91). Angebote interkulturellen Lernens müssen oft geradezu als eine Bestätigung verschiedener Facetten des beschriebenen Alltagsverständnisses interpretiert werden.

Zu einer Art Mindestanforderung, um Lernprozesse anregen und unterstützen zu können, gehören deshalb Konzepte, die reduktionistische und deterministische Vorstellungen über „Kulturen" und ihre Wirkungen bei den Zielgruppen berücksichtigen und in kritischer Perspektive überschreiten. Es gilt, eine Vorstellung von Kultur zu vermitteln, bei der die Unabgeschlossenheit, Prozesshaftigkeit, Uneinheitlichkeit und „Gemischtheit" von Kulturen und vor allem die (potentielle) Flexibilität und Reflexivität der einzelnen Menschen gegenüber „ihren" und „anderen" Kulturen betont wird (vgl. AUERNHEIMER 1996). Die einzelnen Menschen sind durch ihren jeweiligen kulturellen Kontext in ihrem Fühlen, Denken und Handeln nicht völlig festgelegt. Aber sie stehen in einem bestimmten Verhältnis zu diesem Kontext. Dieses spezifische Verhältnis darf aber nicht einfach aus der Zugehörigkeit zu einer Kultur abgeleitet werden.

Es wäre völlig verfehlt, die einzelnen Menschen mit dem Bild, das man über eine andere Kultur hat, festzulegen. Wir wissen über die einzelnen Angehörigen von kulturellen Gruppen noch sehr wenig, wenn wir lediglich über die kulturellen Hintergründe informiert sind. Entscheidend ist, das besondere Verhältnis der einzelnen Menschen zu ihrer Biographie, ihren Zugehörigkeiten zu möglicherweise verschiedenen kulturellen Gruppen, ihren Standpunkten, ihrer sozialen Lage, ihren Ausgrenzungserfahrungen usw. ernst zu nehmen. Dies bietet einen guten Ausgangspunkt, um wenigstens die rassialisierenden und kulturalisierenden Schubladen, in die wir allzu oft die jeweiligen Gegenüber gesteckt haben, auf den Müllhaufen der Geschichte zu werfen.

Anmerkungen

1   Beim vorliegenden Text handelt es sich um eine Überarbeitung von Ausführungen, die ich bereits an anderer Stelle veröffentlicht habe (vgl. LEIPRECHT 2001, 27-32).

2   Solche Rassismen wurden auch mit verschiedenen anderen Bezeichnungen zu fassen versucht, etwa mit Kulturrassismus (vgl. TSIAKALOS 1983) oder Kulturalismus (vgl. AUERNHEIMER 1990/1996 II).

3   So zum Beispiel zu beobachten in den „Heidelberger Manifesten" äußerst rechts stehender Wissenschaftler. Dort gab es eine interne Version, die von „Rassen" und Biologischem sprach, während in der veröffentlichten Fassung für dieselben Textpassagen Redewendungen verwendet wurden, die sich zumindest auf den ersten Blick auf Kultur zu beziehen schienen (vgl. kritisch hierzu KALPAKA/RÄTHZEL 1986/1990II, 15).

4   Hinweise zu einem angemessenen Kulturbegriff, der solche Kulturalisierungen zu vermeiden sucht, finden sich bei CLARKE et al. (1979, 40 ff.), AUERNHEIMER (1990/1996II, 110 ff.) und LEIPRECHT (1996, 256 ff.).

Literatur

ADORNO, T. W. 1955: Schuld und Abwehr. Frankfurt a. M. 1955.

AUERNHEIMER, G. 1996: Einführung in die interkulturelle Erziehung. 2. überarb. und erg. Aufl. (1. Aufl 1990). Darmstadt 1996.

BALIBAR, É. 1989: Gibt es einen neuen Rassismus? Das Argument. Zeitschrift für Philosophie und Sozialwissenschaften. 31. Jg. Heft 3. Hamburg Mai/Juni 1989, 369-381.

BARKER, M. 1981: The New Racism. Conservatives and the Ideology of the Tribe. London 1981.

BREDELLA, L. 1999: Zielsetzungen interkulturellen Fremdsprachenunterrichts. In: L. Bredella, W. Delanoy (Hrsg.), Interkultureller Fremdsprachenunterricht. Aus der Reihe „Giessener Beiträge zur Fremdsprachendidaktik". Tübingen 1999, 85-120.

BEAUFTRAGTE DER BUNDESREGIERUNG FÜR AUSLÄNDERFRAGEN (Hrsg.) 2000: Bericht über die Lage der Ausländer in der Bundesrepublik Deutschland. Berlin/Bonn 2000.

CLARKE, J., COHEN, P., CORRIGAN, P., GARBER, J., HALL, S., HEBDIGE, D., JEFFERSON, T., MCCRON, R., MCROBBIE, A., MURDOCK, G., PARKER, H. u. ROBERTS, B. (Hrsg.) 1979: Jugendkultur als Widerstand. Milieus, Rituale, Provokationen. (In Deutschland hrsg. von A. Honneth). Frankfurt a. M. 1979.

Kalpaka, A. u. Räthzel, N. (Hrsg.) 1990: Die Schwierigkeit, nicht rassistisch zu sein. 2. völlig überarbeitete Auflage.(1. Aufl. 1986). Leer 1990.

Leiprecht, R. (Hrsg.) 1992: Unter Anderen – Rassismus und Jugendarbeit. Duisburg 1992.

Leiprecht, R. 1996: Rassismen und die Macht der Zuschreibung: Die „Frage nach der Jugend" und die „Frage nach der Kultur" (Anmerkungen aus der Rassismusforschung). In: D. Dracklé (Hrsg.), Jung und wild. Zur kulturellen Konstruktion von Kindheit und Jugend. Berlin 1996, 240-272.

Leiprecht, R. 2001: Alltagsrassismus. Eine Untersuchung bei Jugendlichen in Deutschland und den Niederlanden. Münster 2001.

Lévi-Strauss, C. 1996: Rasse, Geschichte und Kultur. Auszüge aus den UNESCO-Studien „Rasse und Geschichte" (1952) und „Rasse und Kultur" (1971). In: UNESCO-Kurier. 37. Jg. Heft 3. 22-25.

Miles, R. 1989: Bedeutungskonstitution und der Begriff des Rassismus. Das Argument. Zeitschrift für Philosophie und Sozialwissenschaften. 31. Jg. Heft 3. Hamburg Mai/Juni 1989, 353-368.

Miles, R. 1990: Die marxistische Theorie und das Konzept „Rasse". In: E. J. Dittrich u. F.-O. Radtke (Hrsg.), Ethnizität. Wissenschaft und Minderheiten. Opladen 1990, 155-178.

Miles, R. 1991: Rassismus – Einführung in die Geschichte und Theorie eines Begriffs. Hamburg 1991.

Taguieff, P. A. 1987: La Force du préjugé: Essai sur le racisme et ses doubles. Paris 1987.

Tajfel, H. 1982: Gruppenkonflikt und Vorurteil. Entstehung und Funktion sozialer Stereotype (engl. Original 1981). Bern 1982.

Tsiakalos, G. 1983: Ausländerfeindlichkeit – Tatsachen und Erklärungsversuche. München 1983.

Der Reisende und der König
Zwei konkurrierende Konstruktionen von Männlichkeit im Tagebuch von John Hanning Speke

Clara Mayer-Himmelheber

Neben Berichten lokaler Autoren (BEHREND u. GEIDER 1998) ermöglichen auch die Aufzeichnungen früher europäischer Reisender den Blick hinter die Kulissen. Ein Beispiel ist das Reisetagebuch „Die Entdeckung der Nilquellen" von John Hanning Spekes (1827-1864), das er während seiner zweiten Afrikareise (1859-63) verfasste. Speke inszenierte darin Szenen für die viktorianische Leserschaft, die deren Vorstellungen von Afrika und seinen Einwohnern nicht nur bestärkten sondern auch kreierten. Afrikaner waren in dieser Inszenierung nur noch Statisten, da Spekes Aufzeichnungen ähnlich anderen Reiseberichten kaum Dialoge enthielten: *„[The] center stage is occupied not by Africa or Africans but by a Livingstone or a Stanley, a Baker or a Burton, Victorian St. Georges battling the army of the night"* [1] (BRANTLINGER 1988, 181). Dennoch kann man zwischen den Zeilen die Sicht von Afrikanern auf den europäischen Reisenden lesen und unterschiedliche Ansichten etwa zur Konstruktion von Männlichkeit erkennen. Besonders deutlich wird dies in der Zeit, die Speke am Hofe des Herrschers von Buganda, Kabaka Mutesa, verbrachte.

Speke und Mutesas Auseinandersetzung um Macht

> *„Ärgerlich über den hochmüthigen König,*
> *der mich nicht in seine Hütte einlud"*
> *(I, 398)* [2]

Am 19. Februar 1862 traf Speke als erster Europäer am Hofe des bugandischen Königs Mutesa I. ein. In den viereinhalb Monaten seines Aufenthalts am bugandischen Hofe kam es zu einem regelrechten Wettkampf zwischen Speke und Mutesa, bei dem zwei konkurrierende Konzepte von Männlichkeit aufeinandertrafen: einerseits das viktorianische Konzept des englischen Forschungsreisenden von Ehre, Affektbeherrschung, Sportsgeist und andererseits das des bugandischen Herrschers von Prunk, Potenz und Macht über Leben und Tod von Mensch und Tier.

Schon beim ersten Treffen von Speke und Mutesa wurden die Disziplinen des Wettkampfes bestimmt: Kleidung, Herrschaftssymbole, Frauen und Jagd.

Speke beschrieb die Szene als Theaterstück in drei Akten. Beide Akteure hatten für den Anlass besonderen Wert auf ihre Erscheinung gelegt, doch Speke musste eingestehen, dass ihm die Baganda[3] in ihrer eleganten Kleidung überlegen waren: „*Ich bereitete mich für meine erste Vorstellung bei Hofe vor, und zog mein bestes Zeug an, obgleich ich damit nur eine erbärmliche Erscheinung im Vergleich zu den geputzten Waganda darbot*" (I, 384).

Um diesen Nachteil auszugleichen, brachte Speke Herrschaftssymbole ins Spiel. Er bestand auf einem eigenen Stuhl, der ihm als „fremden Prinzen" zustünde, obwohl außer dem Kabaka niemand erhöht sitzen durfte (I, 389).

Der Kabaka präsentierte sich dem Reisenden in verschiedenen „Akten" in unterschiedlichen Rollen, die ihn jeweils auf eine andere Weise als potenten Herrscher auswiesen, z. B. im Kreise von über hundert seiner Frauen (I, 392). Sowohl Mutesa als auch Speke bedienten sich des Blicks als Herrschaftsinstrument. Sie sprachen kaum miteinander, sondern sahen sich stattdessen stundenlang an. Am Ende jeder Szene wurde Speke gefragt, ob er den Kabaka gesehen hätte, der daraufhin verschwand, um sich in einer anderen Umgebung erneut ins Bild zu setzen (I, 391). In der letzten Szene stellte Mutesa dann die für ihn wichtigste Frage „*Was für Flinten hast Du?*" (I, 394) und gab Speke damit die Möglichkeit, seine Gastgeschenke auszupacken, unter anderem „*eine Büchse (Whitworth) [...] eine Revolverpistole, drei Carabinerbüchsen, drei Degenbajonnete, eine Kiste Munition, eine Kiste Kugeln [und] eine Kiste Zündhütchen*" (I, 385). Nachdem nun die Statuten geklärt waren, konnte der Wettkampf beginnen.

Kabaka Mutesa, der Herrscher von Buganda,
Holzschnitt aus: Die Entdeckung der Nilquellen,
von John Hanning Speke,
Bd. I, S. 392

Spekes Stellung am Hof

> „*Nimm den Hut ab und zeige Dein Haar,*
> *ziehe die Schuhe aus und stülpe die Hosen auf*"
> *(II, 69)*

Mutesa bediente sich auch in der Folgezeit der Person Spekes und seiner Geschenke, um seine Macht zu stärken. Nicht nur die von Speke mitgebrachten Objekte wurden von Mutesa monopolisiert (II, 128), Speke musste auch ständig zwischen dem König und der Königinmutter hin- und hereilen und seine Fähigkeiten als Heiler, Zeichner und Schneider einsetzen. Außerdem hatte Speke für Mutesa einen großen Unterhaltungswert – die Machtposition Spekes am Hofe Bugandas war nicht so offensichtlich, wie er es sich gewünscht hätte. Er war vielmehr häufig Mittelpunkt allgemeiner Erheiterung. Man amüsierte sich, wenn Speke seine weißen Beine zeigen (II, 47), seinen

Schirm auf- und zuklappen (I, 391) und seine Taschen leeren musste (II, 76). Über eine Bootstour, bei der Speke zu Füßen des Kabaka saß, notierte der Reisende: *„Dieser Tag bedarf keiner Bemerkung; er verging auf dieselbe Weise wie der gestrige, nur daß der König, der infolge davon, daß wir zusammen sprechen konnten, dreister wurde, sich kindischer und vertrauter benahm; er amusirte sich z. B. zuweilen damit, sich an meinem Barte anzuhalten, wenn ihn das Schwanken des Bootes unsicher machte"* (II, 86-87).

Die Jagd

> *„Nun Bana, wo sind Deine Flinten?*
> *Denn ich habe Dich zum Schießen gerufen."*
> *(II, 101)*

Neben Bootstouren unternahmen Speke und Mutesa einige Jagdausflüge. Es zeigte sich jedoch bald, dass sie sehr unterschiedliche Auffassungen von einer erfolgreichen Jagd hatten.

Im viktorianischen England galten Mut, Willenskraft, Entschlossenheit, Angstfreiheit und vor allem Affektkontrolle als betont männliche Eigenschaften; Ideale, die sich in ganz besonderem Maße bei der Jagd, speziell der Großwildjagd beweisen ließen. Die Erfüllung des Jagd-Ethos konnte Männer zu Gentlemen erheben, da Jagd ein Privileg der Oberklasse war. Auch Speke ermöglichte die Einhaltung dieses Ehrenkodexes, seine mittelständische Herkunft aufzuwerten.

In Spekes Augen jagte der König von Buganda die falschen Tiere, wie Kühe und Vögel statt Büffel und Raubtiere. Auch spielten Affektkontrolle und Sportsgeist für den Kabaka keine Rolle. Aus Sicht Mutesas war Spekes Ideal vom einsamen Jäger, der Auge in Auge mit dem Tier kämpft, eher ein Zeichen von Machtlosigkeit. Für den Kabaka diente die Jagd vielmehr der Demonstration von königlichem Prunk und Macht über Leben und Tod. Häufig schoss Mutesa nicht selbst, sondern befahl Speke oder seinen Pagen zu schießen. Die wenigen gemeinsamen Jagden der beiden ähnelten eher einem Spektakel, bei dem Mutesa in der Regel von bis zu hundert Leuten begleitet wurde, die durch ihre Begeisterungsrufe fast jegliches Wild vertrieben.

„Powerdressing" (Cornwall, Lindisfarne 1994, 25)

> *„Ich beabsichtige das nackte Afrika*
> *genau zu beschreiben"*
> *(I, 43)*

Da Nacktheit in den Augen eines viktorianischen Engländers als äußerst unmoralisch galt, war Speke sehr angetan von der Kleidung der Baganda, bei denen ihm zufolge das Zeigen eines Stück Beins zur Todesstrafe führte (I, 351). Für die Baganda machte er sich selbst durch eine Ehrengarde mit roten Uniformen zu einem fremden Prinzen (I, 378, 383). Die Baganda empfanden Spekes Kleidung allerdings als unwürdig, wie Speke nach einem Besuch bei der Königinmutter notierte: *„Dann gingen beide erschöpft weg, wobei mir der Freund [Maula, ein Mitglied der Expedition] den Rath gab, wenn ich das nächste mal an den Hof ginge, solle ich ein arabisches Kleid anlegen, denn Beinkleider sind nach Ansicht jedes Mganda unanständig"* (I, 421).

Im Laufe seines Aufenthaltes am Hofe von Buganda wandelte sich jedoch die Situation. Mutesa begann, europäische Kleidung zu tragen, was Speke verächtlich kommentierte: *„Der König erschien das erste mal in Hosen, und sein ganzer Anzug, fremdartig mit seinen eingeborenen Kleidungsstücken contrastirend, stand ihm seiner Meinung nach ausnehmend, obgleich er mir etwas lächerlich war; denn die Hosenbeine, ebenso die Aermel der Jacken waren viel zu kurz, sodaß seine schwarzen Füße und Hände weit herausguckten, wie die Extremitäten eines Affen auf seinem Leierkasten; dazu hinderte sein Hahnenkamm auf seinem Kopf die Fez=Mütze am ordentlichen Sitzen, die doch einen Theil seines speciell für diese Veranlassung gewählten Costüms ausmachte"* (II, 49). Speke stellte den Kabaka in seiner Aneignung europäischer Kleidung als kindlich oder verweiblicht und sogar entmenschlicht dar – alles dem viktorianischen Männlichkeitsideal widersprechende Eigenschaften.

John Hanning Speke, Kupferstich aus: Die Entdeckung der Nilquellen, von John Hanning Speke, Bd. I, S. 34

Die Frauen des Kabaka

> *„Bis jetzt hatte kein Sterblicher mit seinen Frauen gleiches zu thun gewagt"*
> *(II, 71)*

Der Besitz von und die Macht über Frauen galten als wichtiges Männlichkeitssymbol Mutesas, und im Laufe seines Aufenthaltes begann auch Speke zunehmend, sich der Frauen des Königs in der Auseinandersetzung um Macht zu bedienen.

Spekes Verhalten war wohl beeinflusst durch den Kabaka, der sich immer als extrem potent darstellte und Speke dadurch seine Macht spüren ließ. So wurde Speke häufig am Hof mit der Begründung abgewiesen, der König habe keine Zeit, er vergnüge sich mit seinen Frauen (II, 14-15, 29, 33), und auch seine Bitte, ein Haus im Palast zu erhalten, wurde abgelehnt, da die Palastgebäude von den Frauen des Kabaka belegt seien (I, 409). Bei einem Ausflug notierte Speke, dass der König *„mit seinen Frauen bequem sich zurückzog und mich nach einer traurigen Hütte schickte, wo ich auf der mit Gras bestreuten Erde schlafen mußte"* (II, 84).

Speke begann im Gegenzug, Mutesas Frauen zu umwerben (II, 41), obwohl oder gerade weil er schon sehr früh erfahren hatte, dass allein der Blick auf die Frauen des Königs die Todesstrafe bedeutete (I, 350). Über einen gemeinsamen Ausflug schrieb Speke: *„Als wir beim Weitergehen zum ersten Wasser kamen, fing ich mit Mtésa's Frauen zur Verwunderung des Königs und aller übrigen ein bischen zu kokettiren an"* (II, 71). Als sie im folgenden den Bach überquerten, half man sich gegenseitig: *„Der König erwies mir die Gunst, und ich wieder seinen mir nachfolgenden Frauen; sie waren in ihrem Leben noch nicht mit solcher Galanterie behandelt worden und konnten sich daher nicht enthalten zu lachen, was des Königs Aufmerksamkeit auf sich zog und alle miteinander zum Kichern brachte; denn bis jetzt hatte kein Sterblicher mit seinen Frauen gleiches zu thun gewagt"* (II, 71). Was von Speke als Angriff auf das Monopol des Kabaka gedacht war, wurde von den Baganda nicht ernst genommen, wie Speke einmal frustriert bemerkte: *„Die Waganda sehen mich nicht im richtigen Licht"* (I, 414).

Resumée

> *„Die Waganda sehen mich nicht im richtigen Licht"*
> *(I, 414)*

Obwohl Spekes Tagebuch geprägt ist von dem Versuch des Autors, dem Ideal des englischen Gentleman gerecht zu werden, kann man in den einzelnen geschilderten Anekdoten nicht nur die Macht, sondern auch die Ohnmacht des Reisenden erkennen und so auch einiges über die konkurrierende bugandische Konstruktion von Männlichkeit erfahren.

Während Spekes Ideal das des affektbeherrschten, disziplinierten, moralisch einwandfreien Sportsmannes war, setzte Mutesa diesem das Bild des prunkvollen, sexuell potenten Herrschers über Leben und Tod von Frauen, Männern und Tieren entgegen.

Im Laufe von Spekes Aufenthalt an Mutesas Hof bedienten sich beide immer mehr der Machtinstrumente des anderen: Mutesa der europäischen Kleidung und Munition, Speke des bugandischen Prunks und der königlichen Frauen.

Wer aus diesem Wettkampf als Sieger hervorging, blieb unentschieden.

Anmerkungen

1 Übersetzung des englischen Zitats: „[Die] Hauptbühne wird nicht von Afrika oder Afrikanern eingenommen, sondern von einem Livingstone oder einem Stanley, einem Baker oder einem Burton, viktorianischen St. Georgen, die gegen die Armee der Finsternis kämpfen."

2 Diese und die folgenden Angaben beziehen sich auf die zweibändige deutsche Ausgabe des Reisetagebuchs von John Hanning Speke von 1995 (s. Bibliographie).

3 Die Bezeichnung für die Einheimischen variieren. Im Text wird die moderne Form Muganda (Singular) und Baganda (Plural) verwendet; in den Zitaten hingegen die alte Variante: Mganda (Singular) und Waganda (Plural).

Kabaka Mutesa, Revue über seine Truppen haltend,
John Hanning Speke als Beobachter am Rande,
Holzschnitt aus: Die Entdeckung der Nilquellen,
von John Hanning Speke,
Bd. II, S. 114

Literatur

BEHREND, H., GEIDERT, T. (Hrsg.) 1998: Afrikaner schreiben zurück: Texte und Bilder afrikanischer Ethnographen. Köln 1998.

BRANTLINGER, P. 1988: Rule of darkness. British literature and imperialism, 1830-1914. Ithaca 1988.

CORNWALL, A., LINDISFARNE, N. (Hrsg.) 1994: Dislocating Masculinity: Comparative Ethnographies. London, New York 1994.

SPEKE, J. H. 1864: Die Entdeckung der Nilquellen. Ein Reisetagebuch. Ungekürzte Ausgabe [Nachruck] der autorisierten dt. Ausg. von 1864 in zwei Bänden. Hrsg. von Walter Rusch. Berlin 1995.

Ausstellungsobjekte
(Erläuterungen von Karin Baumann)

Herrscherkulturen Afrikas

Das ab dem 9. Jahrhundert im Süden des heutigen Nigeria entstandene Königreich Benin bildete ein differenziertes Sozialgefüge und eine Kunstfertigkeit von hohem Rang heraus. Ab 1486, als Benin erstmals von Portugiesen betreten wurde, entwickelte sich ein reger Handel mit Pfeffer, Sklaven und Elfenbein, die von den Portugiesen mit Manillen, Stoffen und Korallen bezahlt wurden. Benin wurde aufgrund seiner Produkte zu einem begehrten Handelspartner. Die Wertschätzung der europäischen Fernhändler in Benin drückte sich in der Übernahme portugiesischer bzw. europäischer Elemente in das Kunsthandwerk aus.

Höfische Kunst von Benin

1. Handaltar der Königinmutter, Gelbguss, gereinigt, Staatliche Museen zu Berlin, Preußischer Kulturbesitz, Ethnologisches Museum Berlin, Inv.Nr.: III C20301
2. Gesandtenzepter Benin, L 100 cm, Überseemuseum Bremen, Inv.Nr.: B06794
3. Ahnengedenkkopf, Bronze, Benin, H 33,5 cm, Römer-Pelizäus-Museum Hildesheim, Inv.Nr.: 6334
4. Reliefplatte mit Würdenträgern und Zeremonialschwert, Bronze, Benin, H 38,5 cm, B 36 cm, Römer-Pelizäus-Museum Hildesheim, Inv.Nr.: 5946
5. Armmanschette, Bronze, Benin, H 12,5 cm, Öffnung D 9-6 cm, Römer-Pelizäus-Museum Hildesheim, Inv.Nr.: 5948
6. Kleine Platte mit drei Würdenträgern, Bronze, Benin, H 22 cm, B 16,5 cm, Römer-Pelizäus-Museum Hildesheim, Inv.Nr.: V10455
7. König auf Thron (Stuhl) sitzend, Bronze, Afrika, Landesmuseum für Natur und Mensch Oldenburg Inv.Nr.: S35
8. Bronzestatue mit Zeremonialschwert, Bronze, Afrika, Landesmuseum für Natur und Mensch Oldenburg Inv.Nr.: S36
9. Reliefplatte mit einem Oba, zwei Würdenträgern und Musikern, Gelbguss, 17 Jh., H 38,5 cm, B 39 cm, Sammlung G. Haas 1899, Museum für Völkerkunde Wien, Inv.Nr.: 64.717
10. Ahnengedenkkopf, Gelbguss, Korallenkragen reicht bis zum Mund, H 39 cm, Privatsammlung
11. Ahnengedenkkopf, Gelbguss, mit engem Korallenkragen, H 33 cm, Privatsammlung
12. Hornbläser, Gelbguss, H 84 cm, Privatsammlung
13. Hornbläser, Gelbguss, H 61 cm, Privatsammlung
14. Würdenträger mit Lanze, Gelbguss, H 47 cm, Privatsammlung
15. Würdenträger mit Schild und Lanze(?) flankiert von einem Leoparden, Benin, Gelbguss, H 35 cm , Privatsammlung
16. Geschnitzter Deckel mit Reliefdarstellungen, Holz, D 62 cm, Privatsammlung
17. Anhänger/Platte mit zwei Portugiesen, halten vermutlich kupferne Gegenstände, mit denen möglicherweise in Afrika Sklaven gekauft worden sind, Benin, Gelbguss, H 46 cm, B 36 cm, Privatsammlung
18. U-förmiger Anhänger mit Oba und zwei Begleitern (Würdenträgern), Benin, Gelbguss, H 36 cm, Privatsammlung
19. „Gong", Benin, Gelbguss, H 39 cm, Privatsammlung
20. Leopard, liegend, Benin, Gelbguss, L 50 cm, H 23 cm, Privatsammlung
21. Elfenbeinzahn mit Reliefschnitzerei, Benin, H 95 cm (mit Sockel), Privatsammlung

Afroportugiesische Elfenbeinschnitzerei
22. Salzgefäß, sapi-portugiesisch, H 13 cm, D 12 cm, Museum der Kulturen Basel Inv.Nr.: III.21.474

Goldhandel
Die Wirtschaftsmacht und der Einfluss afrikanischer Reiche gründeten vielfach auf dem Handel mit Goldstaub.

23. Goldgewichte, Staatliche Museen zu Berlin, Preußischer Kulturbesitz, Ethnologisches Museum:
a. Wels (Gewicht), Inv.Nr.: III C14523
b. Skorpion (Gewicht), Inv.Nr.: III C14098
c. Abstrakt (Gewicht), sanduhrförmig, Inv.Nr.: III C40520
d. Abstrakt (Gewicht), pyramidenförmig, Inv.Nr.: III C40478
e. Abstrakt (Gewicht), Doppelpyramide, Inv.Nr.: III C40537
f. Figur (Gewicht), Inv.Nr.: III C14504
g. Figur (Gewicht), Inv.Nr.: III C14505
h. Kopf mit Pfefferkornfrisur (Gewicht), Inv.Nr.: III C13980
24. Goldstaubdose, Ethnologisches Museum Berlin, Inv.Nr.: III C41982 a/b
25. Goldstaubdose, Ethnologisches Museum Berlin, Inv.Nr.: III C41998 a/b
26. Goldstaubdose, Ethnologisches Museum Berlin, Inv.Nr.: III C14227 a/b
27. Löffel für Goldstaub, Ethnologisches Museum Berlin, Inv.Nr.: III C41419 b
28. Kuduo, Deckel mit Figurengruppe, Aschanti, H 20 cm, D 8 cm, Überseemuseum Bremen, Inv.Nr.: B15019a-b

29. Kuduo, Ghana, Aschanti,
H 13 cm, D 13,5 cm,
Überseemuseum Bremen,
Inv.Nr.: B14993
30. Goldgewichte, Überseemuseum
Bremen:
a. Ibis, Inv.Nr.: B11813
b. Krokodil mit Fisch im Maul,
Inv.Nr.: B11823
c. Schild, Inv.Nr.: B11822
d. Ibisse auf Schild, Inv.Nr.: B11828
e. Sandalen, Inv.Nr.: B11803
f. Krebsschere (Abguss nach der Natur), Inv.Nr.: B14459
g. Hocker, Inv.Nr.: B11800
h. Schwert, Inv.Nr.: B11801

Goldschmuck

31. Goldschmuck, Linden-Museum
Stuttgart:
a. Anhänger zum Aufnähen, zwei Figuren spielen das Brettspiel „man-kala", Platte 8,5 x 8,5 cm,
Inv.Nr.: 52.234
b. Fingerring, Inv.Nr.: F 52.037a
c. Armring, D 6,4 cm, L 9 cm
Inv.Nr.: F52012L
d. Anhänger, D 11,5 cm
Inv.Nr.: F52011L

Transatlantischer Sklavenhandel

Bei ihren Handelskontakten mit Afrika gingen die Portugiesen dazu über, vor allem Sklaven als Handelsgut auszuführen, die bevorzugt von Adeligen, Kaufleuten und anderen reichen Bürgern erworben wurden. Gleichwohl galten diese „Mohren" als Mitglieder des Hofes, die sich Anerkennung und Achtung erwerben konnten. Mit der Gründung der Überseeplantagen wurden afrikanische Sklaven in großem Umfang in die neuen Kolonien Nordamerikas verschifft, um auf den Plantagen zu arbeiten. Die schnelle Expansion und die wachsende Konkurrenz zwischen den Kolonialstaaten Europas führten rasch zu einer Behandlung der Sklaven als Ware. Aus Profitinteressen heraus wurden die afrikanischen Sklaven

verdinglicht und man ging immer unmenschlicher mit ihnen um. Die massenhafte Versklavung führte zu einer Gleichsetzung der schwarzen Hautfarbe mit dem Status von Sklaven und einer extremen Abwertung der Afrikaner.

32. Sklavenfessel,
Staatliche Museen zu Berlin,
Preußischer Kulturbesitz, Ethnologisches Museum Berlin,
Inv.Nr.: III C5979
33. Manillenkette,
Staatliche Museen zu Berlin,
Preußischer Kulturbesitz, Ethnologisches Museum Berlin,
Inv.Nr.: III C44653
34. Manille,
Staatliche Museen zu Berlin,
Preußischer Kulturbesitz, Ethnologisches Museum Berlin,
Inv.Nr.: III C44669
35. Sklavenfessel, fünf Ringe,
Überseemuseum Bremen,
Inv.Nr.: B17029
36. Sklavenfessel, zwei Ringe,
Überseemuseum Bremen,
Inv.Nr.: B00317
37. Sklavenschiff, Maßstab 1:50, L 102 cm, B 37,9 cm, H 86,5 cm,
Deutsches Schiffahrtsmuseum
Bremerhaven Inv.Nr.: I/6120/93
38. Sklavenkragen (Halsring),
L 80 cm, Kopfloch D 18 cm
Schiffahrtsmuseum Flensburg
39. Handgeschriebener Freibrief des „Neger Isaac", 1801,
Schiffahrtsmuseum Flensburg
40. Zwei Manillen, D 5,5 cm
Schiffahrtsmuseum Flensburg
41. Sklavenfessel, Kette mit Ringen,
Völkerkundliche Sammlung der
Universität Göttingen
42. Sklavenpeitsche,
Völkerkundliche Sammlung der
Universität Göttingen
Inv.Nr.: Af 985
43. Zwei Manillen,
Völkerkundliche Sammlung der
Universität Göttingen,
Inv.Nr.: Af 2631, Af 2636

44. Haken für den Sklavenfang, L 57,5 cm, Linden-Museum Stuttgart,
Inv.Nr.: 39.870
45. Keule für den Sklavenfang, L 55 cm, Linden-Museum Stuttgart,
Inv.Nr.: 41.049
46. Urkunde „Sklavenhandel", 1785,
Datierung 24.9.1785,
Mittelalterliches Kriminalmuseum
Rothenburg ob der Tauber,
Inv.Nr.: 25001m
47. Verkaufsurkunde: Quittung über den Verkauf eines „Negersklaven",
1732, Datierung 28.3.1732,
Mittelalterliches Kriminalmuseum
Rothenburg ob der Tauber,
Inv.Nr.: 25004 m
48. Sklavenring – innerafrikanischer
Sklavenhandel,
Mittelalterliches Kriminalmuseum
Rothenburg ob der Tauber,
Inv.Nr.: 15034 m
49. Sklavenbrandeisen,
Dr. Carl-Haeberlin-Friesen-Museum Wyk auf Föhr

Naturphilosophie

Durch die Entdeckungen und Reiseberichte des 16. und 17. Jahrhunderts beflügelt schuf die europäische Vorstellungskraft zahllose Zwischenformen von Wesen, die scheinbar in einer entlegenen Welt existieren würden. Man glaubte, sie nur finden zu müssen, um eine geschlossene Reihe von Geschöpfen bilden zu können, die vom vollkommensten Organismus bis hinab zu den Steinen führe.

50. Kanne mit Mischwesen, um 1570,
H 32 cm, D 22,5 cm,
Herzog Anton Ulrich-Museum
Braunschweig,
Inv.Nr.: Maj470
51. Greif mit Schlangenschwanz, 17.
Jh., H 8,5 cm, Sockel 7,3 x 4,3 cm,
Herzog Anton Ulrich-Museum
Braunschweig, Inv.Nr.: Elf99
52. Ebstorfer Weltkarte (Reproduktion)
Museum für das Fürstentum
Lüneburg

Mohr in Europa

Die im Mittelalter an die europäischen
Höfe gelangten islamischen „Mohren"
vermittelten das Bild einer hochentwickelten afrikanischen Kultur. Das daraus
resultierende Ansinnen, die Afrikaner
zum Christentum zu bekehren, hatte
besonderen Einfluss auf die Kunst, in der
vermehrt Afrikaner als Menschen mit
christlichen Tugenden, Anmut und
Würde dargestellt wurden. Ein Beispiel
hierfür ist die Darstellung der Heiligen
Drei Könige als Erdteilallegorie, wobei
der schwarze König Stärke und Würde
ausdrückt. Der oberste deutsche Schutz-
patron, der Heilige Mauritius, wurde mit
militärischen Tugenden und weitreichender Macht verbunden. Die Schwarzen
standen in diesen Fällen für Reichtum,
Ansehen und Erfolg.

53. Hl. Mauritius, Historischer Gips-
    abguss, 1906, H 115 cm,
    B. max. 60 cm,
    Kulturhistorisches Museum Magde-
    burg
54. Hendrik Heerschop: Der Mohren-
    könig Caspar, 1654 oder 1659,
    Gemälde, Reproduktion,
    Staatliche Museen zu Berlin,
    Preußischer Kulturbesitz,
    Gemäldegalerie,
    Kat.Nr.: 825
55. Anbetung der Könige, niederlän-
    disch, um 1520, Gemälde,
    Reproduktion,
    Staatliche Museen zu Berlin,
    Preußicher Kulturbesitz,
    Gemäldegalerie
    Kat.Nr.: 1241
56. Wappen Albrecht Dürers, Holz-
    schnitt, 1523, Germanisches Natio-
    nalmuseum Nürnberg
    Inv.Nr.: H348, Kapsel 1457a
57. Adels- und Wappenbrief Kaiser
    Rudolfs II. für Hans Wilhelm Wolff
    und Jakob Poller, 1591, Pergament,
    Reproduktion, 51,5 x 72 cm,
    Hauptstaatsarchiv Stuttgart,
    Inv.Nr.: J250 Nr. 59

58. Kopf eines Mohren, 2. Drittel des
    17. Jh., Rubens-Umkreis, Bronze,
    braune Patina mit Resten braunen
    Lacks, H 28 cm,
    Herzog Anton Ulrich-Museum
    BraunschweigInv.Nr.: Bro123

Kolonialismus

Im 17. Jahrhundert wuchs das Interesse
an der Gestalt der verschiedenen Menschen auf der Erde. Besonders in der
Kunst interessierte man sich für die
Physiognomie fremder Völker und
konzentrierte sich stark auf die äußerliche
Schönheit insbesondere afrikanischer
Menschen. Im 18. Jahrhundert setzte
sich die Auffassung durch, dass das
äußere Erscheinungsbild notwendiger-
weise mit dem Innern eines Menschen
zusammenhinge. Schönes wurde auch
gleichzeitig als gut und gottgefällig angesehen. Als europäisches Maß der Schönheit galt das griechische Ideal. Durch diese
eurozentristische Bewertung wurde Afrikanern zwangsläufig ihre Schönheit ab-
gesprochen. Die von nun an konstatierte
Hässlichkeit der Afrikaner festigte das
Bild seiner Unterlegenheit in der Hierarchie der göttlichen Rangordnung, in der
er weit hinter dem Europäer zurückblieb.
Unterstrichen wurde seine Unterlegenheit durch seine angeblich typischen
Eigenschaften. Er galt als wild, ungezügelt
und in seiner Entwicklung dem Kinde
nah. Seine Bestimmung sollte es sein,
sich als Diener in die europäische
Zivilisation einzufügen.

Ethnographische Darstellungen

59. Straußenei mit Hottentottendarstel-
    lung, europäische Schnitzerei, 1725,
    H 17,5 cm, D 13 cm,
    Herzog Anton Ulrich-Museum
    Braunschweig, Inv.Nr.: Kos 496
60. Schachfiguren (Afrikaner und Asia-
    ten), 17. Jahrhundert, H 5,5-8,3
    cm, Ebenholz bzw. Buchsbaumholz,
    Herzog Anton Ulrich-Museum
    Braunschweig, Inv.Nr.: Hol39, 42-
    45, Hol53, 54, 57, 58

61. „Naturgemälde der Ganzen Welt,
    Darstellung der Völkerrassen ...",
    Bilder zum Anschauungsunterricht
    III. Theil, Buch von Hermann
    Wagner und Ernst Salzmann, 1879
    (siebente Auflage), [mit kolorierten
    Kupferstichen: „Neger", etc.],
    Landesmuseum für Natur und
    Mensch Oldenburg
62. Tabakwerbefigur, Schwarzer im
    Blätterrock und Schale auf dem
    Kopf, puttenähnlich, wie fettleibiges
    Kind dargestellt, Zinkguss,
    H 95 cm, B 30 cm, Museum Bünde,
    Deutsches Tabak- und Zigarrenmu-
    seum in Bünde, Inv.Nr.: 64/2
63. Plastik (Tabakwerbefigur), kleine
    „Negerplastik", Holz, Reste alter
    Polychromierung, rechte Hand auf
    eine Tabakrolle gestützt, Feder-
    krone, Federschurz, H ca. 38 cm,
    Tabakhistorische Sammlung
    Reemtsma Hamburg, Inv.Nr.: 703
64. Holzgeschnitzte Plastik mit alter
    Polychromierung, schlanke „Neger-
    gestalt" mit Federkrone und -
    schurz, mit Stab und Keule, in die
    Brust ist eine Uhr eingelassen,
    Anfang 19. Jh., H ca. 51 cm,
    Tabakhistorische Sammlung
    Reemtsma Hamburg, Inv.Nr.: 705
65. Ladenplastik, Holz, teilweise poly-
    chromiert, „Neger" mit Tabakstrang
    in der linken Hand, auf dem
    Rücken Köcher für Pfeile, H 57 cm,
    Tabakhistorische Sammlung
    Reemtsma Hamburg,
    Inv.Nr. 707
66. „Negerplastik", Holz, polychro-
    miert
    H ca. 69 cm,
    Tabakhistorische Sammlung
    Reemtsma Hamburg,
    Inv.Nr.: 715
67. Künstlerisch geschnitzte und poly-
    chromierte „Negerplastik", stehend,
    mit aufwärts gestreckten Armen
    eine runde Platte haltend, H 73 cm,
    Tabakhistorische Sammlung
    Reemtsma Hamburg,
    Inv.Nr.: 722

68. Negroide Figur mit Federkrone und Federröckchen an Baumstumpf, als „Indianer" bezeichnet, H 40 cm, Tabakhistorische Sammlung Reemtsma Hamburg, Inv.Nr.: 724

69. Ladenschild: geschnitzter Schwarzer, Holz, flach geschnitzt, 17. Jh., H 136 cm, B 170 cm, T 18 cm, Ulmer Museum, Inv.Nr.: AB

70. Zwei Sarottiwerbefiguren, zwei afrikanische Frauen in kurzen Blätterröcken, weitgehend nackt, je ca. 84 cm hoch, Ofen- und Keramikmuseum Velten

Kolonialwarenwerbung

Mit den Produkten der überseeischen Kolonien kamen auch neue Bilder von Schwarzen nach Europa. Fast immer wurden sie als exotische Werbefiguren für Kolonialwaren wie Kakao, Kaffee und Tabak dargestellt. In ihrer meist dienenden oder tragenden Funktion vermittelten diese Figuren gleichzeitig ein verklärtes Bild der Lebenssituation der schwarzen Sklaven sowie der dem Europäer zu Dienstbarkeit verpflichteten Rolle am untersten Ende der kolonialen Hierarchie. Diese wurde durch die Europäer durch Verniedlichung der vermeintlich unmündigen und zu erziehenden Schwarzen gepflegt und als gottgewollte Ordnung stabilisiert.

71. „Exposition Universelle. – Les Cigares de Bréme", 1867, Holzstich zu einer Kolonialausstellung Tabakhistorische Sammlung Reemtsma Hamburg

72. „Tabak", [zeigt schwarze Arbeiter und Europäer im hellen Anzug mit Hund und zusammengelegter Peitsche in der Hand], Schulwandbild, Leipziger Schulbildverlag F. E. Wachsmuth, H 60 cm, B 82,5 cm, Nordwestdeutsches Schulmuseum Friesland, Zetel, Inv.Nr.: 997

73. Tabakwerbefigur, modern, wohl 20. Jh., Schwarzer in gestrifter Hose mit Pfeife steht vor Tabakkisten, in linker Hand Tabakblätter, H 38 cm Museum Bünde, Deutsches Tabak und Zigarrenmuseum in Bünde, Inv.Nr.: 91/7

74. Tabakwerbefigur, modern, wohl 20. Jh., Schwarzer in roter Livrée/rotem Frack, trägt Zigarrenkiste, H 94 cm, Museum Bünde, Deutsches Tabak- und Zigarrenmuseum in Bünde, Inv.Nr.: 87/1

75. Moderne holzgeschnitzte „Negerplastik", der Tabakballen ist später gearbeitet worden [Schwarzer trägt Tabakballen.], H 50 cm, Tabakhistorische Sammlung Reemtsma Hamburg, Inv.Nr.: 740

76. Jacobs Kaffeedose (Weihnachtsdose) mit romantisierendem Ikonogramm der kolonialen Gesellschaft: Afrikaner arbeiten in der Kaffeeernte, Europäer sitzen daneben auf Stühlen, Überseemuseum Bremen

77. Vorratsdosen für Kaffee- und Tabakwaren, Deutsches Historisches Museum Berlin:

a. Vorratsdose „Elefantenkaffee", um 1900-1910, Lithographie aus Eisenblech, H 42,5 cm, D 24 cm, Inv.Nr.: AK94/516.3549

b. Vorratsdose „Kaffee Messmer", 1903, Lithographie auf Eisenblech nach einem Plakat von Carl Hofer, 34,6 x 25 x 23,4 cm, Inv.Nr.: AK94/516.3598

c. Blechdose für „Staege Kaffee Mohren Marke", Eisen, AK 94/516.604

d. Blechdose für 20 Stück „Diplomaten Cigarillos", Eisen, Inv.Nr.: AK94/516.1041

e. Blechdose für Tabak(?), „Brüggemeyer K", Eisen, Inv.Nr.: AK 94/516.1465

f. Vorratsdose für „Deutscher Ost-Afrikanischer Cacao ...", Eisen, Inv.Nr.: AK 94/516.3526

g. Blechdose mit Deckelknauf für „Machwitz Kaffee", Nichteisenmetall/Eisen, Inv.Nr.: AK 94/516.5833

g. Blechdose für Kacao?, Eisen, Inv.Nr.: AK 94/516.5835

78. Sarotti-Mohr, Porzellanfigur, um 1922, H 30 x T 20 x B 12,3 cm, Deutsches Historisches Museum Berlin, Inv.Nr.: 96/638

Koloniale Hierachie

79. Kolonialquartettspiel, 1900/1907, Deutschland, Deutsches Historisches Museum Berlin, Inv.Nr.: AK97/252

80. Kaloderma Rasierseife, schwarzer Junge hält einen Rasierspiegel für einen Europäer, Postkarte, Sammlung Peter Weiss, Hamburg, Inv.Nr.: 8106

81. Nickneger, „Ich war ein armer Heidensohn! Nun kenn' ich meinen Heiland schon, Und bitte darum Jedermann, Nehmt Euch des armen Heiden an", Bakelit und Holz, Völkerkundemuseum der Archivund Museumsstiftung Wuppertal

82. Nickneger, Kindermissionswerk Aachen

83. Nickneger, Kindermissionswerk Aachen

84. Nickneger, Kindermissionswerk Aachen

Völkerschau

Ab dem 19. Jahrhundert kam es zu einer kommerziellen Verwertung des „Reizes des Fremden" in sogenannten Völkerschauen. Hier konnte der zahlende Zuschauer Menschen aus Afrika, Australien und Amerika bestaunen. Diese Schauen zeigten jedoch kein authentisches Bild vom kulturellen und sozialen Leben der Fremden, sondern trugen im Gegenteil durch Exotisierung dazu bei, ein Gegenbild zum Europäer zu schaffen.

85. Paul Friedrich Meyerheim: Die Wilden, 1873, Gemälde, Reproduktion, Suermondt-Ludwig-Museum Aachen

86. „Hagenbecks Oberbayerische Karawane in Nubien", Karikatur zu Völkerschauen, Fliegende Blätter, 1885, Nr. 2065, S. 61, Landesbibliothek Oldenburg, Sign.: ZS 3120:82/83, [enthält Nr. 2058-2109]

Popularisierung von Rassentheorien

87. Postkarte: „Das fidele Negerwerfen", Münchner Stadtmuseum, Puppentheatermuseum

88. Wurfbudenfigur mit aufgerissenem Mund, Vorderkopf eines Afrikaners auf eine Platte montiert, weit aufgerissene Augen und weit geöffneter Mund, in den die Bälle hineingeworfen werden, Holz, 20. Jh. (wahrscheinlich 30er Jahre), H 64 cm x B 39 cm, Münchner Stadtmuseum, Puppentheatermuseum, Inv.Nr.: 98/44, 1

89. Mechanische Schießscheibe, wohl um 1900: Dt. Michel reißt einem „Neger" den Kopf herunter [politische Aussage zur Zeit des Imperialismus], Metall, H 75 x B 68 x T 6 cm (geöffnet H 90 cm), Münchner Stadtmuseum, Puppentheatermuseum, Inv.Nr.: 90/117

Anfänge der Klassifizierung

Maßgeblich für die Anfänge der wissenschaftlichen Systematisierung war die Annahme, die äußerliche Beschaffenheit von Gesicht, Schädel und Körper würde Rückschlüsse auf die Vollkommenheit und das Gemüt eines Menschen zulassen. Vielfach wurden die verschiedenen Merkmale benutzt, um eine Rangabstufung zwischen den unterschiedlichen Menschengruppen herzustellen. In der Physiognomie und Phrenologie blieb die Systematisierung allerdings vielfach noch diffus.

Phrenologie

90. zwei Afrikanerbüsten aus dem Anschauungsmaterial von Franz Joseph Gall, vor 1805, Rollettmuseum Baden bei Wien

91. Schnupftabakdose mit phrenologischen Darstellungen, Rollettmuseum Baden bei Wien

92. Gall'scher Schädel, Schädel mit Beschriftungen zur Verortung des geistigen Vermögens, Landesmuseum für Natur und Mensch Oldenburg

Hautfarbenkonstruktion

Die Einwohner Chinas galten den Missionaren und Reisenden zunächst als weißhäutiges Volk, ähnlich den Europäern. Da man ab dem 18. Jahrhundert an einen Zusammenhang von Hautfarbe und Charakter sowie an eine strikte kulturelle Hierarchie vom weißen Europäer zum schwarzen Afrikaner glaubte, wurde die dunklere Hautfarbe zum Indikator für Minderwertigkeit. Auf der Suche nach einer wissenschaftlichen Einteilung der Menschen nach Hautfarben musste für die Chinesen, die sich vor allem in ihrer Kultur deutlich von den Europäern unterschieden, eine Farbe gefunden werden. Asiaten wurden schließlich zwischen weiß und braun angesiedelt und im Laufe der Zeit immer gelber. Den Ausschlag für die Farbe Gelb mag die Verwendung dieser Farbe in China selbst gewesen sein. Sie war das Symbol für das Reich der Mitte sowie für das Herrscherhaus.

Auch die Menschen, die die Europäer in der „Neuen Welt" antrafen, hatten eine völlig andere Kultur als das christliche Abendland. Deswegen wurde bei ihrer Beschreibung zunächst mehr Wert auf ihre Ausstattung und ihr Verhalten gelegt als auf ihr Erscheinungsbild. Sie galten zunächst als den Europäern ähnlich mit weißer bis olivfarbener Haut. Carl von Linné bezeichnete die Indianer als „rubescens", also rötlich. Diese Einschätzung geht auf die durch Reiseberichte

bekannte rote Hautbemalung zurück, die Linné bei seiner Beschreibung jedoch verschwieg.

Chinesen

93. Gelbgründige Drachenrobe, Staatliche Museen zu Berlin, Preußischer Kulturbesitz, Ethnologisches Museum, Inv.Nr.: ID39626

94. Dachteil, Ziegel mit Hundekopf, gelb glasiert, Verzierung eines Tempeldaches, Völkerkundliche Sammlung der Universität Göttingen, Inv.Nr.: As2034

95. Ziegel mit Drachenmuster, gelb glasiert, 30 x 12 cm, Ming-Gräber (1367-1644), Völkerkundliche Sammlung der Universität Göttingen, Inv.Nr.: As1998

96. Ockerfarbener Chinese, Marionette, Europa, 20. Jh., evtl. 30er Jahre, Holz und Textil, Figur, H 60 cm, B 25 cm, Münchner Stadtmuseum, Puppentheatermuseum

97. Schachspiel, Frankreich, gelbes Kästchen mit Chinesendarstellung auf dem Deckel, mit 32 Schachfiguren aus Knochen und Horn, 19. Jh., Landesmuseum für Natur und Mensch Oldenburg, Inv.Nr.: S261

Körperbemalung der Indianer

98. Körperfarbe, Nordostamerika, Überseemuseum Bremen, Inv.Nr.: C06202

99. Pinsel, Nordwestamerika, Überseemuseum Bremen, Inv.Nr.: C00063

100. Pinsel, Nordwestamerika, Überseemuseum Bremen, Inv.Nr.: C00064

101. Farbspatel, Nordwestamerika, Überseemuseum Bremen, Inv.Nr.: C00065

102. Farbreibstein, Nordwestamerika, Überseemuseum Bremen, Inv.Nr.: C00066

103. Farbholz, rotbraune Gesichtsfarbe,
L 10,5 cm, B 3 cm,
Völkerkundliche Sammlung der
Universität Göttingen,
Inv.Nr.: Am535

Farbsymbolik Schwarz-Weiß

Die schwarze Farbe war eine alte Symbol-
farbe. Schwarz, als Farbe der Nacht,
wurde in fast allen Kulturen mit negativen
Assoziationen besetzt. Das Schwarze
stand sowohl in der klassischen Antike
als auch in der germanischen und christlichen Religion für Bedrohung und
Gefahr, Unglück, Übel und Schmutz. In
der Religion symbolisierte diese Farbe
den Tod, die Unterwelt oder den Teufel.
Entsprechend wurde sie auch zum
Zeichen der Sünde und der Heiden.
In all diesen Zuschreibungen war
„Schwarz" ein Synonym für das Böse.
Erst durch die Kreuzzüge entstand die
Verbindung zwischen dunkler Hautfarbe
und negativen Eigenschaften. Die dunkelhäutigen Heiden, gegen die man
kämpfte, wurden mit dem „Bösen"
gleichgesetzt. Die Farbsymbolik unter-
stützte später die Abwertung der
Afrikaner.

104. Meister des Palanter Altars: Erret-
tung der armen Seelen aus dem
Fegefeuer, um 1425, Gemälde,
Reproduktion,
Suermondt-Ludwig-Museum
Aachen, Inv.Nr.: GK 0308
105. Schwarzer Peter, Kartenspiel, ohne
Jahresangabe, Deutsches
Spiele-Archiv e. V. Marburg,
Inv.Nr.: 1314
106. Schwarzer Peter, Kartenspiel, um
1900, 8 x 5,8 cm, Deutsches
Historisches Museum Berlin,
Inv.Nr.: AK94/360
107. „Zwei dunkle Punkte", Postkarte,
Sammlung Peter Weiss, Hamburg,
Inv.Nr.: 8018
108. Waschmittelwerbung, schwarzes
Kind wäscht sich die Haut weiß,
Postkarte, Peter Weiss, Hamburg,
Inv.Nr.: 821004

Interesse an Anatomie wächst

109. Totenschädel, geschnitzt, Elfenbein,
süddeutsch, 17. Jh., H 9,5 cm,
B 14 cm, T 9,5 cm,
Herzog Anton Ulrich-Museum
Braunschweig,
Inv.Nr.: Elf60
110. „Anatomisches Modell in Gestalt ei-
nes Mohren", Doppelfigur, wahr-
scheinlich Schaustück einer Apo-
theke, Lindenholz, farbig bemalt,
ca. 1790,
Germanisches Nationalmuseum
Nürnberg,
Inv.Nr.: Pl.O.2947

Rassenforschung

Mit fortschreitender Säkularisierung und
der Verbreitung der Naturwissenschaften
im 19. Jahrhundert sollte auch die Einteilung der Menschheit in Merkmals-
kollektive genau und nachvollziehbar
erfolgen. Anthropologen und Ethnologen
entwickelten Instrumente, mit denen
Körperdaten exakt gemessen und verglichen werden konnten. Die bei Feld-
forschungen und im Labor zusammenge-
tragenen Daten bildeten die Grundlage
für vermeintlich objektive Typologien,
die die Einteilung der Menschheit in
verschiedene Rassen verfeinern und
untermauern sollten.

Typologien

111. „Formen von Gesichtsmasken nach
Lebenden abgenommen von Dr. A.
Greef", Foto, um 1900,
Linden-Museum Stuttgart,
Inv.Nr.: Anthropologie Allgem. 1
112. Holzschnitt nach einem Foto der
Afandy, 1869/1871,
Württembergische Landesbiblio-
thek Stuttgart,
Sign.: Za 17 – 14.1871
113. Dissertation: Alexander Götte, Ue-
ber das Haar eines Buschweibes im
Vergleich mit anderen Haarformen,
1867, Württembergische Landes-
bibliothek Stuttgart, Sign.: 9436,

114. Dissertation: Karl Görtz, Ueber das
Becken eines Buschweibes, 1868,
Württembergische Landesbibliothek Stuttgart, Sign.: 9438
115. Dissertation: Julius Ludwig August
Koch, Ueber das Hirn eines Buschweibes, 1867,
Württembergische Landesbibliothek Stuttgart, Sign.: 9435
116. Fünf Gesichtsmasken von Südsee-
bewohnern, um 1880, Gips, koloriert, Universitätsklinikum Charité,
Institut für Anthropologie im ZHG
Berlin
a. Majom, m, ca. 45 J.,
b. Taganu, m, ca. 32 J.,
c. Makiri, m, ca. 56-60 J.,
d. Atikio, w, ca. 22 J.,
e. Zumtau, m, ca. 20 J.
117. Schädel (Nordamerika), Ponka-In-
dianer, mit Etikett des Army Medi-
cal Museums, Universitätsklinikum
Charité, Institut für Anthropologie
im ZHG Berlin, Inv.Nr.: RV 1023
118. Schädel (Südamerika, Chile), Hua-
nilla, Geschenk des Dr. Dessauer
Valparadiso, 1875,
Universitätsklinikum Charité,
Institut für Anthropologie im ZHG
Berlin, Inv.Nr.: RV1160
119. Zwei Porträtbüsten, Pygmäe, nach
Gesichtsmaske angefertigt, Gips,
zwei Ausführungen, eine heller
Gips, die andere dunkel koloriert,
Naturhistorisches Museum Wien,
Inv.Nr.: 21.361
120. Rassenbüsten, etwas überlebens-
groß, Gips, Kopien einer Serie des
Pariser Musée de l'Homme aus der
zweiten Hälfte des 19. Jhs.,
Historische Anthropologie und Humanökologie, Institut für Zoologie
und Anthropologie, Georg-August-
Universität Göttingen, wissenschaftshistorischer Sonderbestand
a. Zash-Ka-Mon-Ya, ... (?), (Amerique
du Nord) – Nordamerikaner,
Inv.nr: 14 An 22
b. Koko-Anga. Lou-Ma-... (?), Ile
manga-kéva, (Archipel Gambier), -
Südseebewohner, Inv.nr.: 9 An 14

c. Polonais, (General) – Europäer, Inv.nr.: 5 An 21

d. Dolant-Inhambane, ... (?), (Afrique orientale) – Ostafrikaner, Inv.nr.: 16 An 18

e. Kakaley de Toir Toi, Ile Isabelle, (Archipel Salomon) – Südseebewohner, Inv.nrs.: 10 An 9

121. Sechs ethnologische Schädel, Landesmuseum für Natur und Mensch Oldenburg

a. Afrikaner, Kamerun, [ehem. dt. Kolonie],

b. Australneger, Queensland

c. Asiate (?),

d. Europäer

e. Ainu, Japan

f. Maori,

122. „Die fünf Menschenrassen", Schulwandbild, 58 x 89 cm , Nordwetsdeutsches Schulmuseum Friesland, Zetel, Inv.Nr.: 816

123. Metallmasken von Asiaten, nach Abgüssen von der Natur, angefertigt als Rassentypologie von der ethnographischen Gesellschaft, Schlagintweitsche Sammlung, Universitätsklinikum Charité, Institut für Anatomie, Berlin:

a. Gesichtsmaske eines Yarkandi (Turkestan), Nr. 254, Ethnograpische Racen-Typen, Inv.Nr.: A.N.21446/N.C.967

b. Gesichtsmaske eines Bhot (Lhassa), Nr. 213, Ethnograpische Racen-Typen, Inv.Nr.: A.N.21445/N.C.906

c. Gesichtsmaske eines Mussalman (Bengalen), Nr. 143, Ethnograpische Racen-Typen, Inv.Nr.: 21444/N.C.695

124. Portrait von einem Buschmann, Südafrika, mit Detailzeichnung des „Pfefferkornhaares", ca. 30 x 50 cm, Institut für Ethnologie der Universität Leipzig

125. „Die Rassenverteilung in Europa und seinen Grenzgebieten", Wandtafel von Bruno K. Schulz, München, „für den rassenkundlichen Unterricht", Institut für Ethnologie der Universität Leipzig

126. Wandtafel von Otto Reche: „Die Verbreitung der Menschenrassen", auf der alle Kontinente abgebildet sind, Institut für Ethnologie der Universität Leipzig

127. Handgezeichnete Weltkarte, auf der die einzelnen Erdteile entsprechend der Hautfarbe koloriert sind, Institut für Ethnologie der Universität Leipzig

128. „Bilder außereuropäischer Rassen", zwei Wandbilder, Institut für Ethnologie der Universität Leipzig:

a. Asien

b. Amerika, Afrika, Australien, Ozeanien

129. Negativgussformen für die Anfertigung von „Rassenschädeln" (Lehrmittel), um 1935, Dresden, Deutsches Hygiene-Museum Dresden

a. Schädelform ohne Unterkiefer, „Westisch", Inv.Nr.: 1997/1179.1

b. Unterkieferform, „Westisch", Inv.Nr.: 1997/1179.2

c. Gipspositiv/Schädel ohne Unterkiefer (2 Teile), „Schädelform Westisch", 1933-1935, L 18 cm, B 18 cm, H 15 cm, Inv.Nr.: 1977/1179.3

d. Gipspositive auf einer Grundplatte zur Anfertigung von Negativteilen einer Schädelform, „Westisch", Inv.Nr.: 1998/1657

e. Schädelform ohne Unterkiefer, „Nordisch", Inv.Nr.: 1997/1184.1

f. Schädelform ohne Unterkiefer, „Fälisch", Inv.Nr.: 1997/1182.1

g. Unterkieferform „Fälisch", Inv.Nr.: 1997/1182.2

h. Schädelform „Neg." ohne Unterkieferform, Inv.Nr.: 1997/1180.1

i. Unterkieferformen, „Ne", Inv.Nr.: 1997/1180.2

130. Bilder deutscher Rassen 1, [Nordisch, Fälisch, Westisch], um 1935, 99 x 74,5 cm, Nordwestdeutsches Schulmuseum Friesland, Zetel, Inv.Nr.: 801

131. Bilder deutscher Rassen 2, [Ostbaltisch, Ostisch, Dinarisch], um 1935, 99 x 74,5 cm, Nordwestdeutsches Schulmuseum Friesland, Zetel, Inv.Nr.: 802

132. Die Schädel der heutigen Menschenrassen, 82 x 104 cm, Schulwandbild, Nordwestdeutsches Schulmuseum Friesland, Zetel, Inv.Nr.: 820

Anthropometrische Messgeräte

133. Winkelmesser/Goniometer, Universitätsklinikum Charité, Institut für Anthropologie im ZHG Berlin

134. Tasterzirkel, klein, Kraniometer, Universitätsklinikum Charité, Institut für Anthropologie im ZHG Berlin

135. Gleitzirkel, Universitätsklinikum Charité, Institut für Anthropologie im ZHG Berlin

136. Stahlbandmaß, Universitätsklinikum Charité, Institut für Anthropologie im ZHG Berlin

137. Kubuskraniophor, Universitätsklinikum Charité, Institut für Anthropologie im ZHG Berlin

138. Haarfarbentafel, Universitätsklinikum Charité, Institut für Anthropologie im ZHG Berlin

139. Vermessungsstuhl, Naturhistorisches Museum Wien

140. Mandibulometer, Naturhistorisches Museum Wien

141. Augenfarbentafel, Naturhistorisches Museum Wien

142. Tasche mit anthropometrischen Messgeräten zur Schädelmessung, Institut für Anatomie der Universität Leipzig

143. Tasche mit anthropometrischen Messgeräten zur Beckenmessung, Institut für Anatomie der Universität Leipzig

144. Haarfarbentafel, um 1907, 30 Farbtöne, im silbernen Etui, entworfen von dem Anthropologen Eugen Fischer. Sie hat 30 Farbtöne aus versponnener Zellulose und wurde in einem silbernen Etui (41 x 11 cm) geliefert, Institut für Ethnologie der Universität Leipzig

Evolution

Im ausgehenden 19. Jahrhundert bemühte man sich, die Evolution zu beweisen. Vor allem die Ähnlichkeit der Embryonen verschiedener Tiere mit denen des Menschen war ein schlagkräftiges Argument für die Entwicklung aller Lebensformen aus einem gemeinsamen Vorfahren. Die Mechanismen der Selektion sollten schließlich zum vermeintlichen Wohle der Menschheit praktisch angewendet werden, um eine Emporentwicklung der Menschheit zu fördern.

145. Fünf Embryonenreihen, in Glasküvetten, [Fisch, Amphibie, Reptilie, Vogel, Mensch], Zoologisches Museum der Universität Göttingen
146. Diverse Zeichnungen von Haeckel aus der Anthropogenie, Landesmuseum für Natur und Mensch Oldenburg
147. Stammbaum aus Haeckels Anthropogenie, Landesmuseum für Natur und Mensch Oldenburg
148. Affenfetus (Wachshohlkörper), Semnopithecus pruinosus, Selenkas Nachlass, Vergrößerung 6:1, Firma Friedrich Ziegler in Freiburg i.B., Universitätsklinikum Charité, Institut für Anatomie, Berlin, Serien-Nr.: 987
149. Affenfetus (Wachshohlkörper), Hylobates mülleri (Suitang), Selenkas Nachlass, Vergrößerung 6:1; Firma Friedrich Ziegler in Freiburg i.B., Universitätsklinikum Charité, Institut für Anatomie, Berlin, Serien-Nr.: 987
150. Menschlicher Fetus von etwa 70 Tagen (Wachshohlkörper), Keibelsche Sammlung, Vergrößerung 6:1, Firma Friedrich Ziegler in Freiburg i. B., Universitätsklinikum Charité, Institut für Anatomie, Berlin, Serien-Nr.: 987

151. Fünf Originalzeichnungen der Affenembryonen von Selenka, Universitätsklinikum Charité, Institut für Anatomie Berlin:
a. ein Zeichenkarton mit einer Zeichnung, Semnopithecus pruinosus, Vergrößerung 5:1,
b. Ein Zeichenkarton mit vier Zeichnungen, Cercocebus cynomolgus, Vergrößerung 5:1
152. Originalschnittreihen Selenkas durch einen Affenembryo: Macacus (Cerocebus cynomolgus) Hubrecht, mikroskopische Serienschnitte eines Affenfetus, vergrößert, graphische und plastische Rekonstruktionsmethode, Universitätsklinikum Charité, Institut für Anatomie Berlin
153. Menschliche Embryonenreihen, Feuchtpräparat, vier runde Gläser, (8.-32. Woche), Universitätsklinikum Charité, Institut für Anatomie Berlin

Rassenhygiene

Die Entdeckung der Vererbungsgesetze führte zu der Annahme, dass die Vererbung von Merkmalen und Eigenschaften rein biologisch bedingt sei. Folglich wurde die Abstammungsgemeinschaft zum Kriterium der Güte des Einzelnen erklärt. Seiner biologischen Disposition konnte das Individuum also nicht entkommen. Den verschiedenen „Rassen" wurden unterschiedliche Wertigkeiten zugewiesen. Als wertvollste Rasse galten die „Arier", die sich allerdings durch die Vermischung mit angeblich minderwertigen Rassen akut in ihrem Fortbestand und ihrer Superiorität, d. h. in ihrer Rasseeinheit bedroht fühlten. Diese Annahmen führten einerseits dazu, dass Menschen durch das Zurückverfolgen ihrer Vorfahren ihre „arische" Abstammung nachwiesen und daraus eine angeborene Überlegenheit ableiteten. Andererseits wurden eugenische Massnahmen ersonnen: Die gezielte Vermehrung vermeintlich rasseiner Menschen sollte die ei-

gene Art verbessern; die Ausbreitung unvorteilhafter Erbanlagen wurde zu verhindern versucht, indem man „erbkranken" oder „rassisch minderwertigen" Menschen die Fortpflanzung verbieten wollte.

154. Natur und Staat. Beiträge zur naturwissenschaftlichen Gesellschaftslehre, Band I. bis IX., veröffentlichte Beiträge des Preisausschreibens vom 1. 1. 1900 mit dem Thema: Was lernen wir aus den Prinzipien der Descendenztheorie in Beziehung auf die innerpolitische Entwicklung und Gesetzgebung der Staaten?, Landesbibliothek Oldenburg, Sign.: Nw II, 1/320
155. „Die Mendel'schen Regeln gelten auch für den Menschen (Vererbung der Augenfarbe)", Deutsches Hygiene Museum, C. C. Meinhold & Söhne, Dresden, H 56 cm, B 84 cm, Nordwestdeutsches Schulmuseum Friesland, Zetel, Inv.Nr.: 1733
156. „Die richtige Gattenwahl ist die Voraussetzung für eine wertvolle und glückliche Lebensgemeinschaft. Entscheide Dich erst, wenn sich ein klares Bild über die Erbanlagen der Sippe des anderen ergeben hat", Schautafel, Hauptstaatsarchiv Stuttgart, Inv.Nr.: E151 KIV, Bu34
157. „Der Untermensch", Broschüre, Schlossmuseum Jever

„Schwarze Schmach"

Bei der Besetzung des Rheinlandes durch die Franzosen nach der deutschen Niederlage im Ersten Weltkrieg kam es zum Einsatz von dunkelhäutigen Soldaten aus den französischen Kolonien in Afrika. Gleichwohl sich die Empörung vor allem gegen Frankreich richtete, waren die Afrikaner Anlass zu einer umfangreichen Kampagne, die sich rassistischer Argumente bediente und durch die Schlagwörter „Schwarze Schmach" und „Schwarze Schande" die angebliche Opferrolle des deutschen Volkes betonte.

158. Postkarte: „Der Verteidiger der Kulturen", 1917, 14 x 8,8 cm, Deutsches Historisches Museum Berlin, Inv.Nr.: PK2000/5
159. „Die Wacht am Rhein – die schwarze Schande", zwei identische Münzen, Bronze, 1920, D 5,8 cm, Deutsches Historisches Museum Berlin, Inv.Nr.: N77/1595 (MfDG) Inv.Nr.: N82/145 (MfDG)

Ariermythos

Die Entdeckung, dass Gemeinsamkeiten zwischen der keltischen, germanischen, griechischen, persischen und indischen Sprache bestehen, führte im Laufe des 19. Jahrhunderts zu der Annahme, dass diese Sprachgruppen von einem hochentwickelten Urvolk abstammen müssten. Friedrich Schlegel prägte hierfür in Anlehnung an Herodot den Begriff „Arier". Der „Arier" wurde schnell von völkischen Kreisen zum von der angeblich dekadenten Zivilisation verdrängten, moralisch hochwertigen Naturmenschen stilisiert. Bald setzte man ihn mit einem blonden, starken, kriegerischen und treuen Germanen gleich, der seiner Scholle verbunden vom Ackerbau lebte. In vorgeschichtlichen Zeugnissen und Runen glaubte man Spuren seiner Vorfahren zu erblicken. Von Ariosophen und völkischen Gruppen wurde eklektizistisch die klassische Antike, die Sage von Atlantis sowie die Gegenüberstellung von Hell und Dunkel in den Mythos vom „Arier" einbezogen. Die Verbreitung der Vererbungslehre führte zur Annahme, dass der „Arier" eine reine Rasse sei, die im Gegensatz zur semitischen Sprach- und Volksgruppe stehe.

Symbolik

160. Hugo Höppener (Fidus): Lichtgebet, 1894 oder 1924, Öl auf Leinwand, Reproduktion, Deutsches Historisches Museum Berlin
161. Gisbert Palmié: „Segen der Arbeit", vor 1939, Öl auf Leinwand, 145 x 285 cm, Deutsches Historisches Museum Berlin, Inv.Nr.: L98/418
162. Runenkalender, Nordeuropa, 17./18. Jh., Holz, L 95 cm, D 5 bzw. 4 cm, Herzog Anton Ulrich-Museum Braunschweig, Inv.Nr.: Hol116
163. Runenkalender, Nordeuropa, 17./18. Jh., Holz, L 120 cm, D 5 bzw. 4 cm, Herzog Anton Ulrich-Museum Braunschweig, Inv.Nr.: Hol117
164. Aufgeschlagene Buchseite: „Die Sitten der Völker" von Dr. Georg Buschan, Bd. 4, 1922, S. 6/7, Landesmuseum für Natur und Mensch Oldenburg
165. Gebrauchskeramik, runenverziert: drei große Vorlegeteller, Kreismuseum Wewelsburg
166. Tongefäße mit Hakenkreuzmotiven, Landesmuseum für Natur und Mensch Oldenburg, Inv.Nr.: 7034
167. Hakenkreuzfibel, Landesmuseum für Natur und Mensch Oldenburg
168. Schweine-(Eber-)gefäß mit Hakenkreuzen, Nachbildung, Niedersächsisches Landesmuseum Hannover
169. „Das Hakenkreuz als Sinnbild der Geschichte", Schulwandbild, H 70 cm, B 98 cm, Nordwestdeutsches Schulmuseum Friesland, Zetel, Inv.Nr.: 2075

Abstammungsnachweis

170. Ahnenpass, beglaubigt, 1939, Nachweis über die arische Abstammung, Schlossmuseum Jever
171. Briefwechsel mit dem Amt für Sippenforschung, Schlossmuseum Jever
172. Brief von Rudolf Christians mit der Bitte, den Abstammungsnachweis zu erstellen, Schlossmuseum Jever

Juden

Seit der Christianisierung wurde die religiöse Gruppe der Juden von den Christen als anders und fremdartig empfunden. Dieses drückte sich aus in der Kennzeichnung jüdischer Personen, z. B. durch den Judenhut oder den „gelben Fleck", den räumlichen Ausschluss aus der Gemeinschaft und durch Legenden über den zerstörerischen Einfluss der Juden. Im Zuge der Aufklärung und der bürgerlichen Gleichstellung veränderten sich die Stereotype. Der Jude blieb jedoch das Feindbild: er wurde zum Betreiber des Kapitalismus und des Sozialismus erklärt, galt sowohl als faul wie auch als Bedrohung des Mittelstandes. Auch am jüdischen Körper suchte man früh Unterschiede zu erkennen und fand sie vor allem in der vermeintlich negroiden, angeblich riesigen krummen Nase und im Blut, das in der jüdischen und christlichen Religion große, aber unterschiedliche Bedeutung hat. Mit dem Aufkommen der Rassenhygiene wurde das jüdische Blut zum Gegenbild des arischen Blutes, Menschen jüdischer Abstammung zu Feinden der arischen Rasse erklärt.

Kultgegenstände
173. Menora, Messing, Braunschweigisches Landesmuseum, Jüdische Abteilung, Inv.Nr.: LMB26946
174. Tora, Braunschweigisches Landesmuseum, Jüdische Abteilung, Inv.Nr.: LMB21361

175. Tefillin,
Braunschweigisches Landes-
museum, Jüdische Abteilung,
Inv.Nr. Zg2990/15

176. Chanukka-Leuchter,
Braunschweigisches Landes-
museum, Jüdische Abteilung
Inv.Nr.: LMB 26949

177. Schabbatleuchter,
Jüdisches Museum Westfalen in
Dorsten,
Inv.Nr.: 89/16

178. Chanukka-Leuchter in Bankform,
Jüdisches Museum Westfalen in
Dorsten,
Inv.Nr.: 89/45

179. Sederteller,
Jüdisches Museum Westfalen in
Dorsten,
Inv.Nr.: 89/267

180. Lesepult,
Jüdisches Museum Westfalen in
Dorsten,
Inv.Nr.: 91/18

181. Toraschild, Jüdisches Museum
Westfalen in Dorsten,
Inv.Nr. 91/24

Jüdische Physiognomie

182. August Rentzell: „Die Pfandleihe",
1842, Öl auf Leinwand,
63,5 x 80,5 cm,
Deutsches Historisches Museum
Berlin,
Inv.Nr.: 1989/2671

183. Arnold Böcklin: Susanna im Bade,
Öl auf Leinwand, 1888,
Landesmuseum für Kunst und
Kulturgeschichte Oldenburg
Inv.Nr.: LMO13, 996

184. Postkarte: Jude mit stark überzeich-
neter Nase, 20. Jh.,
Jüdisches Museum Wien,
Inv.Nr.: D61

185. Spazierstock, Griff in Form einer
überzeichneten Nase, 19. Jh.,
Jüdisches Museum Wien,
Inv.Nr.: FG195

Populäre Stereotype

186. Antisemitische Marionette „Juden-
sau", eine Seite Schwein, andere
Seite jüdischer Händler, Karton,
H 66 cm x B 18 cm, [bzw. H 18 cm,
B 66 cm, je nach Stellung der
Marionette], Fadenlänge beliebig,
Münchner Stadtmuseum,
Puppentheatermuseum,
Inv.Nr.: 14776

187. Jüdischer Kleinhändler, Theatrum
mundi, Holz, Textil, Metall,
H 53 cm x B 23 cm,
Münchner Stadtmuseum,
Puppentheatermuseum,
Inv.Nr.: 9496

188. Jude, Theaterpuppe, Holz und
Textil, H 47 cm, B 16 cm,
Münchner Stadtmuseum,
Puppentheatermuseum,
Inv.Nr.: 43944

189. Jude, Handpuppe, H 41 cm,
Münchner Stadtmuseum, Puppentheatermuseum, Inv.Nr.: 9103

190. Jude, Handpuppe, H 35 cm,
Münchner Stadtmuseum, Puppentheatermuseum, Inv.Nr.: 41524

191. Börsenspekulant, Kerzenleuchter
mit der Aufschrift „hausse",
Jüdisches Museum Wien,
Inv.Nr.: FG60

192. Darstellung zweier Börsenjuden,
Statuette mit der Aufschrift:
„Ein Börsengeheimnis",
Jüdisches Museum Wien,
Inv.Nr.: FG82

193. Wackelkopf-Figur: Börsen-Jude,
um 1870(?),
Jüdisches Museum Wien,
Inv.-Nr.: FG175

Politischer und alltäglicher Antisemitis-
mus

194. Politischer Bilderbogen No. 16.
„Die Juden im Reichstag!",
Dresden, 1895, Verlag der
Druckerei Glöss, Lithographie,
50,1 x 64,2 cm,
Deutsches Historisches Museum
Berlin,
Inv.Nr.: 1988/1858, 13

195. „Es tut mir in der Seele weh, Daß
ich dich in der Gesellschaft seh!",
Der Hakenkreuzler, Febr. 1926,
Nr. 3, Titelblatt, Reproduktion
Bundesarchiv Koblenz,
Sign.: ZSg. 2/50

196. „Hinter den Feindmächten: der
Jude", Plakat der Reichspropagan-
daleitung, um 1941, Reproduktion,
Bundesarchiv Koblenz

197. Steinzeugkrug mit antisemitischen
Abbildungen und Texten, um 1910,
[„Da ist der Michel aufgewacht und
hat sie auf den Schub gebracht."]
Rheinisches Freilichtmuseum und
das Landesmuseum für Volkskunde
Kommern, Mechernich-Kommern,
Inv.Nr.: 74/170

198. Theodor Fritsch: Antisemiten-Kate-
chismus, 10. Aufl., Verlag Fritsch
1891, Jüdisches Museum Rendsburg, Inv.Nr.: 1991/55

199. Theodor Fritsch: Handbuch der Judenfrage, 42. Aufl., Hammer-Ver-
lag, 1938, Jüdisches Museum
Rendsburg, Inv.Nr.: 1994/25

200. Ernst Hiemer: Der Giftpilz, 1938,
Nürnberg, Kinderbuch des
Stürmer-Verlags,
Jüdisches Museum Wien,
Inv.Nr.: NH4

201. Buch: Elvira Bauer, Trau keinem
Fuchs auf grüner Heid, und keinem
Jud bei seinem Eid"
Jüdisches Museum Westfalen in
Dorsten,
Inv.Nr.: 91/24

Juden als Rasse

202. Plakat: Rassenschande, um 1936,
Linoldruck, 84 x 59,4 cm,
Deutsches Historisches Museum
Berlin

203. Eugen Dühring: „Die Judenfrage als
Frage der Racenschädlichkeit,
Karlsruhe/Leipzig 1886, 3. Verbes-
serte Auflage [Erstauflage stammt
aus dem Jahre 1881],
Jüdisches Museum Wien

Kennzeichnung der Juden im 3. Reich

204. Reisepass des Deutschen Reiches von Gertrud Kugelmann, mit eingestempeltem „J", Stadtarchiv Oldenburg (Oldb), Archivsign. N 17 Nr. 2

205. Reisepass des Deutschen Reiches von Günter Goldschmidt, mit eingestempeltem „J", Stadtarchiv Oldenburg (Oldb) Archivsign. N 17 Nr. 3

206. Kennkarte des Deutschen Reiches für Charlotte Seligmann, mit eingestempeltem „J", Stadtarchiv Oldenburg (Oldb) Archivsign. N 17 Nr. 4

207. Judenstern aus Stoff, abgetrennt, 9 x 10 cm Stadtarchiv Oldenburg (Oldb), Archivsign. N 17 Nr. 6

Angesehen werden

208. Friedrich Peter Hiddemann: „Ein unerwarteter Mitreisender", 1892, Öl auf Leinwand, 61 x 73,3 cm, Deutsches Historisches Museum Berlin Inv.Nr.: Gm98/40

Blick auf die Europäer

Die Bewohner der europäischen Kolonien wurden von den „Kolonialherren" als fremd, wild und gegensätzlich empfunden. Genauso fremd waren die Europäer und ihre Verhaltensweisen jedoch auch für die Kolonisierten. Ihre Wahrnehmung der Fremden war ebenfalls durch ihren soziokulturellen Hintergrund geprägt, so dass sie Aspekte der europäischen Herrschaft wahrnahmen und künstlerisch verarbeiteten, die in der europäischen Selbstdarstellung fehlten.

209. Bemaltes Holzboot, mit afrik. Besatzung und einem überdimensionalen, sitzenden Europäer in der Mitte, Kamerun, vor 1898, L 253 cm, H 34 cm, Überseemuseum Bremen, Inv.Nr.: B00435

210. Nackter Europäer mit Tropenhelm, vor 1907, H ca. 79 cm, Überseemuseum Bremen, Inv.Nr.: B01362

211. Afrikaner tragen Europäer in Wanne, Metall, Überseemuseum Bremen, Inv.Nr.: B13571

212. Europäer mit Tropenhelm und Jacke, Holz, H ca. 25 cm, Völkerkundliche Sammlung der Universität Göttingen, Inv.Nr.: Af976

213. Europäer mit Spazierstock und Flasche, H ca. 25 cm, Völkerkundliche Sammlung der Universität Göttingen, Inv.Nr.: Af 958

214. Europäer mit Mütze und Schnurrbart, H ca. 25 cm, Völkerkundliche Sammlung der Universität Göttingen, Inv.Nr.: Af960

215. Europäer mit Tropenhelm im schwarzen Anzug mit Krawatte, H 109 cm, Römer-Pelizäus-Museum Hildesheim, Inv.Nr.: V10473

216. Europäer mit sehr dickem Bauch, grüner Hose und Krawatte, rötlichbrauner Teint, H 46 cm , Römer-Pelizäus-Museum Hildesheim, Inv.Nr.: V10478

217. Bambara, Europäer auf Pferd, Holz und Textil, H 72 cm, B 38 cm, Münchner Stadtmuseum, Puppentheatermuseum, Inv.Nr.: 45534

218. Reiterfigur, Holz, nackter Europäer mit verdrehten Beinen auf dem Pferd, Yoruba, Togo, H 41 cm, Linden-Museum Stuttgart Inv.Nr.: 14.110

219. Reiterfigur, Terrakotta, Europäer auf Pferd, Babessi, Kamerun, 20. Jh., H 14,5 cm, Linden-Museum Stuttgart, Inv.Nr. 59641

220. Gelede-Maske mit roter Gesichtsfarbe, Europäer (Portugiese oder Franzose) mit Jockeymütze, Holz, H ca. 30 cm, Privatsammlung J. Späth, Friedberg

221. Europäer reitet auf Leoparden, Yoruba, Holz, H 44 cm, L 56 cm, Privatsammlung J. Späth, Friedberg

222. Europäer sitzt auf einem Stuhl und wird bedient (von einem Afrikaner?), Baule, H 27 cm, Privatsammlung J. Späth, Friedberg

223. Darstellung eines Lehrers, Yoruba, Holz, H 32 cm, B 10 cm, Privatsammlung J. Späth, Friedberg

224. Zwei Europäer mit Zylinder (?), Atie, H 19 cm und 19,5 cm Privatsammlung J. Späth, Friedberg

225. Mann in kurzer Hose, dümmlicher Gesichtsausdruck, H 64,5 cm Privatsammlung J. Späth, Friedberg

226. Frau im bunten Kleid mit rosa Hautfarbe, H 64 cm Privatsammlung J. Späth, Friedberg

227. Mann in kurzen Hosen mit Krawatte und Tropenhelm, Ewe, H 63,5 cm Privatsammlung J. Späth, Friedberg

228. Mann und Frau, beide mit Tropenhelm und jeweils auf einem Stuhl hockend Privatsammlung J. Späth, Friedberg

229. Nackter Europäer mit Tropenhelm, mit gespreizten Beinen sitzend, (Ikenga), Igbo, Holz, 93 cm x 27 cm Privatsammlung J. Späth, Friedberg

230. Europäer in Uniform, Aschanti, H 45 cm Privatsammlung J. Späth, Friedberg

231. Makonde-Maske, „Portrait einer holländischen Köchin", Mosambik, Tansania, Privatsammlung J. Späth, Friedberg

232. Maske, „Portrait einer geschminkten Europäerin", Igbo, Holz, 30 x 19 cm Privatsammlung J. Späth, Friedberg

Dr. Hans-Michael Bernhardt
Solinger Straße 4
10555 Berlin

Prof. Dr. Walter Demel
Universität der Bundeswehr München
Historisches Institut
Werner-Heisenberg-Weg 39
85577 Neubiberg

Dr. Stefan Eisenhofer
Staatliches Museum für Völkerkunde
Maximilianstr. 42
80538 München

Dr. Rainer Erb
Zentrum für Antisemitismusforschung
der TU Berlin
Ernst-Reuter-Platz 7
10587 Berlin

Dr. Rainer Fabian
Carl von Ossietzky Universität
FB 3: Institut für Soziologie
26 111 Oldenburg

Prof. Dr. Dr. Reimer Gronemeyer
Institut für Soziologie
FB 03 Sozial- und Kulturwissenschaften
Karl-Glöckner-Staße 21 E
35394 Gießen

Dr. Gudrun Hentges
Universität zu Köln
Seminar für Sozialwissenschaften
Abteilung für Politikwissenschaft
Gronewaldstr. 2
50931 Köln

Prof. Dr. phil. Wulf D. Hund
Hochschule für Wirtschaft und Politik
Von-Melle-Park 9
20146 Hamburg

Prof. Dr. Siegfried Jäger
Gerhard-Mercator-Universität
FB 3: Germanistik
Lotharstr. 65
47057 Duisburg

Prof. Dr. Rudolf Leiprecht
Stichting Beeldvorming & Onderzoek Int.
Bilderdijkkade 65 a
NL – 1053 VJ Amsterdam

Dr. phil. Peter Martin
Hamburger Stiftung für Förderung
von Wissenschaft und Kultur
Neuer Kamp 25
20359 Hamburg

Dr. Clara Mayer-Himmelheber
Rautenstrauch-Joest
Museum für Völkerkunde
Ubierring 45
50678 Köln

Dr. habil. Henning Melber
Research Director
The Nordic Africa Institute
P.O. Box 1703
SE-751 47 Uppsala, Schweden

Dr. Wolfgang Mey
Museumsdienst Hamburg
Glockengießerwall 5a
20095 Hamburg

Dr. phil. Sigrid Oehler-Klein
Institut für Geschichte der Medizin
Jheringstr. 6
35392 Gießen

Prof. Dr. Reiner Pommerin
Technische Universität Dresden
Institut für Geschichte
Mommsenstr. 13.
01069 Dresden

Prof. Dr. Klaus von See
Johann Wolfgang Goethe-Universität
FB: Neuere Philologien
Institut für Skandinavistik
Große Seestr. 32-34
60486 Frankfurt am Main

Hans-Konrad Schmutz
Naturwissenschaftliche Sammlungen
Museumsstr. 52
Ch-8402 Winterthur

Dr. Hilke Thode-Arora
Paul Klee Str. 72
85570 Markt Schwaben

Iris Wigger
Hochschule für Wirtschaft und Politik
FG Soziologie
Von-Melle-Park 9
20146 Hamburg

Guido Zakrzewski
Institut für Soziologie
FB 03 Sozial- und Kulturwissenschaften
Karl-Glöckner-Staße 21 E
35394 Gießen